나를 바꾸는 여섯 가지 각성

깨어라
잠들어 있는 마음의 벽

Awareness – The Key to Living in Balance

Copyright © 1999 Osho International Foundation, www.osho.com/copyrights

Korean translation copyright © 2025 TAE-IL Publishing Company

This Korean edition was arranged with Osho International Foundation, Switzerland through Best Literary & Rights Agency, Korea

All rights reserved.

Original English: Awareness – The Key to Living in Balance

OSHO® is a registered trademark of Osho International Foundation, www.osho.com/trademarks

The content of this book is selected from various talks by Osho given over time to a live audience. All of Osho's talks have been published in full as books and are also available as original audio recordings. Audio recordings and the complete text archive can be found via the online OSHO Library at www.osho.com/library

이 책의 한국어판 저작권은 베스트에이전시를 통한 원저작권자와의 독점계약으로 도서출판 태일에 있습니다.
신저작권법에 의해 한국 내에서 보호를 받는 저작물이므로 무단전재와 무단복제를 금합니다.

깨어라 잠들어 있는 마음의 벽

나를 바꾸는 여섯 가지 각성

오쇼 라즈니쉬 지음 — 윤구용 옮김

각성 : 깨어라 잠들어 있는 마음의 벽

펴 낸 날 | 2006년 5월 24일 초판 1쇄
2025년 11월 1일 개정판 1쇄

지 은 이 | 오쇼 라즈니쉬
옮 긴 이 | 윤구용
펴 낸 이 | 이태권
펴 낸 곳 | 태일출판사
서울특별시 성북구 성북로5길 12 소담빌딩 301호 (우) 02880
전화 | 02-745-8566   팩스 | 02-747-3238
등록번호 | 1979년 11월 14일 제6-58호
e - mail | sodambooks@naver.com
홈페이지 | www.dreamsodam.co.kr

ISBN 979-11-6027-490-5 (04150)
    979-11-6027-484-4 (세트)

- 책값은 뒤표지에 있습니다.
- 잘못된 책은 구입하신 곳에서 교환해드립니다.

잠든 깃처럼 행동하거나 말하지 말라.

이것이 열쇠다.

깨어난 사람에게 세계는 하나지만

잠든 사람에게 세계는 잠든 사람만큼 많다.

깨어 있어라.

깨어 있음이 참된 삶이다.

| 차례 |

머리말   9

깨우침   15
   인간과 쥐   19
   고통의 뿌리   37
   개인의 세계   43
   각성과 중심   88

질병은 많지만 처방은 하나   101
   분석과 관조   105
   긴장과 이완   139
   마음과 명상   148
   수레바퀴와 바퀴 자국   175

행위 속의 각성　　　　　　　193

중심에서 시작하라　　　　　197
자발적으로 살라　　　　　　206
결단하라　　　　　　　　　　211
매 순간을 완성하라　　　　　218
착한 사람이 되려고 애쓰지 말라　225

일상 속의 지켜봄　　　　　　245

영원에 시간을 맞추어라　　　249
보이지 않는 터치　　　　　　252
비파사나　　　　　　　　　　255
밤에 깨어 있으라　　　　　　260
실에 매달린 검　　　　　　　274

저자에 대해　　　　　　　　285

오쇼 국제 명상 휴양지　　　291

머리말

　인간을 이해하는 데 가장 중요한 사실은 '인간은 잠들어 있다'라는 점이다. 자신이 깨어 있다고 생각할 때조차도 인간은 잠들어 있다. 인간의 각성 상태는 너무 빈약해서 사실 거의 없는 셈이다. 그러므로 인간에게 있어 '각성'은 말만 아름다울 뿐, 전적으로 공허하다.
　인간은 밤에도 자고 낮에도 잔다. 잠의 양상만 달라질 뿐, 인간은 태어나서 죽을 때까지 잠 속에 산다. 아침에 눈을 뜨고서 '깨어났다'라고 생각하지 말아라! 내면의 눈을 뜨지 않으면, 내면이 빛으로 가득하거나 참나를 보지 않으면 '나는 깨어 있다'라고 생각하지 말아라! 자신이 잠들어 있으면서 깨어 있다고 믿는 것이야말로 인간의 가장 큰 착각이다. 자신이 이미 깨어 있다고 생각하는 사람은 깨어나려고 노력하지 않을 것이다.

'나는 완전히 잠들어 있음'을 가슴 깊이 깨달아야 한다. 인간은 밤이나 낮이나 꿈을 꾼다. 어떨 때는 눈을 뜨고 꿈꾸며 어떨 때는 눈을 감고 꿈꾼다. 그러므로 '인간은 곧 꿈'이다. 인간은 실체가 아니다.

당신이 무엇을 한다 해도 허망한 것이 되고 만다. 그 무엇을 생각한다 해도 무의미한 것이 되고 만다. 모두 꿈속의 일이기 때문이다. 당신이 밖으로 투사投射하는 것은 무엇이든 꿈이다. 존재를 있는 그대로 보지 못하게 만드는 꿈이다. 그래서 모든 붓다는 한결같이 "깨어나라!"라고 외친다. 붓다의 가르침은 "깨어나라!" 이 한마디로 요약할 수 있다. 붓다는 사람들이 깨어날 수 있는 다양한 방법을 만들었다. 사람들이 깨어날 수 있는 공간과 분위기와 에너지장을 만들었다.

인간은 뿌리째 흔들어 깨우거나 강한 충격을 주지 않으면 깨어나지 않는다. 인간의 잠은 너무 깊어서 존재의 중심까지 잠들어 있다. 인간은 잠 속에 완전히 빠져 있다. 세포 하나하나, 마음 구석구석이 모두 잠들어 있다. 이것은 작은 일이 아니다. 그러므로 정신이 번쩍 깨어서 지켜보고 관조하려면 큰 노력이 필요하다.

세상의 붓다는 모두 한 가지 점에 대해 동의한다.

"인간은 잠들어 있다. 그러므로 깨어나야 한다."

구도의 목적은 깨어남이다. 깨어남은 모든 가르침의 정수이다. 자라투스트라와 노자, 예수, 붓다, **바하우딘**(Bahauddin, 1389년 사망), 수피 신비가. 일명 바하우딘 낙쉬반드(Bahauddin Nagshband)_역주, **카비르**(Kabir, 16세기), 인도 바라나시 출신의 신비가. 그의 노래와 시는 인도인들에게 널리 사랑을 받고 있음_역주, **나나크**(Nanak, 1469~1583), 인도 펀자브 출신으로 이슬람교의 영향을 강하게 받은 뒤, 힌두교를 개혁하여 시크교를 창시했음_역주 등 깨달은 사람은 모두 같은 내용을 가르쳤다. 비록 언어가 다르고 표현이 다를지 모르지만 그들의 노래는 한결같았다. 바닷물은 어디에서 맛을 보든 한결같이 짜듯이 깨달음 또한 그렇다. 깨달음의 한결같은 맛은 곧 '각성'이다.

그러나 자신이 이미 깨어 있다고 믿는 사람은 깨어 있으려고 노력하지 않을 것이다. 그런 사람은 명상에도 수행에도 신경 쓰지 않는다.

인간은 꿈속에서 종교를 만들고 신과 기도와 의식儀式을 만든다. 그래서 인간이 만든 신은 꿈속의 일이다. 정치도 꿈속의 일이요 종교도 꿈속의 일이며, 예술도 꿈속의 일이다. 인간의 일은 모두 꿈이다. 인간은 잠들어 있기 때문이다.

신은 인간과 다르지 않다. 그럴 수 없다. 누가 신을 창조하는가? 누가 신에게 형상과 모습을 부여하는가? 신을 창조하고 신의 모습을 그리는 이는 다름 아닌 인간이다. 신은 인간과 같은 눈과 코를 갖고 있고, 인간과 같은 마음을 지니고 있다. 구약의 하느님은 이렇게 말한다. "나는 질투하는 하느님이다." 그렇다면 질투하는 하느님은 누가 만들었는가? 신은 질투심을 초월한 존재가 아닌가? 만약 그런 신도 질투를 한다면 우리가 질투한다고 죄의식을 느낄 필요가 없을 것이다. 질투도 신성한 무엇이 될 것이다!

구약의 하느님은 이렇게 말한다. 나는 질투하는 하느님이다. 나의 계율을 지키지 않으면 죽는다. 영원한 지옥 불에 떨어진다. "나는 질투를 아주 잘하는 하느님이다. 그러므로 나 외에 다른 신을 섬기지 말아라." 누가 이런 신을 만들었는가? 이런 신은 분명 인간 자신의 질투심과 분노에서 나왔을 것이다. 이런 신은 인간의 투사요 인간의 그림자이다. 신은 인간에게서 나온 것이다. 다른 데에서 온 것이 아니다. 세상 종교의 신들도 모두 마찬가지이다.

바로 이런 이유로 붓다는 신에 대해 말하지 않았다. 붓다는 이렇게 말했다.

"무엇을 위해 잠들어 있는 사람들에게 신을 말하는가? 말한다 해도 그들은 잠 속에서 들을 것이다. 그들은 신에 대해 들은 바를 꿈꾸고 자기 방식대로 해석할 것이다. 그리하여 전적으로 무의미하고 무능력하며 거짓된 신을 만들어낼 것이다. 그런 신은 차라리 없는 것이 더 낫다."

그래서 붓다는 신에 대해 언급하지 않았다. 붓다의 모든 관심은 사람들을 깨우는 데 있었다.

어느 날 저녁 깨달은 불교 스승이 강가에 앉아 흐르는 물소리, 나무 사이를 지나는 바람 소리를 듣고 있었다.

한 남자가 와서 스승에게 물었다.

"불교의 정수를 한마디로 말씀해주실 수 있습니까?"

스승은 남자의 질문에 아무 말도 하지 않았다. 마치 질문을 듣지 못한 것처럼 그대로 침묵했다.

남자가 재차 물었다.

"못 들으셨습니까?"

스승이 입을 열었다.

"당신이 물은 건 들었소. 그리고 대답도 이미 했소! 침묵이 대답이오. 나는 침묵 속에 있었소. 그게 바로 내 대답이란 말이오." 남자가 어리둥절한 표정을 지었다.

"그런 기이한 대답은 알아듣지 못하겠습니다. 좀 쉬운 말로 설명해주십시오."

그러자 스승은 손가락으로 모래 위에 '명상'이라고 썼다.

남자가 말했다.

"글자를 써주시니 아까보다는 좀 알겠습니다. 적어도 '명상'이라는 말에 대해 사색해볼 수 있을 것 같습니다. 그래도 부족한 것 같으니, 좀 더 자세히 말씀해줄 수 없겠습니까?"

스승이 큰 글씨로 '명상'이라고 썼다. 남자는 영문을 몰라 당황스러워했다. 속으로 화가 났다.

그래서 재차 물었다.

"똑같은 글자를 쓰시는군요. 좀 더 상세히 설명해주실 수는 없습니까?"

이번에 스승은 좀 더 큰 글씨로 '명상'이라고 썼다.

남자가 말했다.

"정신이 어떻게 된 거 아닙니까?"

스승이 대답했다.

"나는 이미 너무 많이 벗어났소. 처음 대답한 것이 맞는 대답이었소. 두 번째는 약간 빗나갔고, 세 번째는 많이 빗나갔으며, 네 번째는 완전히 빗나가고 말았소. 내가 큰 글씨로 '명상'이라고 쓰자 당신은 마음속에 신을 만들었소."

"내가 그렇게 한 것은 죄요."

스승은 조금 전에 쓴 글씨들을 모두 지우고 말했다.

"내가 처음에 한 대답만 들으시오."

침묵은 당신이 깨어난 세계이다. 시끄러운 마음은 당신이 잠들어 있는 세계이다. 마음이 계속 떠드는 사람은 잠들어 있는 사람이다. 고요히 앉아 마음이 물러가면 지저귀는 새소리가 들리고 내면에서는 마음이 사라지고 침묵이 나타난다. 새들이 노래하는 소리가 들려오지만, 마음은 동요하지 않고 완전한 침묵에 휩싸인다. 그리고 각성의 빛이 솟아오른다. 그것은 밖에서 오는 빛이 아니라 내면에서 솟아오르는 빛이다. 이런 침묵의 세계에 들지 못한 사람은 잠들어 있는 사람이다. 이를 명심하라!

깨우침

자신의 삶을 지켜보아라. 사람들의 눈은 밝지 않고 지각은 민감하지 않다. 내가 잠들어 있음을 명심해라. 그래야 비로소 진정으로 깨어 있을 수 있는 길을 찾을 수 있다.

나는 출가라는 말을 절대 쓰지 않는다. 대신 나는 이렇게 말한다.

"기뻐해라! 삶과 사랑, 명상, 세상의 아름다움, 존재계의 환희를 찬미해라! 모든 것에 기뻐해라! 세속을 탈속으로 변형시켜라. 차안此岸을 피안彼岸으로 변형시켜라. 이 땅을 천국으로 변형시켜라."

그렇게 하면 간접적으로 출가의 현상이 일어난다. 그것은 저절로 일어나는 것이지 당신이 하는 것이 아니다. 그것은 행위가 아니라 무위이다. 그리고 자신의 어리석음을 떠나고 부질없는 것을 떠난다. 무의미한 관계를 떠난다. 자신의 존재에 합당하지 않은 직업을 떠난다. 성장이 일어나지 않는 곳을 떠난다. 그러나 나는 이것을 출가라 부르지 않는다. 나는 이것을 깨우침 혹은 각성이라 부른다.

당신이 돌을 들고 다니며 다이아몬드라고 생각하면 나는 그 돌을 버리라고 말하지 않는다. 나는 단지 "정신 차리고 잘 보아라."라고 말한다. 돌이 다이아몬드가 아님을 아는 사람은 굳이 돌을 떠날 필요가 없다. 돌은 저절로 손에서 떨어질 것이기 때문이다. 돌이 다이아몬드가 아니라는 사실을 안 뒤에도 돌을 들고 다니려면 힘들게 노력해야 한다. 설령 노력한다 해도 오래갈 수 없다. 돌이 자신에게 무용지물임을 깨달은 사람은 자연스럽게 돌을 놓는다.

일단 당신의 손이 비워질 때 참된 보물을 찾아 떠날 수 있다. 참된 보물은 먼 미래에 있지 않다. 참된 보물은 바로 지금 여기에 있다.

인간과 쥐

깨어 있음이 참된 삶이다.
어리석은 자는 죽은 것처럼 잠들어 있지만
현자는 깨어나 영원히 산다.
그는 관조한다. 그는 투명하다.
깨어 있음이 참된 삶임을 알기 때문에 그는 더없이 행복하다.
깨달음의 길을 가기 때문에 그는 더없이 행복하다.
그는 무한한 인내심으로 명상하며 자유와 행복을 구한다.
- 붓다의 『법구경』 중에서

우리는 주변에서 일어나는 일들을 제대로 자각하지 못한다. 물론 우리가 세상일에 능숙한 것은 사실이다. 우리는 세상일에 너무나 능숙한 나머지 굳이 각성할 필요를 느끼지 않는다. 우리는 기계적이고 자동으로 일한다. 우리는 로봇처럼 산다. 우리는 사실 인간이 아니라 기계이다.

그래서 구제프(Gurdjieff, George, 1872~1949), 그리스계 아르메니아인으로 한때 인도와 티베트 등을 여행하면서 동양의 신비주의를 배웠으며 '조화로운 인간개발 연구소(The Institute for the Harmonious Development of Man)'를 설립하여 동양의 신비주의를 서양에 널리 소개했다. 그의 저서로는 『Meetings with Remarkable men(위대한 사람들과의 만남)』 『All and Everything(전부 그리고 모든 것)』 『Beelzebub's Tales to His Grandson(빌제붑이 손자에게 들려주는 이야기)』 등이 있음_역주는 기회 있을 때마다 "인간의 현재 모습은 기계이다."라고 했다. 그는 사람들의 자존심을 건드렸다. "당신은 기계이다."라는 말을 듣고 싶은 사람이 어디 있겠는가? 사람들은 "당신은 신과 같은 존재이다."라는 말을 듣고 싶어 한다. 하지만 구제프는 "인간은 기계이다."라고 말하곤 했다. 맞는 말이다! 당신 자신을 보아라. 얼마나 기계적으로 움직이고 있는지를 보아라.

러시아의 생리학자 파블로프나 미국의 심리학자 스키너는 이렇게 주장했다. "인간은 훌륭한 기계에 불과하다." 인간에 대한 그들의 시각은 99.9% 옳다. 그들이 놓친 것은 0.1%이다. 붓다와 깨달은 사람은 이 0.1%에 속한다. 하지만 그 정도는 얼마든 봐줄 수 있다. 파블로프는 당신과 같은 수많은 사람만 보았을 뿐, 붓다를 보지 못했기 때문이다.

스키너는 인간과 쥐를 연구했는데, 둘 사이의 차이를 발견하지 못했다. 쥐의 구조는 단순하다. 인간은 쥐보다 약간 더 복잡하다. 그뿐이다. 인간은 더욱 복잡한 기계요 쥐는 보다 단순한 기계이다. 사람보다는 쥐를 연구하기가 쉽다. 그래서 심리학자들은 쥐를 연구한다. 쥐를 연구해서 인간에 관한 결론을 끌어낸다. 그런데 그들의 결론은 대부분이 맞다. 나는 방금 '대부분'이라고 했다. 인간에게는 나머지 0.1%가 가장 중요한 현상이기 때문이다. 붓다와 예수, 마호메트, 이들 소수의 깨달은 사람들이야말로 참사람이다. 그러나 스키너가 어디서 붓다를 만난단 말인가? 당연히 미국에서는 불가능한 일이다.

이런 이야기를 들었다.

한 남자가 랍비에게 물었다.
"예수님은 왜 20세기 미국에서 태어나지 않은 걸까요?"
랍비가 어깨를 으쓱하며 말했다.
"미국요? 말도 안 되죠. 아니 대체 어디서 처녀를 찾는단 말입니까? 그리고 세 명의 동방박사는 어떻게 하고요?"

대체 어디서 스키너가 붓다를 볼 수 있겠는가? 설사 그가 붓다를 본다 해도 편견과 선입견 때문에 알아보지 못할 것이다. 사방에서 보이는 것은 쥐들뿐이다. 스키너는 쥐의 가능성을 완전히 알지 못했다. 쥐가 명상한다거나 깨닫는 것은 스키너에게 상상도 할 수 없는 일이다. 그는 인간을 몸집이 큰 쥐로 생각했을 뿐이다. 그가 깨달음에 대해 몰랐다 해도 그의 견해 대부분은 옳다. 다른 붓다도 스키너의 견해에 이견이 없을 것이다. 보통의 인간은 완전히 잠들어 있다. 심지어 동물들도 인간만큼 잠들어 있지는 않다.

산에 사는 사슴을 본 적이 있는가? 얼마나 주의 깊게 움직이며 깨어서 주위를 살피는가? 나무 위에 앉아 있는 새들을 본 적이 있는가? 새가 바짝 깨어서 주변을 살피는 모습 말이다. 새에게 가까이 다가가 보아라. 일정한 거리까지는 괜찮다. 하지만 일정한 경계선을 한 발짝만 넘어도 새는 날아가 버린다. 새는 자신의 구역을 빈틈없이 경계한다. 누군가 자신의 구역을 침범하면 새의 의식에 적색경보가 울린다.

지금 주위를 살펴보아라. 인간이 얼마나 잠들어 있는지를. 불행히도 인간이 지구상에서 가장 깊이 잠들어 있는 동물임을 깨닫는다면 당신은 놀랄 것이다.

어떤 여인이 화려한 사창가의 가구 경매에서 앵무새를 샀다. 앵무새를 집에 가져와 새장에 넣었다. 그리고 앵무새가 외설스러운 말을 잊어버리기를 바라면서 새장을 2주간 천으로 덮어 놓았다.

2주가 지나고 새장을 덮고 있던 천을 벗겨내자 앵무새가 재잘거렸다.

"야, 새집에 새 마담이다!"

여인의 딸이 들어오자 또 재잘거렸다.

"야, 새 아가씨이다!"
한밤중이 되어 여인의 남편이 들어오자 앵무새가 소리를 질렀다.
"야, 저번에 왔던 늙은 손님이다!"

인간은 타락한 상태에서 살고 있다. 기독교에서 말하는 아담의 타락, 에덴동산의 추방이 뜻하는 바가 바로 이것이다. 아담과 이브는 왜 쫓겨났는가? 선악을 알게 하는 나무의 열매를 먹었기 때문이다. 이것은 곧 자기 본연의 의식을 잃고 마음의 차원으로 떨어졌다는 뜻이다. 그렇다, 인간은 본연의 의식을 상실하고 마음의 차원으로 떨어졌다. 마음이란 잠든 상태, 시끄러움, 기계적인 움직임 등을 뜻한다. 마음의 차원으로 떨어지면 인간은 본연의 의식을 상실한다.

그러므로 우리가 해야 할 일은 마음을 버리고 의식을 되찾는 일이다. 지식으로 긁어모은 모든 것을 버려야 한다. 인간의 의식을 잠들게 하는 것은 지식이다. 지식이 많으면 많을수록 인간은 더 깊이 잠든다.
이것은 내가 지금까지 관찰해온 바이다. 순박한 시골 사람이 대학교수나 펀디트pundit, 인도의 학자를 뜻하는 힌디어. 주로 경전을 연구하는 학자를 말함_역주보다 더 많이 깨어 있다. 펀디트라는 사람들은 앵무새이다. 대학교수라는 사람들의 머리에 든 것도 온통 쓰레기와 무의미한 소음뿐이다. 맑은 의식은 없고 시끄러운 마음만 있다.
농부나 정원사, 나무꾼, 목수, 화가 등과 같이 자연 속에서 일하는 사람들은 대학교수나 학자보다 훨씬 더 깨어 있다. 자연과 더불어 일하는 사람은 깨어 있다. 자연이 깨어 있기 때문이다. 나무들도 깨어 있다. 물론 나무의 깨어 있는 상태는 인간의 것과 사뭇 다르지만, 나무도 생생히 깨어 있다.

나무의 깨어 있음이 과학적으로 입증되었다. 나무꾼이 도끼를 들고 나무에 다가가면 나무는 떤다. 이것은 나무가 깨어 있음을 입증하는 과학적 증거이다. 나는 지금 시를 노래하고 있는 것이 아니다. 과학을 말하고 있을 뿐이다. 요즈음은 나무의 감정-행복과 불행, 기쁨과 슬픔, 두려움과 편안함-을 측정할 수 있는 기계까지 나오고 있는 실정이다. 나무꾼이 다가오면 모든 나무는 떨기 시작한다. 죽음이 다가오고 있음을 인지하는 것이다.

참으로 기이한 현상이 한 가지 더 있다. 나무꾼이 나무를 자르려는 의도 없이 나무 곁을 지나가면 나무는 떨지 않는다. 도끼를 가지고 지나간다 해도 말이다. 이것은 곧 나무가 나무꾼의 마음을 알아차리거나 나무꾼의 파장을 읽는다는 뜻이다.

우리가 과학적으로 놓쳐서는 안 될 현상이 하나 더 있다. 당신이 산에 가서 어느 동물을 죽이면 다른 동물들은 물론 나무들도 두려워한다. 사슴 한 마리가 죽으면 주변에 있는 다른 사슴들이 죽음의 파장을 느끼고 슬퍼한다. 다른 사슴들은 속까지 두려워한다. 갑자기 아무런 이유도 없이 두려움이 밀려온다. 다른 사슴이 죽는 것을 보지 않았다 해도 직감과 본능으로 느낀다. 비단 사슴만이 느끼는 것이 아니라 나무들도 느끼고 새와 동물과 풀잎도 느낀다. 살육과 파괴가 일어났고 죽음이 일어났다. 주변에 있는 모든 것이 이를 느낀다. 이런 사실을 보면 인간이 가장 깊이 잠들어 있는 것 같다.

불경을 깊이 음미하고 명상하고 소화해라.

붓다는 말한다.

깨어 있음이 참된 삶이다.

인간은 깨어 있는 만큼 살아 있다. 삶과 죽음 사이의 차이는 깨어 있음, 즉 각성에 있다. 그저 숨을 쉬고 있다고 해서, 그저 심장이 뛰고 있다고 해서 살아 있는 것이 아니다. 병원에서는 의식이 없는 사람의 생명을 기계적으로 연장하기도 한다. 그러면 심장이 멈추지 않고 계속 뛰며 환자는 계속 호흡할 것이다. 그렇게 의료장비를 사용해서 몇 년 동안 환자의 생명을 연장할 수 있을 것이다. 적어도 호흡과 박동과 혈액순환은 계속될 것이다. 의료기술이 발달한 선진국에서는 첨단 의료장비를 사용해 많은 사람의 생명을 끊임없이 연장하고 있다. 이렇게 병원에서 연명하는 것도 사는 것인가? 그렇지 않다! 식물처럼 사는 것은 인간의 삶이 아니다!

깨달은 사람은 참된 삶을 다른 시각에서 본다. 깨달은 사람은 각성의 시각에서 본다. 그는 "당신이 숨을 쉬고 있으니까, 혹은 피가 돌고 있으니까 살아 있다."라고 말하지 않는다. 깨달은 사람에게는 오직 깨어 있는 사람만이 참으로 살아 있는 사람이다. 이것은 곧 깨어나지 못한 사람은 참으로 살아 있는 것이 아니라는 말이다. 따라서 무의식으로 걷고 말하고 움직이는 당신은 송장이다. 로봇이다.

붓다는 말한다.

"깨어 있음이 참된 삶이다."

좀 더 깨어 있어라. 그러면 좀 더 살아 있을 것이다. 삶이 곧 신이다. 다른 신은 존재하지 않는다. 그래서 붓다는 삶과 각성을 함께 이야기한다. 삶이 목적이요 각성은 그 방법이다.

어리석은 자는 죽은 것처럼 잠들어 있지만

모두가 잠들어 있다. 그러므로 모두가 어리석다. 이 말을 듣고 기분 나쁘게 생각할 필요는 없다. 사실은 사실대로 말해야 한다. 당신은 잠 속에서 산다. 그래서 계속 넘어지며 하고 싶지 않은 일을 한다. 결심하지 않은 일을 한다. 옳지 않은 일인 줄 알면서 하고, 옳은 일인 줄 알면서 하지 않는다.

왜 이런 일이 벌어지는가? 왜 똑바로 걷지 못하는가? 왜 계속해서 샛길로 새는가? 왜 계속해서 길을 잃는가?

자신의 삶을 지켜보아라. 어디로 갈지 몰라 갈팡질팡하고 있지 않은가! 사람들의 눈은 밝지 않고 지각은 민감하지 않다. 깨어 있지 않은 것이다. 그래서 제대로 보지도 못하고 제대로 듣지도 못한다. 물론 눈도 있고 귀도 있다. 하지만 안에서 지각하는 사람이 존재하지 않는다. 눈으로 보아도 보지 못하고 귀로 들어도 듣지 못한다. 한 발자국을 내디딜 때마다 넘어지고 한 발자국을 내디딜 때마다 실수한다. 그러면서 스스로는 깨어 있다고 생각한다.

'나는 깨어 있다'라는 생각을 버려라. 그럴 때라야 커다란 도약을 할 수 있다. '나는 깨어 있다'라는 생각을 버릴 때가 되어야 비로소 진정으로 깨어 있을 수 있는 길을 찾아 나설 수 있다. 그러므로 먼저 명심해야 할 점은 '나는 완전히 잠들어 있다'라는 것이다.

현대 심리학은 몇 가지 중요한 점을 발견했다. 비록 현대 심리학의 발견이 지적知的이지만 훌륭한 시작이다. 머지않아 사람들이 존재론적으로 체험할 날이 올 것이다.

프로이트는 위대한 선구자이다. 비록 깨달은 붓다는 아니지만, 인류에게 커다란 공헌을 했다. 인간의 내면에 엄청난 무의식이 있음을 최초로 발견한 사람이 바로 프로이트였다. 그리고 많은 이들이 프로이트의 발견을 인정했다. 표면 의식은 전체의식의 10분의 1에 불과하다. 즉 무의식이 표면 의식보다 아홉 배나 더 큰 것이다.

이후 프로이트의 제자인 융(Jung, Carl Gustav, 1875~1961), 스위스의 정신과 의사. 프로이트의 제자로, 분석심리학을 수립했음_역주은 프로이트보다 더 깊이 들어가 집단 무의식을 발견했다. 개인 무의식 이면에 집단 무의식이 존재한다. 이제 마지막으로 한 가지가 더 남아있다. 나는 미래 언젠가 심리학의 연구가 진척되어 '우주 무의식'이 발견되기를 기대한다. 깨달은 사람들이 말했던 것은 바로 이 우주 무의식이다.

사람들은 전체의식의 극히 일부분에 불과한 표면 의식만을 이야기한다. 표면 의식 너머에는 잠재의식이 있다. 잠재의식의 소리는 들리기는 하지만 분명하게 알아들을 수 없다. 잠재의식은 항상 표면 의식 뒤에서 표면 의식을 조종한다. 잠재의식 너머에는 무의식이 있다. 무의식은 우리가 꿈을 꿀 때나 마약을 했을 때 보인다. 무의식 너머에는 집단 무의식이 있다. 이것은 무의식으로 깊이 들어갔을 때라야 만날 수 있는 의식이다. 집단 무의식 너머로 더 깊이 들어가면 우주 무의식을 만난다. 이 우주 무의식이 신이다. 집단 무의식은 지금까지 살아온 인류 전체의 모습이다. 무의식은 사회가 개인에게 표현을 허용하지 않고 억압하여 의식의 심연에 저장된 것이다. 그래서 무의식은 밤중이나 꿈속에서 뒷문으로 들어온다.

표면 의식은 아주 작은 불씨이다. 비록 불씨이기는 하지만 아주 중요하다. 많은 가능성을 담고 있는 씨앗이기 때문이다.

이제 완전히 새로운 차원이 열리고 있다. 프로이트가 표면 의식 아래에 있는 차원을 열어놓은 것처럼 스리 오로빈도(Sri Aurobindo, 1872~1950), 영국 케임브리지에서 수학한 뒤 21살에 인도로 귀국하여 한때 대학교수 생활과 독립운동을 하기도 했다. 이후 첸나이 근처의 퐁디세리에 정착하여 스리 오로빈도 아쉬람을 건설하고 모든 종류의 요가를 아우르는 종합 요가를 보급했음_역주는 표면 의식 위에 있는 차원을 열어 보였다. 프로이트와 오로빈도는 이 시대에 가장 중요한 사람들이다. 둘 다 지식인으로 깨닫지는 못했지만, 인류에게 지대한 이바지를 했다. 그들은 비록 인간이 겉으로 보기에 왜소해 보일지 모르지만, 이면에 크나큰 높이와 깊이를 지닌 존재임을 발견했다.

프로이트는 인간의 깊이를 들여다보았고 오로빈도는 인간의 높이를 꿰뚫어 보았다. 표면 의식 위에 참 의식이 있다. 이 의식은 명상을 통해서만 얻을 수 있다. 표면 의식에 명상을 더할 때 표면 의식은 참 의식이 된다.

참 의식 너머에는 초의식이 있다. 당신은 명상할 때 가끔 초의식을 일견一見할 수도 있다. 명상은 어둠을 더듬는 행위이다. 물론 가끔 초의식의 창문이 열리기도 하지만 이내 닫혀버린다. 초의식이 곧 사마디Samadhi, 삼매(三昧)로 음역. 깨달음의 경지_역주이다. 사마디의 경지에서 지각知覺은 수정처럼 맑아지고 각성은 하나로 통합된다. 사마디에서는 절대 밑으로 떨어지지 않는다. 이제 사마디는 당신의 것이다. 심지어 잠 속에서도 당신은 사마디에 머문다.

초의식 너머에 집단 초의식이 있다. 집단 초의식 너머에는 우주 초의식이 있다. 이 우주 초의식은 신마저도 넘어간다. 붓다는 이를 니르바나(열반)라고 하고 마하비라(Mahavira, BC 599~527) 자이나교의 개조. '살아 있는 것이 살아 있는 것을 해치는' 고뇌의 현실 세계를 직시하고 반성함으로써 괴로움의 원인인 업(業)을 제거하고 불살생(不殺生) 등의 철저한 금욕주의를 지켜야 어느 것에도 더럽혀지지 않는 참나를 회복할 수 있다고 주장했음_역주는 케이발리아Kalivalya라고 부르며 힌두 신비가들은 모크샤Moksha라고 부른다. 혹은 이를 진리라고 부를 수도 있다.

이들이 인간 의식의 구층이다. 인간은 표면 의식이라는 작디작은 구석에서 살고 있다. 이것은 마치 왕궁을 소유한 왕이 왕궁의 존재를 까마득히 잊고 현관에서 살면서 현관이 자신의 전부라고 생각하는 것과 같다.

프로이트와 오로빈도는 위대한 지성인이요 선구자요 철학자였다. 우리는 대학에서 러셀이나 화이트헤드, 하이데거, 사르트르 등의 철학을 가르칠 것이 아니라 오로빈도의 철학을 가르쳐야 한다. 오로빈도야말로 이 시대가 낳은 가장 위대한 철학자이기 때문이다. 하지만 학계에서 오로빈도는 경시당하고 있다. 거기에는 보이지 않는 이유가 있다. 오로빈도를 읽는 것만으로도 사람들은 자신이 무의식 속에 잠들어 있음을 깨닫기 때문이다. 오로빈도는 비록 깨달은 붓다는 아니지만, 사람들을 당혹스럽게 만든다.

만약 오로빈도가 옳다면 나는 무엇을 하는 것인가? 오로빈도가 맞는다면 나는 왜 그와 같은 존재의 경지를 추구하지 않는가?

프로이트도 처음에는 그랬다. 사람들은 처음 그의 이론을 받아들이고 싶어 하지 않았다. 그러나 마침내는 그를 받아들일 수밖에 없었다. 사실 오로빈도의 경우 그의 이론을 반대한다기보다는 완전히 경시당하고 있다고 할 수 있다. 이유는 명확하다. 프로이트는 인간 의식의 아래 차원을 주장했기 때문에 사람들을 당혹스럽게 하지 않았다. 오히려 사람들은 의식 아래에 잠재의식과 무의식, 집단 무의식이 있음을 알고 매우 뿌듯해했다. '나의 의식이 가장 높다. 프로이트가 말한 의식들은 모두 나의 의식 아래에 있다.' 그래서 기분이 좋다. 그러나 오로빈도를 읽는 사람은 몹시 당황할 것이다. 자존심에 상처를 입을 것이다. '나의 의식보다 높은 경지가 있다니!' 인간의 에고는 자신보다 높은 것을 인정하고 싶어 하지 않는다. 인간은 자신이 최고요 제일이라고 믿고 싶어 한다. 자신보다 높은 것은 아무것도 받아들이고 싶어 하지 않는다.

인간은 자신의 왕국을 거부하고 입구에서 기뻐한다. 그 어리석음을 보아라! 붓다의 말이 옳다. 그는 이렇게 말한다.

"어리석은 자는 죽은 듯 잠들어 있지만, 현자는 깨어나 영원히 산다."

깨어난 자는 영원히 산다. 깨어난 자는 죽음을 모른다. 오직 잠들어 있는 자만이 죽는다. 당신이 무의식 속에서 잠들어 있으면 또다시 죽을 수밖에 없다. 끝없이 반복되는 생사의 고통에서 벗어나고자 하는 사람은 완전하게 깨어나야 한다. 계속 더 높은 의식으로 상승해야 한다.

이들을 지적으로 받아들이지 말아라! 존재론적으로 체험해라! 나는 당신을 철학적으로 설득하는 데 관심이 없다. 철학은 아무런 열매도 맺지 못하기 때문이다. 참된 열매는 당신이 자신을 깨우기 위해 최선의 노력을 다할 때 찾아온다.

그렇다 해도 이런 지적인 정보들은 내면에 열망을 불러일으키는 데 유용하다. 잠재된 가능성을 일깨우는 데 유용하다. 지금의 모습이 참나가 아님을 일깨우는 데 유용하다.

"어리석은 자는 죽은 것처럼 잠들어 있지만, 현자는 깨어나 영원히 산다. 그는 관조한다. 그는 투명하다."

간단하면서도 아름다운 말이다. 진리는 항상 간단하면서도 아름답다. 붓다의 간명한 말을 보아라. 이 간명한 말에 담긴 세계를 보아라. 세계 속의 세계, 무한한 세계가 열리고 있지 않은가!

"그는 관조한다. 그는 투명하다."

우리가 배워야 할 것은 깨어 있음뿐이다. 지켜보아라! 자신이 하는 모든 행위를 지켜보아라. 마음속에 지나가는 사념을 지켜보아라. 당신의 정신을 앗아가는 욕망을 지켜보아라. 걷고 말하고 먹는 행위를 빠짐없이 지켜보아라. 끊임없이 모든 것을 지켜보아라. 자신에게 주어진 모든 것을 지켜보는 기회로 삼아라.

기계적으로 먹지 말아라! 음식을 욱여넣지 말아라! 깨어 있어라! 천천히 씹으며 깨어 있어라! 지금까지 얼마나 많은 것들을 놓치고 살아왔는가를 알면 당신은 놀랄 것이다. 깨어서 먹으면 한입 한입이 더없이 맛있게 느껴진다. 깊은 만족감이 찾아온다. 평범한 음식도 더없이 맛깔스럽게 느껴진다. 깨어 있지 않으면 비록 고급 요리를 먹는다고 해도 그 맛을 제대로 느끼지 못한다. 안에서 지켜보는 자가 없는데 누가 그 맛을 느낀단 말인가? 세상 사람들은 모두 음식을 욱여넣기에 바쁘다. 천천히 먹어라. 깨어서 먹어라. 한입 한입을 제대로 씹어라.

햇살과 미풍을 느껴보아라. 그 맛을 보고 그 냄새를 맡아보아라. 달을 보아라. 그리고 '깨어 있음'의 고요한 호수가 되어라. 그러면 달은 찬란한 아름다움으로 당신의 호수에 비칠 것이다.

삶의 강물을 흘러가라. 흘러가되 끊임없이 깨어서 흘러가라. 거듭 거듭 깨어 있음을 잊을 것이다. 그렇다고 실망할 필요는 없다. 그것은 자연스러운 현상이다. 당신은 무수한 생生을 거듭하며 깨어 있음을 알지 못했다. 그러므로 깨어 있음을 놓치는 것은 당연하다. 거기에 문제는 없다. 중요한 것은 '아차, 놓쳤구나!' 하고 알아차릴 때마다 다시금 지켜보는 일이다.

이 점을 명심해라! 관조를 놓쳤을 때 자책하거나 후회하지 말아라! 자책하고 후회하는 일은 괜한 시간 낭비이다. 다시 관조를 놓친다 해도 실망하지 말아라! 죄의식을 느끼지도 말아라! 이것은 모두 시간 낭비일 뿐이다. 결코 과거의 일을 후회하지 말아라! 순간을 살아라. 관조를 놓쳤다면 그뿐이다. 문제가 될 것은 없다. 자연스러운 일이다. 무의식 속에 빠지는 일은 질긴 습관이다. 그것은 한 생에 형성된 습관이 아니다. 그것은 무수한 생을 거치며 형성된 습관이다. 비록 몇 초만이라도 깨어 있었다면 자신에게 감사할 일이다. 몇 초도 어쩌면 기대했던 것 이상일 수 있다.

그는 관조한다. 그는 투명하다.

관조할 때 눈이 밝아진다. 왜 관조하면 눈이 밝아지는가? 관조가 깊어지면 조급증이 사라지기 때문이다. 관조자는 아름다움의 빛을 발한다. 관조를 계속하면 떠드는 마음으로 가던 에너지가 깨어 있는 관조로 향하기 때문에 시끄러운 마음이 가라앉는다. 시간이 흐를수록 에너지는 관조로 흐르고 마음은 에너지를 받지 못한다. 그러면서 사념은 나날이 얇아지고 줄어들기 시작한다. 그리고 서서히 죽어 간다. 사념이 죽어 감에 따라 눈이 밝아진다. 이제 마음은 거울이 된다.

깨어 있음이 참된 삶임을 알기 때문에 그는 더없이 행복하다.

눈이 밝아진 사람은 더없이 행복하다. 혼란이 모든 불행의 뿌리요 원인이다. 지복至福의 초석은 밝은 눈이다.
"깨어 있음이 참된 삶임을 알기 때문에 그는 더없이 행복하다."
관조자는 죽음이 존재하지 않음을 깨닫는다. 그는 죽음이 와도 죽음을 관조한다. 몸은 죽지만 관조는 절대 죽지 않는다. 육신은 흙으로 돌아가지만, 관조자는 그대로 남는다. 관조자는 전체 우주가 된다. 그리고 우주 의식이 된다.
우파니샤드Upanishad, 브라만교의 성전인 베다(Veda)의 일종. 만유의 근본 원리를 탐구하여 대우주의 본체인 브라만(Brahman, 梵)과 개인의 본질인 아트만(atman, 我)이 일체라고 하는 범아일여(梵我一如)의 관념론적 일원철학_역주의 선지자들은 우주 의식이 되는 순간에 이렇게 선언한다. "아함 브라흐마스미Aham brahmasmi, (나는 우주 의식이다)." 바로 이런 경지에서 알

힐라즈 만수르al-Hillaj Mansoor, 수피 신비가. "내가 신이다!"라고 선언함으로써 잔인하게 살해되었음_역주는 "아날 하크Ana'l haq, (내가 진리이다)!"라고 선포했다. 이와 같은 경지야말로 당신의 타고난 권리이다. 이 타고난 권리를 되찾지 못한다면 이것은 전적으로 당신의 책임이다.

깨어 있음이 참된 삶임을 알기 때문에 그는 더없이 행복하다.
깨달음의 길을 가기 때문에 그는 더없이 행복하다.
그는 무한한 인내심으로 명상하며 자유와 행복을 구한다.

붓다의 말을 잘 들어보아라.
"무한한 인내심으로."
자신을 깨우기 위해 전력을 기울이지 않으면 깨달음은 일어나지 않는다. 적당히 해서는 아무것도 일어나지 않는다. 얼렁뚱땅하거나 미지근해서는 아무 일도 일어나지 않는다. 미지근한 물은 기화氣化하지 않는다. 따라서 미지근한 노력은 실패할 수밖에 없다.

변형은 에너지를 전부 쏟아부어야만 일어난다. 당신이 100도에서 끓을 때라야 기화한다. 연금술의 변형이 일어난다. 그런 변형이 일어날 때 당신은 상승하기 시작한다. 물은 아래로 흐르지만, 수증기는 위로 흐른다. 바로 이처럼 무의식은 아래로 내려가고 의식은 위로 올라간다. 위로 향하는 것은 안으로 향하는 것이요 아래로 향하는 것은 밖으로 향하는 것이다.

의식은 안으로 향하고 무의식은 밖으로 향한다. 무의식은 당신의 관심을 밖에 있는 상대로 향하게 한다. 그래서 당신의 눈은 항상 타인에게 맞추어져 있다. 또한 무의식은 어둠 속에서 헤매게 만든다. 무의식은 외부 세계를 창조한다. 그리하여 당신을 외면으로 향하는 사람으로 만든다. 의식은 내면 세계를 창조한다. 그리하여 당신을 내면으로 향하는 사람으로 만든다. 내면 깊이 들어가게 한다.

깊이 들어간다는 것은 높이 상승한다는 말과 같다. 나무가 자라는 것처럼 두 가지 현상은 동시에 일어난다. 나무가 위로 자라는 것은 쉽게 눈에 띄지만 밑으로 자라는 것은 눈에 띄지 않는다. 그러나 먼저 뿌리가 밑으로 자라야만 나무는 위로 자랄 수 있다. 나무가 하늘에 닿고자 한다면 먼저 뿌리가 가장 깊은 바닥에 닿아야 할 것이다. 이렇듯 나무는 동시에 두 방향으로 자란다. 이처럼 의식도 동시에 두 방향으로 자란다. 당신이 위로 상승하기 위해서는 먼저 뿌리를 존재의 바닥에 박아야 한다.

고통의 뿌리

　불행은 무의식의 상태이다. 우리는 자신이 무엇을 하는지, 무엇을 생각하고 느끼는지를 자각하지 못하기 때문에 불행하다. 우리는 계속해서 자신에 반하는 일을 한다. 행위는 이쪽으로 가고 생각은 저쪽으로 가고 느낌은 또 다른 쪽으로 간다. 끊임없이 여러 부분으로 분리되고 분열된다. 불행은 바로 이런 상태를 가리킨다. 우리는 하나로 통합된 나를 상실한 것이다. 우리는 완전히 자신의 중심을 잃고 주변부에서 떠돈다. 주변부에서 떠돌기 때문에 삶의 조화가 깨지고, 삶의 조화가 깨지기 때문에 불행하고 비참해져 삶은 고통스러운 짐이 된다. 우리는 기껏해야 고통을 줄일 수 있을 뿐이다. 그래서 세상에는 진통제가 수없이 즐비하다.

술과 마약뿐 아니라 종교도 아편 역할을 한다. 종교도 마약처럼 사람들을 취하게 하는 성질이 있다. 자연히 종교는 모두 마약에 반대한다. 종교나 마약이나 같은 장사를 하기 때문이다. 서로의 경쟁자를 반대할 수밖에 없는 것이다. 아편을 하는 사람은 종교의 필요성을 느끼지 못한다. 아편이면 그만인데 누가 종교 따위에 신경을 쓴다는 말인가? 종교에 비하면 아편 쪽이 훨씬 간편하다. 대마초를 하고 LSD를 하는 사람은 종교를 믿지 않는다. 그런 사람에게 종교란 원시적인 마약일 뿐이다. 그래서 종교는 모두 마약에 반대한다.

세상 종교는 진정으로 마약 자체를 반대하는 것이 아니다. 마약이 강력한 경쟁자이기 때문에 반대한다. 마약을 금지하면 자연히 사람들은 종교의 덫에 걸려들게 마련이다. 마약을 금지하면 종교만 남기 때문이다. 종교라는 아편만 남고 다른 모든 것을 불법화한다. 그리하여 종교는 시장을 독점한다.

사람들은 고통 속에서 살고 있다. 고통 속에서 빠져나오는 길은 두 가지밖에 없다. 하나는 명상의 길이다. 명상가가 되어 삶을 지켜보는 길이다. 이 길은 험하다. 용기가 필요하다. 이보다 간편한 길이 있다. 무의식으로 들어가 고통을 느끼지 않는 방법이 그것이다. 자신을 완전히 무감각하게 만드는 것, 완전히 취하게 만드는 것을 찾아라. 자신을 완전히 무의식 상태로 만들어 고통과 불안, 걱정, 덧없음 등을 모두 잊을 수 있는 진통제를 찾아라.

그러나 두 번째의 길은 참된 길이 아니다. 그 길은 고통을 좀 더 감내하기 쉽고 편한 것으로 만들어줄 뿐이다. 그것은 도움이 되는 길이 아니다. 변형이 일어날 수 있는 길이 아니다. 변형은 명상을 통해서만 일어난다. 명상만이 인간을 깨우는 유일한 길이기 때문이다. 명상만이 참종교이다. 다른 것은 모두 가짜이다. 세상에는 다양한 마약 브랜드가 존재한다. 기독교, 힌두교, 이슬람교, 자이나교, 불교 등등. 이들은 모두 용기容器만 다를 뿐, 내용물은 똑같다. 이들은 한결같이 고통에 적응하고 고통에 안주하도록 만드는 길이다.

나는 당신에게 고통을 초월하는 길을 가르친다. 고통에 적응하고 안주할 필요가 없다. 고통을 벗어날 수 있는 길이 있다. 물론 그 길은 쉬운 길이 아니다. 당신의 도전을 요구하는 길이다.

당신이 하는 일에 깨어 있어라. 당신의 몸이 깨어 있도록 해라!

어느 날 붓다가 아침 설법을 하고 있었다. 마침 거기에는 붓다의 설법을 들으러 왕이 와 있었다. 왕은 붓다 앞에 앉아 계속 엄지발가락을 꼼지락거렸다. 붓다는 설법을 멈추고 왕의 엄지발가락을 보았다. 그러자 왕은 발가락의 움직임을 멈추었다. 붓다가 설법을 다시 시작하자 왕은 발가락을 다시 꼼지락거리기 시작했다.

붓다가 왕에게 물었다.

"왜 그러십니까?"

왕이 대답했다.

"당신이 설법을 멈추고 나의 발을 볼 때라야 내가 뭘 하고 있는지

의식하게 됩니다. 무의식적으로 발가락을 움직이는 겁니다."

붓다가 말했다.

"그건 폐하의 발인데도 의식하지 못한다면, 그럼 살인을 해놓고도 의식하지 못할 수 있겠군요."

이처럼 사람들은 살인을 저지르고도 이를 의식하지 못한다. 살인자들이 재판장에서 자신의 행위를 완강히 부인하는 때가 종종 있다. 예전에는 살인자들이 보통 자신을 변호하기 위해 거짓말을 한다고 생각했지만 새로운 사실이 밝혀졌다. 그들이 거짓말을 하는 것이 아니라 완전히 무의식중에 살인을 하므로 기억나지 않는다는 것이다. 그들은 살인을 저지를 때 화가 치밀어오르다가 마침내는 극도의 분노에 사로잡힌다. 사람이 분노에 사로잡히면 체내에서 마취물질이 분비된다. 분노에 휩싸이는 순간, 사람은 일시적으로 미친다. 이때는 자신이 하는 일을 의식하지 못하기 때문에 까마득하게 잊어버린다. 사람들은 이런 식으로 사랑에 빠지고 서로를 죽이고 자살하는 등 온갖 일들을 한다.

각성의 명상은 몸을 지켜보는 데에서 출발한다. 몸의 동작과 움직임 하나하나에 깨어 있다. 의식이 깨어나면 기적이 일어나기 시작한다. 전에 무의식적으로 하던 일들이 사라지는 기적이 일어난다는 말이다. 몸이 이완되고, 균형 잡히며, 온몸에 깊은 평화가 흐르고, 신비로운 음악이 울린다.

그런 다음 자기 생각에 깨어 있다. 몸의 경우와 같은 방식으로 일어난다. 생각은 몸보다 더 미묘하면서 위험하기도 하다. 생각에 깨어 있기 시작하면 자신의 내면에 일어나는 모습을 보고 놀랄 것이다. 잠시 시간을 내어 생각이 떠오르는 대로 종이 위에 적어보아라. 적고 나서 이것을 다시 살펴보면 적지 않게 놀랄 것이다. 믿기 어려울 것이다. '아니, 이게 내 안에서 일어나는 일이란 말인가?' 10분 정도 계속해서 적어보아라. 아무도 들어올 수 없도록 방문과 창문을 모두 닫고 마음에서 떠오르는 대로 솔직하게 적어보아라. '누가 보면 어쩌나?' 하는 생각을 할 필요 없다. 적은 종이는 나중에 태워버리면 된다. 그러므로 걱정하지 말고 마음에 떠오르는 것들을 모두 진솔하게 적어라. 해석하려고 하지도 말고 바꾸려고 하지도 말고 좋게 편집하려고 하지도 말아라! 떠오르는 대로 적어라.

10분 후에 적은 것을 읽어보아라. 당신의 마음이 미쳐 있음을 볼 수 있을 것이다! 보통 우리는 미친 마음은 보이지 않는 곳에서 계속 흐르고 있음을 깨닫지 못한다. 그러나 미친 마음은 삶의 모든 것에 영향을 끼친다. 당신이 하는 것에나 하지 않는 것에 영향을 끼친다. 그렇게 영향을 받은 것들이 모여 당신의 삶이 된다!

그러므로 미친 마음을 변화시켜야 한다. 그러기 위해서는 각성하기만 하면 된다. 이것은 각성의 기적이다. 지켜보는 것만으로 미친 마음은 변화한다. 서서히 미친 마음이 사라진다. 서서히 제자리를 잡아간다. 혼돈이 사라지고 질서가 잡힌다. 그리고 내면에 깊은 평화가 자리를 잡는다.

  몸과 마음이 평화로우면 몸과 마음은 하나로 조율된다. 이제는 서로 다른 말을 타고 서로 다른 방향으로 달리지 않는다. 태어나서 처음으로 몸과 마음이 조화를 이룬다. 심신의 조화는 느낌과 감정, 기분 등에 깨어 있는 데에 커다란 도움이 된다. 감정과 느낌은 가장 미묘한 층이어서 지켜보기가 가장 어렵다. 그렇다 해도 생각을 지켜볼 수 있다면 조금만 더 나아가면 된다. 자신의 감정이나 느낌, 기분 등을 성찰하려면 좀 더 치열한 각성이 필요하다.

  몸과 생각과 감정을 각성하면 세 가지는 하나로 돌아간다. 이들이 하나가 되어 유기적으로 작용하면 이들이 연주하는 곡을 들을 수 있다. 따로 노는 개별 악기가 아니라 오케스트라가 된다. 그러면 네 번째가 일어난다. 이것은 당신이 하는 것이 아니라 저절로 일어나는 것이다. 존재계에서 오는 선물이다. 몸과 생각과 감정을 하나로 아우른 노력의 대가이다.

  네 번째는 궁극의 각성이다. 우리는 이 궁극의 각성을 통해 깨닫는다. 자신의 각성에 깨어 있는 것, 이것이 네 번째이다. 이 네 번째를 통해 우리는 붓다, 즉 깨달은 사람이 된다. 그런 깨달음의 경지에서만 우리는 더없는 행복이 무엇인지를 알 수 있다. 몸은 쾌감을 알고, 마음은 행복을 알고 가슴은 기쁨을 알며, 네 번째는 더없는 행복을 안다. 더없는 행복이 목적이며, 각성은 더없는 행복으로 가는 길이다.

개인의 세계

헤라클레이토스(Heracleitos, B.C. 540~480), 그리스 철학자. 불이 만물의 일차 원소이며 변화가 존재의 본질이라고 보았다. "만물은 유전한다."라는 그의 말은 우주 만물이 상호 다툼에서 생겨난다는 뜻이다. 그런 다툼 중에서 그는 숨은 조화를 발견했으며 이것을 '반발조화(反撥調和)'라고 했음_역주는 이렇게 말했다.

인간은 깨어서도
잠 속에서처럼
주위의 일을
인식하지 못한다.

어리석은 자는 들어도
귀머거리와 같다.
옛 잠언처럼
"바보는 있어도 없다."라는 말은
그를 두고 하는 말이다.
잠든 것처럼
행동하거나 말하지 말아라!
깨어난 사람들에게 세계는 하나이지만
잠든 사람들에게 세계는 잠든 사람만큼 많다.
깨어나면 죽음이 보이고
잠들면 꿈이 보인다.

헤라클레이토스는 인간의 근원적인 문제-인간은 깬 상태에서도 잠들어 있다-를 지적한다.

인간은 잠 속에서도 잠들어 있고 깬 상태에서도 잠들어 있다. 붓다도 이렇게 말했고 예수도 이렇게 말했다. 이것은 무슨 말인가? 인간은 잠에서 완전히 깼다 해도, 외면상 그렇게 보일 뿐, 사실은 내면 깊은 곳에서는 여전히 잠들어 있다는 말이다.

지금, 이 순간에도 당신은 꿈꾸고 있다. 무수한 생각들이 떠오르는 가운데 자신이 누구인지, 자신이 무얼 하고 있는지, 주변에서는 어떤 일이 벌어지고 있는지 자각하지 못한다. 당신은 잠 속에서 살고 있다.

잠자리에서 일어나 돌아다니다가 다시 잠자는 사람을 본 적이 있는가? 이것은 몽유병이다. 많은 사람이 밤에 잠자다가 눈 뜨고 일어나 돌아다닌다. 문을 열고 부엌에 가서 음식을 찾아 먹고 다시 잠자리로 돌아와 잔다. 다음 날 아침이 되면 아무것도 기억하지 못한다. 설령 기억하려고 노력해도 기껏해야 부엌에 가서 음식 먹는 꿈을 꾸었다고 기억할 것이다. 하지만 보통 사람의 경우는 그 정도도 기억하지 못한다.

많은 사람이 범죄를 저지르고도 기억하지 못하는 사례가 있다. 심지어 살인하고도 기억하지 못한다. 실제로 많은 살인자가 법정에서 그런 기억이 없다고 진술한다. 그들이 거짓 진술을 하는 것이 아니다. 정신과 의사들은 그들의 진술에 거짓이 없음을 밝혀냈다. 그들이 살인한 것은 사실이지만 완전한 수면 상태에서 했기 때문에 기억하지 못한다. 이런 수면 상태는 보통의 수면 상태보다 깊다. 이런 수면 상태는 완전히 취해 있는 상태이다. 다소의 행위는 할 수 있지만, 의식은 완전히 취중에 잠겨 있다. 그래서 정확히 무슨 일이 벌어졌는지 스스로 깨닫지 못한다.

당신은 과거에 무엇을 했는가? 무엇을 왜 했는지 정확히 기억하는가? 무슨 일이 일어났는가? 그때 깨어 있었는가? 당신은 아무런 이유 없이 사랑에 빠진다. 아무런 이유 없이 분노한다. 물론 여러 가지 변명을 하고 자기합리화를 하겠지만 그런 변명과 합리화는 각성이 아니다.

각성이란 순간순간 일어나는 일들을 완전히 의식한다는 말이다. 자신이 거기에 현존한다는 말이다. 분노가 일어날 때 당신이 현존하면, 즉 당신의 의식이 현존하면 분노는 사라진다. 분노는 당신이 잠들어 있을 때만 일어난다. 깨어서 현존하면 곧바로 존재에 변형이 일어난다. 깨어서 현존하면 죄를 짓는 일을 할 수 없다. 사실 세상에는 한 가지 죄밖에 없으니, 그것은 바로 무각성이다.

죄의 원래 의미는 '놓친다'라는 뜻이다. 원래 죄라는 말은 '잘못한다'라는 뜻이 아니다. 죄란 놓치는 것, 그 자리에 의식이 없는 것을 뜻한다. 죄의 히브리 어원도 놓친다는 뜻이다. 놓친다는 말은 그 자리에 자기의식이 없다는 말이다. 잠든 상태에서 행위를 하는 것, 이것이 유일한 죄이다. 그렇다면 덕德은 무엇인가? 무엇인가를 할 때 완전히 깨어서 하는 것이 덕이다. 구제프는 이를 가리켜 자아 기억Self-remembering이라 했고, 붓다는 정념正念, 팔정도의 하나. 정견(正見)으로 파악한 모든 법의 본성과 모습을 바로 기억하여 잊지 않는 일_역주이라고 했고, 크리슈나무르티(Krishnamurti, Jiddu, 1895~1986). 인도 출생. 어렸을 때 애니 베산트 여사에 의해 인류의 스승으로 발탁되었다가 20세기 초반 신지학협회를 해산한 후 세계를 주유하며 '스승 없이 혼자 길을 가라'는 가르침을 펼쳤음_역주는 각성이라 했으며, 카비르는 수라티Surati라고 했다. '거기에 있어라!' 그렇게 하면 된다. 더는 필요 없다.

어떤 것도 변화시키려고 노력할 필요 없다. 변화시키려고 노력한다 해도 변화시킬 수 없다. 당신은 이것저것을 변화시키려고 애쓴다.

그러나 성공한 적이 있는가? 화를 내지 않겠다고 대체 몇 번이나 다짐했는가? 그리고 그 다짐은 어떻게 되었는가? 결정적인 순간이 오면 자신도 모르는 사이에 같은 덫에 걸리고 만다. 다시 화를 내는 것이다. 그리고 분노의 감정이 지나가면 후회가 몰려온다. 이런 악순환이 되풀이된다. 화를 내고 후회하고, 화를 내지 않겠다고 결심하고 나서 다시 화를 낸다.

심지어 후회할 때조차도 당신은 거기 없다. 이 점을 잘 알라. 후회하는 것도 죄이다. 그래서 후회해도 아무런 변화가 일어나지 않는다. 당신은 끊임없이 분투하지만, 결심하고 맹세하지만 아무런 변화가 없다. 세상에 나온 이후 줄곧 아무것도 달라진 것이 없다. 노력하지 않았다거나, 아니면 노력을 충분히 하지 않아서가 아니다. 당신은 노력하고 또 노력한다. 그리고 실패한다. 이것은 노력의 문제가 아니다. 그래서 당신은 거듭해서 실패한다. 좀 더 노력한다고 해서 될 일이 아니다. 이것은 각성의 문제이지 노력의 문제가 아니다.

깨어 있는 사람에게는 많은 것들이 저절로 떨어져 나간다. 억지로 버리려고 노력할 필요 없다. 각성 속에서 할 수 없는 일들이 있다. 나는 이렇게 생각한다. 깨어 있는 사람은 사랑에 빠질 수 없다. 그것은 죄이다. 있는 그대로 사랑할 수는 있어도 사랑에 '빠질' 수는 없다. 사실 깨어 있는 사람은 사랑에 '떠오른다'. 왜 우리는 '사랑에 빠진다'라는 말을 하는가? 맞다, 그것은 분명 떨어짐이다. 깨어 있지 못한 사람은 사랑 속으로 떨어진다. 깨어 있는 사람에게는 떨어지는 일이 불가능하다. 사랑 속으로 떨어지는 일도 불가능하다. 그런 일은 있을 수 없다. 깨어 있는 사람은 사랑 속에서 상승한다. 사랑 속에서 상승하는 일은 사랑에 빠지는 현상과 완전히 다르다. 사랑에 빠지는 일은 꿈과 같은 상태이다. 그래서 사랑에 빠진 사람들을 보면 보통 사람보다 더 꿈속에 취해 있다. 그들의 눈을 보아라. 그들의 눈은 꿈을 꾼다. 사랑으로 떠오르는 사람은 완전히 다르다. 그는 꿈에서 깨어나 현실을 직시하며 그 속에서 성장한다.

사랑에 빠지는 일은 미숙한 상태에 머무는 일이요 사랑으로 떠오르는 일은 성숙하는 길이다. 사랑에 떠오를 때 사랑은 관계를 벗어나 당신의 존재가 된다. 이것은 '이것을 사랑하고 저것을 사랑하지 않는 것'이 아니다. 당신은 사랑 자체가 된다. 누가 곁에 오든 그와 나눈다. 무슨 일이 일어나든지 그 일에 자신의 사랑을 쏟아붓는다. 돌을 만져도 사랑하는 사람을 만지는 것처럼 어루만진다. 나무를 보아도 사랑하는 사람의 얼굴을 보는 것처럼 응시한다. 이것은 사랑에 빠져 있는 상태가 아니라 '당신이 사랑'인 상태이다. 이것은 떠오름일 뿐 떨어짐이 아니다.

당신을 떠오르게 하는 사랑은 아름답지만 떨어지게 하는 사랑은 추하다. 머지않아 그런 사랑은 서로를 해치는 속박이었음을 깨달을 것이다. 그런 사랑에 사로잡힌 나머지, 당신의 자유는 뭉개진다. 날개가 잘린다. 이제 더는 자유롭지 않다. 사랑에 빠지면 당신은 상대의 소유가 된다. 당신 자신이 소유물로 전락하며 상대도 소유물로 전락시킨다.

세상의 부부들을 보아라. 그들은 인간이란 존재가 아니다. 물건이 되어버린 것이다. 세상의 부부들은 서로를 소유하려고 든다. 소유는 물건에 해당한다. 사람이 아니다. 대체 어떻게 사람을 소유한다는 말인가? 대체 어떻게 사람을 지배한단 말인가? 대체 어떻게 사람을 물건으로 전락시킨단 말인가? 있을 수 없다! 그런데도 남편은 아내를 소유하려고 한다. 아내 역시 마찬가지이다. 그래서 둘 사이에 충돌이 일어나고 서로에게 원수가 된다. 서로를 파괴한다.

한번은 이런 일이 있었다.

물라 나스루딘Mulla Nasruddin, 이슬람 성직자 계통의 이름으로 오쇼가 농담을 위해 만든 가공의 인물_역주이 공동묘지의 관리사무소에 들어가 관리인에게 묻는다.

"내 아내가 이곳 공동묘지에 묻혀 있는데 찾을 수가 없네요."

관리인이 장부를 들고 묻는다.

"성함이 어떻게 되시죠?"

물라가 대답한다.

"물라 나스루딘 부인입니다."

관리인이 다시 장부를 살펴본다.

"'물라 나스루딘 부인'이란 분은 없고요, '물라 나스루딘' 씨는 있습니다. 아, 이거, 장부가 잘못된 모양인데요."

물라가 말한다.

"아닙니다. 잘못된 거 없습니다. 물라 나스루딘의 무덤은 어디에 있습니까? 모든 것을 내 앞으로 해놓았거든요."
 심지어 아내의 무덤까지!

 소유, 모든 사람이 사랑하는 사람을 소유하려고 한다. 이것은 사랑이 아니다. 상대를 소유하려는 행위는 상대를 증오하고 파괴하고 죽이는 행위이다. 참된 사랑은 자유를 준다. '사랑은 자유이다.' 사랑은 상대를 더욱더 자유롭게 하며, 비상할 수 있는 날개를 주며, 광대한 하늘로 인도한다. 사랑은 울타리도 감옥도 만들지 않는다. 그러나 사람들은 이런 사랑을 모른다. 이런 사랑은 깨어 있을 때라야 비로소 가능하기 때문이다. 사람들의 사랑은 죄의식에서 나오므로 죄의식에 물든 사랑밖에 모른다.
 사람들이 하는 일은 모두 이렇다. 곁에서 보면 좋은 일을 하는 것 같지만 사실은 다른 사람에게 해를 입힌다. 이른바 사회운동가라는 사람들을 보아라. 그들이 하는 일이라곤 남에게 해를 끼치는 일뿐이다. 그들이야말로 세상에서 가장 해로운 사람들이다. 사회개혁가나 혁명가라는 사람들은 더없이 해로운 사람들이다. 하지만 그들이 개인에게 끼치는 해악은 쉽게 눈에 띄지 않는다. 겉으로 보면 좋은 사람이요 훌륭한 사람으로 보이기 때문이다. 하지만 그들이 하는 일은 사람들을 속박하는 것이다. 그들에게 자신을 맡기면 당신은 그들의 소유가 되고 말 것이다. 처음에 그들은 당신의 발을 마사지하는 것으로 시작하지만 머지않아 그들의 손은 당신의 목에 도달한다! 그들은 발에서 시작하여 목에서 끝난다. 그들은 자신들이 무엇을 하고 있는지 모른다. 그들은 '상대를 소유하고 싶으면 좋은 일을 하면 된다'라는 속임수를 배운 것이다. 그들은 속임수를 배웠다는 사실조차 인식하지 못한다. 그러나 상대에게 좋은 일을 하는 것은 사실 상대에게 해를 끼치는 행위이다. 좋은 일이란 상대를 소유하려는 보이지 않는 전략이기 때문이다. 그런 행위는 종교에 반하는 일이요 죄악이다.

세상의 교회와 신전, 모스크Mosque, 이슬람교 신전_역주 등은 모두 사람들에게 죄악을 짓는다. 그들은 사람들을 소유하고 지배하기 때문이다. 그러므로 모든 교회나 사원은 종교에 반하는 집단이다. 종교란 모름지기 자유여야 한다! 그렇다면 세상에는 왜 이런 일이 일어나고 있는가? 예수는 사람들에게 자유를 부여하고 비상의 날개를 주려고 했다. 그런데 예수 이후 무슨 일이 일어났는가? 왜 교회가 끼어들었는가? 예수는 완전히 다른 차원, 즉 존재와 각성의 경지에서 살았지만 예수의 말을 듣고 따르던 사람들은 수면 상태에서 살았기 때문이다. 그들은 예수의 말을 꿈속의 의식으로 해석했다. 그리하여 그들이 행한 모든 것은 죄가 되고 말았다. 그리스도는 종교를 주었지만, 의식이 잠든 사람들은 화석화된 교회로 변질시키고 말았다.

하루는 사탄이 나무 아래에 앉아 슬피 울고 있었다. 마침 그 곁을 성인이 지나가고 있었다.

그가 사탄을 보고 말했다.

"당신은 한시도 쉬지 않고 나쁜 짓이란 나쁜 짓은 모두 한다는 소리를 들었는데, 왜 여기에 앉아 있는 것이오?"

사탄은 풀이 죽어 있었다.

"내 일을 사제들이 몽땅 빼앗아갔소. 이제 내가 할 수 있는 일이 없어졌소. 사제들이 일을 너무나 잘하고 있으니 진짜 죽고 싶은 심정이란 말이오."

사제는 자유를 구속으로 둔갑시키고, 진리를 독단으로 변질시키며, 각성의 차원을 수면의 차원으로 타락시킨다. 사제는 그런 일에 탁월한 천재이다.

인간의 수면 상태를 정확히 이해해라! 수면 상태를 이해할 때 의식이 깨어나기 시작한다. 그리고 수면 상태에서 벗어나기 시작한다. 무엇을 수면 상태라고 하는가? 수면 상태는 어떻게 발생하는가? 그리고 어떻게 진행되는가?

마음은 항상 과거 아니면 미래에 있다. 마음은 현재에 존재하지 못한다. 마음이 현재에 존재하는 일은 절대로 불가능하다. 당신이 현재에 있으면 마음은 존재하지 않는다. 마음은 곧 생각이기 때문이다. 어떻게 현재에 존재하면서 생각할 수 있겠는가? 과거에 대해서는 생각할 수 있다. 과거는 기억 속에서 존재한다. 그래서 마음은 기억 속에 있는 과거를 끄집어낼 수 있다. 미래에 대해서도 생각할 수 있다. 미래란 아직 오지 않은 것이다. 그래서 마음은 미래에 대해 꿈을 꾼다. 마음은 과거로 움직이거나 미래로 이동할 수 있을 뿐이다. 과거와 미래는 드넓은 공간이다. 당신은 아무런 제약 없이 과거를 되새길 수 있으며 미래를 상상할 수 있다. 그러나 당신의 의식이 현재로 오면 마음은 움직이지 못한다. '현재'에는 마음이 작용할 수 있는 공간이 존재하지 않기 때문이다.

현재는 과거와 미래를 나누는 분계선이다. 선線에는 공간이 존재하지 않는다. 그러므로 현재라는 분계선에는 마음이 활동할 수 있는 공간이 존재하지 않는다. 당신이 현재에 있으면 생각을 할 수 없다. 생각이 활동하려면 공간이 필요하기 때문이다. 생각은 사물과 같다. 그래서 생각의 활동을 위해서는 공간이 필요하다. 생각은 미묘한 물질이요 사물이다. 생각은 영성靈性의 차원이 아니다. 영성의 차원은 생각이 사라진 자리에서 시작된다. 생각 또한 물질이다. 대단히 미묘한 물질이다. 물질이 활동하려면 공간이 필요하다.

당신은 현재에서 생각할 수 없다. 생각하는 순간, 당신은 이미 과거에 있다. 새벽에 떠오르는 태양을 보며 "야, 아름답다."라고 말하는 순간, 당신은 이미 과거에 있다. 태양이 떠오르는 순간에는 "아름답구나."라고 말할 틈도 존재하지 않는다. 아름다운 일출에 대한 경험은 순간순간 과거로 간다. 그런데 "아름답다."라고 말하는 마음은 기억에서 아름다움의 경험을 불러낸다. 태양이 떠오르는 바로 그 순간, 바로 그 찰나 어떻게 생각을 할 수 있단 말인가? 무엇을 생각할 수 있단 말인가? 떠오르는 태양과 함께 있을 수는 있지만 생각할 수는 없다. 당신의 존재를 위한 공간은 충분하지만, 생각을 위한 공간은 없다.

정원에 있는 아름다운 꽃을 보고 "아름답다."라고 말하는 순간, 당신은 장미와 함께 있지 않다. 당신은 기억 속에 있다. 꽃도 거기 있고 당신도 거기 있다. 이렇게 둘이 서로에게 현존하면서 어떻게 생각이 가능하단 말인가? 무엇을 생각할 수 있단 말인가? 거기에는 생각할 수 있는 공간이 존재하지 않는다. 당신의 생각은 꽃과 함께 존재할 수 없다. 둘이 함께 존재할 수 있을 만큼 공간은 넓지 않다. 오직 하나만이 존재할 수 있을 뿐이다.

그러므로 현존으로 깊이 들어가면 내가 꽃이 되고 꽃이 내가 된다. 생각이 없을 때 누가 꽃이고 누가 관찰자인가? 이때 관찰자는 대상이 된다. 홀연히 경계가 사라진다. 내가 꽃 속으로 들어가고 꽃이 내 속으로 들어온다. 홀연히 둘이 사라지고 하나만 남는다.

생각하면 다시 둘이 된다. 생각하지 않을 때 두 사람은 어디에 존재하는가? 생각 없이 꽃과 함께 존재하면 대화가 아니라 교감이 일어난다. 사랑하는 사람과 있을 때도 그렇다. 둘은 하나가 되기 때문에 둘 사이에는 대화가 일어나는 것이 아니라 교감이 일어난다. 사랑하는 사람 옆에 앉아 손을 잡고 서로를 느낀다. 과거에 연연해하지도 않고 앞으로 올 미래를 꿈꾸지도 않는다. 지금 여기에 연인과 함께 존재한다. 지금 여기에 존재하는 것은 너무나 아름답고 너무나 강렬해서 생각이 비집고 들어올 틈이 존재하지 않는다.

문은 좁다. 현재의 문은 너무나 좁다. 그래서 현재의 문으로는 둘이 들어갈 수가 없다. 오직 하나만이 들어갈 수 있을 뿐이다. 현재의 순간에는 생각이 가능하지 않다. 꿈 역시 가능하지 않다. 꿈이란 그림으로 하는 생각이기 때문이다. 둘 다 사물이요 물질이다.

생각 없이 현재에 존재할 때 우리는 처음으로 영적인 사람이 된다. 새로운 각성의 차원이 열린다. 하지만 사람들은 그 차원을 모른다. 그래서 헤라클레이토스는 사람들이 깨어 있지 않고 잠들어 있다고 말한다. 각성이란 완전히 현재의 순간에 존재하는 것을 말한다. 그리하여 과거로도 움직이지 않고 미래로도 움직이지 않아, 마음의 모든 움직임이 정지하는 것을 말한다.

그렇다고 해서 정체된다는 말은 아니다. 새로운 움직임이 일어난다. 그 움직임은 외면이 아니라 내면으로 향한다. 예수의 십자가가 의미하는바, 움직임에는 두 가지가 있다. 첫째는 직선적이고 수평적인 움직임이다. 한쪽에서 다른 쪽으로, 한 생각에서 다른 생각으로, 한 꿈에서 다른 꿈으로 움직이는 것이다. A에서 B로, B에서 C로, C에서 D로, 이런 식으로 직선적이고 수평적으로 움직인다. 이것은 시간의 움직임이요 잠든 자의 움직임이다. 첫째 움직임은 베틀의 북처럼 직선 위에서 일어난다.

둘째 움직임은 완전히 다른 차원에서 일어난다. 이 움직임은 수평적이 아니라 수직적이다. 둘째 움직임에서는 A에서 B로 움직이는 것이 아니라 A에서 A1, A2, A3, A4로 움직인다.

생각이 멈출 때 새로운 움직임이 일어난다. 이제 심연의 깊이로 움직인다. 명상 속으로 깊이 잠기는 사람은 머지않아 존재의 심연에 도달한다. 깊이를 헤아릴 수 없는 심연으로 떨어지는 체험으로 명상가는 현기증이 나면서 두려워한다. 그래서 수평적인 움직임으로 회귀하려고 한다. 수직적인 심연은 죽음처럼 두렵기 때문이다.

바로 이것이 예수의 십자가가 뜻하는 죽음이다. 수평적인 차원에서 수직적인 차원으로의 움직임은 죽음을 의미한다. 그것이야말로 진짜 죽음이다. 그것은 이쪽에서 보면 죽음이지만 저쪽에서 보면 부활이다. 다시 태어나기 위해 죽는 것이다. 즉 저쪽 차원에서 다시 태어나기 위해 이쪽 차원에서 죽는 것이다. 수평적 인간은 예수이며 수직적 인간은 그리스도이다.

이 생각에서 저 생각으로 움직이는 사람은 시간의 세계에 존재한다. 순간에서 순간으로 움직이는 사람은 영원으로 들어간다. 세상에 정체된 것은 없다. 그 어느 것도 정체할 수 없다. 현재 순간으로 움직일 때 새로운 형태의 움직임이 일어난다. 이것은 동기 없는 움직임이다. 사람은 수평선에서 동기를 가지고 움직인다. 즉 돈이나 명예, 권력, 신 등을 성취하기 위해 움직인다. 성취라는 동기로 움직이는 것이다.

동기가 있는 움직임은 수면이다. 동기가 없는 움직임은 각성이다. 움직임은 에너지이기 때문에 인간은 움직인다. 움직임은 삶 자체이기 때문에 인간은 움직인다. 삶은 에너지요 에너지는 움직임이기 때문에 인간은 움직인다. 에너지는 기쁨이기 때문에 인간은 움직인다.

다른 이유는 없다. 인간의 움직임에는 특별한 목적이 없다. 특별한 목적을 성취하기 위해 인간은 움직이지 않는다. 특별한 목적지를 향하여 움직이지 않는다. 다만 에너지 속에서 기뻐한다. 움직임은 움직임 자체가 목적일 뿐이다. 다른 목적은 존재하지 않는다.

붓다도 살았고 헤라클레이토스도 살았다. 나도 이렇게 살아서 숨쉬고 있다. 이들은 아무런 동기 없는, 완전히 다른 유형의 움직임이요 삶이다.

몇 년 전의 일이다. 누군가 내게 이렇게 물었다.

"왜 사람들에게 명상을 가르칩니까?"

나는 이렇게 대답했다.

"그것은 나의 기쁨이오. 특별한 이유는 없소. 나는 즐길 뿐이오."

사람들은 화단에 꽃씨를 뿌리고 물을 주고 꽃이 피기를 기다렸다가 꽃이 피면 기뻐한다. 이처럼 내가 가르친 사람들이 꽃피어나면 나는 기뻐한다. 나의 일은 꽃을 가꾸는 일이다. 누군가 꽃이 피어나면 이것은 더없는 기쁨이 된다. 그리고 나는 그 기쁨을 나눈다. 하지만 거기에는 특별한 목적이 없다. 사람들이 제대로 피어나지 못한다 해도 나는 실망하지 않는다. 실패는 실패대로 괜찮다. 꽃이 피어나는 것을 강요할 수는 없지 않은가? 싹을 강제로 열어서 꽃피울 수는 없는 노릇이지 않은가? 싹을 강제로 열어서 꽃을 피운다 해도 그것은 참다운 피어남이 아니다. 그것은 꽃을 파괴하는 행위일 뿐이다.

온 세상이 움직이고 존재계도 움직인다. 영원 속으로 움직인다. 마음은 시간 속에서 움직인다. 존재계는 깊이와 높이로 움직이며 마음은 앞뒤로 움직인다. 마음이 수평적으로 움직이는 것은 수면의 차원이다. 그리고 존재가 수직적으로 움직이는 것은 각성의 차원이다.

순간에 존재해라! 자신의 모든 존재를 순간 속으로 가져오라. 과거가 참견하거나 미래가 끼어들 여지가 없도록 해라! 과거란 이제 존재하지 않는다. 이미 죽은 것이다. 예수는 이렇게 말한다.

"죽은 자들로 저희 죽은 자들을 장사하게 해라!"

더는 존재하지 않는 과거를 왜 걱정하는가? 왜 당신은 거듭거듭 지나간 것을 곱씹고 있는가? 정신이 어떻게 된 것은 아닌가? 과거는 더는 존재하지 않는다. 과거는 당신의 마음 안에 있을 뿐이다. 그것은 하나의 기억일 뿐이다. 그리고 미래 역시 존재하지 않는다. 당신은 왜 끊임없이 미래를 생각하는가? 아직 오지 않은 미래를 어떻게 할 수 있단 말인가? 무엇을 계획할 수 있단 말인가? 자기가 생각하고 계획한 미래는 일어나지 않는다. 일어나지 않으면 당신은 실망하고 좌절한다. 전체계全體界의 계획과 당신의 계획이 다르기 때문이다. 어떻게 당신은 전체계와 다른 계획을 세워 실행하려 하는가? 도대체 무슨 수로 실행하려 하는가?

존재계에는 존재계의 계획이 있다. 존재계는 인간보다 백배 천배 현명하다. 당연히 전체는 부분보다 현명할 수밖에 없는 노릇이다. 왜 인간은 전체계(신)인 양하는 것인가? 전체계에는 전체계만의 운명이 있고 목적이 있다. 왜 전체계의 운명이나 목적에 인간이 끼어들어야 하는가? 당신이 전체계의 흐름을 거스르며 하는 행위는 무엇이든 죄가 될 것이다. 당신이 전체계의 흐름을 거스르며 행위를 하면 지금, 이 순간을 놓치기 때문이다. 지금, 이 순간을 놓치는 일이 습관처럼 되면 설령 꿈꾸어왔던 미래가 와도 그 미래를 놓치기 마련이다. 미래는 올 때 꼭 현재의 순간으로만 오기 때문이다. 즉 미래가 왔을 때는 이미 현재가 되지, 더는 미래가 아니란 말이다. 어제 당신은 오늘을 내일로 생각했다. 그리고 내일이 밝아 오늘이 되었다. 하지만 오늘 당신은 또다시 내일을 꿈꾼다. 내일이라는 시제는 항상 오늘로 올 뿐이다. 그러므로 참으로 존재하는 것은 지금 여기에서 있을 뿐이다. 다른 존재의 가능성은 없다. 인간의 마음은 항상 내일이라는 시제에 고정되어있다. 존재는 지금 여기에 있는데 마음은 내일에 고정되어있다. 당신은 대체 언제 살려고 하는가? 내일은 절대 오지 않는다. 내일에 고정되어있으면 지금, 이 순간을 놓친다. 이것이 인간의 죄이다. 이것이 '죄'라는 말에 해당하는 히브리어 원어의 뜻이다.

마음에 미래가 떠오르는 순간, 시간이란 개념이 들어온다. 그러면 지금, 이 순간을 놓치고 죄를 짓는다. 이런 것이 습관이 되면 당신은 기계적으로 움직인다. 그리고 매 순간을 놓친다.

많은 사람이 먼 나라에서 나를 보러 이곳에 온다. 그들은 자기 나라에서 나를 생각하고 내 책을 읽고 꿈을 꾼다. 그러나 정작 이곳에 와서는 고향 집을 생각한다. 여기에 도착하자마자 돌아가고 있다! 아이들과 아내, 직장, 이것저것 오만 가지 생각을 한다. 내게는 그들의 어리석음이 전체적으로 보인다. 그들은 고향에 돌아가서 또다시 나를 생각할 것이다. 그들이 놓치고 있는 것, 바로 이것이 죄이다.

여기서 나와 함께 있을 때는 다만 나와 함께 있어라. 다른 것은 모두 마음에서 내려놓아라. 지금 여기에 전체적으로 존재한다면 새로운 형태의 움직임을 배울 수 있다. 그 움직임은 시간 선상에서의 움직임이 아니라 영원 속으로의 움직임이다.

시간은 세계요 영원은 신이다. 수평의 차원이 세계라면 수직의 차원은 신이다. 둘은 한 지점에서 만난다. 바로 그 지점에서 예수는 십자가에 매달렸다. 수평적 차원과 수직적 차원, 둘은 한 지점에서 만난다. 그 지점이 '지금 여기'이다. '지금 여기'에서 당신은 두 곳으로 여행을 떠난다. 하나는 세상과 미래로의 여행이요, 다른 하나는 신과 내면으로의 여행이다.

좀 더 깨어 있어라. 좀 더 각성해라! 좀 더 현재에 깨어 있어라.

그러나 곤히 잠들어 있는 당신은 깨어 있음조차도 꿈으로 만든다. 생각의 대상으로 만들고 생각의 흐름 속에 매몰된다. 그래서 '깨어 있어야 한다'라는 생각에 너무 긴장한 나머지, 현재에 존재하지 못한다. '어떻게 하면 현재에 존재할 수 있을까?'를 지나치게 생각하는 일은 도움이 되지 않는다. 당신의 마음은 항상 미래나 과거로 움직인다. 지금까지 당신의 삶이 그랬다. 그래서 미래에 대해 꿈꾸는 자신을 발견하면 자동으로 죄의식을 느낀다.

그러나 죄의식을 느낄 필요가 없다. 지금, 이 순간에 존재하지 않는 것이 죄임을 깨달아라. 하지만 죄의식을 느끼지는 말아라! 이것을 잘 이해해야 한다. 죄의식에 사로잡히면 모든 것을 놓친다. 죄의식에 사로잡히면 옛 습관대로 흘러간다. 지금, 이 순간을 놓친 것에 대해 죄의식을 느낀다면 이 또한 과거를 생각하는 일이다. 이미 지나간 과거를 집착하는 일이다. 그러면 계속 놓칠 수밖에 없다.

자신이 과거나 미래로 움직이고 있음을 알아차렸을 때 자책하지 말아라! 다만 현재로 돌아오라. 죄의식을 느낄 필요가 없다. 다만 각성을 현재로 불러오라. 물론 자주 놓칠 것이다. 완전한 각성은 지금 당장 이루어지지 않는다. 물론 언젠가 완전한 각성이 일어날 것이다. 그때 당신은 사라진다. 하지만 지금 당신의 기계적인 움직임은 너무나 오랫동안 굳어진 것이기 때문에 당장 바꿀 수는 없다. 그렇다고 해서 걱정하지 말아라! 존재계는 결코 서두르는 법이 없다. 영원한 존재계는 영원히 기다린다. 그러므로 걱정할 필요가 없다.

현재의 순간에 있지 않음을 깨달을 때마다 돌아오라. 그것뿐이다. 죄의식을 느끼지 말아라! 그것은 마음이 부리는 술책에 불과하다. 후회할 필요도 없다. 자신이 하는 행위 속으로 돌아오라. 샤워할 때는 샤워 속으로 돌아오라. 밥을 먹을 때도 현재의 순간으로 돌아오라. 산책할 때도 현재의 순간으로 돌아오라. 지금 여기에 있지 않음을 깨달을 때도 지금 여기에 돌아오라. 깨어 있음을 놓쳤다고 해서 자책하지 말아라! 자책하면 또 놓치기 때문이다.

'죄는 있지만, 죄의식은 없다.' 즉 순간을 놓치는 죄는 있지만, 거기에 대해 죄의식을 느낄 필요는 없다는 말이다. 우리는 무엇인가를 잘 못하면 곧바로 죄의식을 느낀다. 마음은 참으로 교활하다. 죄의식을 느끼면 당신은 마음의 울타리를 벗어나지 못한다. 사람들은 내게 와서 이렇게 말한다. "우리는 자꾸 잊어버립니다." 슬픈 표정으로 말이다. "우리는 계속해서 잊어버립니다. 깨어 있으려고 노력하지만 몇 초밖에 가지 않습니다. 무엇을 어떻게 하면 좋겠습니까?" 할 수 있는 것은 아무것도 없다. 그것은 하고 하지 않고의 문제가 아니다. 그렇다면 무엇을 할 수 있는가? 당신이 할 수 있는 유일한 일은 죄의식에 사로잡히지 않는 일이다. 현재의 순간을 놓쳤을 때는 언제나 현재의 순간으로 돌아오라. 그렇게 하기만 하면 된다.

자주 현재의 순간으로 돌아오라. 항상 명심해라! 심각하게 생각하거나 억지로 하지 말고 자연스럽고 편하게 지금, 이 순간으로 돌아오라. 지금, 이 순간을 놓쳤다고 해서 자신을 책망하지 말아라! 영원의 세계에는 문제가 없다. 모든 문제는 수평의 차원에서만 존재한다. 수직의 차원은 문제를 모른다. 수직의 차원은 걱정이나 고통, 불안, 죄의식 등이 없는 순수한 기쁨의 세계이다. 그러므로 순간으로 돌아오라.

물론 당신은 자주 이 순간을 놓칠 것이다. 그렇다고 해도 걱정하지 말아라! 당신은 이 순간을 자주 놓치겠지만 그것은 중요하지 않다. 순간을 놓친다는 사실에 관심을 두지 말고 순간으로 돌아온다는 사실에만 관심을 두어라. 순간을 놓친다는 사실에 정신을 팔지 말고 순간으로 돌아온다는 사실에만 정신을 모아라. 다시 현재의 순간에 돌아왔다는 사실에 기뻐해라! 당신은 인간인 이상 계속 놓칠 수밖에 없다. 수평의 차원에서 장구한 세월을 산 이상 자주 놓치는 것은 당연하다. 순간을 놓쳤음을 알고 다시 순간으로 돌아오는 것은 참으로 아름다운 일이다. 당신은 불가능한 일을 해내고 있다! 그러므로 순간에 돌아올 때마다 기뻐해라!

하루에도 수만 번 놓치고 수만 번 돌아온다. 이제 새로운 형태의 삶이 시작된다. 자주 존재의 집(순간)에 돌아옴으로써 서서히 새로운 차원이 열리기 시작한다. 과거나 미래로 움직이는 일이 줄어들고 각성 상태에 머무는 시간이 많아진다. 순간을 놓치는 일이 줄어들고 순간을 기억하는 시간이 많아진다. 이제 수직적인 차원으로 진입한다. 그리고 어느 날 홀연히 수평적인 차원이 사라진다. 각성이 더없이 치밀해졌을 때 수평적인 차원은 사라진다.

이것이 바로 샹카라(Shankara, 700~750년 무렵), 아디 샹카라(Adi Shankara). 남인도 케랄라 지방 출신의 인도 철학자이자 신비가. 인도의 고대 경전에 뛰어난 주석서들을 저술하여 불이론(不二論)의 베단타 철학을 확립시켰으며 이후 인도 철학에 지대한 영향을 끼쳤음_역주**와 베단타**Vedanta, 기원전 1세기경 바다라야나(Badarayana)가 창설하고 샹카라(Shankara)가 발전시켰으며 브라흐마 수트라(Brahma Sutra)를 근본 경전으로 하는 힌두 학파. 이 학파에 따르면 인생의 궁극적 목적은 범(梵)과 아(我)의 합일, 즉 해탈이며 이것은 지혜를 통해서 가능하다고 함_역주 등이 말하는 '세상은 환영'이 뜻하는 바이다. 즉 각성이 완벽해지면 마음이 지어낸 세계는 사라지고 또 다른 세계가 나타난다. 마야Maya, '환영'이라는 뜻의 산스크리트어_역주가 사라진다. 환영이 사라진다. 환영의 세계는 인간이 무의식 속에 잠들어 있으므로 존재하는 것이다.

환영은 마치 꿈과 같다. 밤에 꾸는 꿈은 아주 사실적으로 보인다. 당신은 꿈속에서 '이건 꿈이야'라고 생각해본 적이 있는가? 꿈속에서는 또 다른 세계가 펼쳐지지만 아무도 꿈속 세계의 존재를 의심하지 않는다. 누구나 꿈속에서는 꿈이 사실이라고 철석같이 믿는다. 꿈속에서는 아무도 꿈을 의심하지 않는다. 버트란드 러셀(Bertrand Russell, 1872~1970), 영국의 철학자이자 논리학자. 저서로는 『수학 원리』 등이 있음_역주이라도 의심하지 않는다. 누구나 꿈속에서는 일어나는 모든 것을 어린아이처럼 믿는다. 아내가 꿈속에 나타나 말로 둔갑을 한다 해도 한 점의 의혹도 없이 믿는다.

꿈은 믿음의 산물이다. 인간은 꿈의 사실 여부를 털끝만큼도 의심하지 않는다. 꿈을 의심하면 꿈은 사라진다. '이것은 사실이 아니라 꿈이다'라고 생각하는 순간, 꿈은 산산이 부서진다.

지금 당신에게 보이는 세상은 진짜 세상이 아니다. 세상은 존재하지 않는다는 말이 아니다. 세상은 존재하지만, 당신은 수면 상태에서 세상을 보고 있다는 말이요 무의식으로 보고 있다는 말이다. 당신은 자신의 무의식이 해석하는 대로 세상을 본다. 인간은 무의식에 취해 있다.

한번은 이런 일이 있었다.

물라 나스루딘이 술에 취한 채, 엘리베이터를 향해 다급하게 뛰고 있었다. 엘리베이터를 운행하던 남자가 막 문을 닫고 있는 찰나, 용케도 물라는 엘리베이터 안으로 뛰어들 수 있었다. 엘리베이터 안은 사람들로 발 디딜 틈이 없었다. 누가 보아도 물라는 몹시 취해 있었다. 그의 몸에서는 술 냄새가 지독하게 풍겼다. 그는 취하지 않은 체하려고 엘리베이터 문을 똑바로 응시했다. 하지만 아무것도 보이지 않았다. 이미 눈의 초점이 흐려진 상태였다. 정신을 차려 똑바로 서 있으려고 했지만, 그것마저 여의치 않았다. 그는 당황했다. 모든 사람이 그가 정신을 가눌 수 없을 만큼 취했다는 사실을 아는 것 같았다. 그래서 어찌할 바를 모르다가 불쑥 이렇게 말했다.

"내가 왜 이 회의를 소집했는지 궁금합니까?"

다음 날 아침이 되면 물라도 술에서 깨어나 지금 당신들이 웃는 것처럼 웃을 것이다.

붓다는 깨달을 때 웃는다. 사자가 포효하는 것처럼 웃는다. 그들은 사람을 보고 웃는 것이 아니라 우주의 농담을 보고 웃는다. 인간은 꿈속에서 욕망에 취한 채로 산다. 그리고 욕망의 눈으로 존재계를 본다. 하지만 욕망의 눈으로 보면 참된 세상을 볼 수 없다. 자신의 꿈을 세상에 투사하기 때문이다.

인간은 전 존재계를 하나의 스크린으로 생각하고 그 스크린 속에 자신의 마음을 투사한다. 그래서 인간은 참으로 존재하는 것을 보지 못하고 존재하지 않는 것을 본다. 마음은 모든 대상을 자신의 구미에 따라 이론화한다. 의심이 떠오르면 마음은 온갖 구실을 갖다 붙여 합리화한다. 마음은 자신의 믿음을 합리화하기 위해 철학과 이론과 학설을 세운다. 세상의 철학은 모두 현상의 세계를 안심하고 믿기 위해 존재할 뿐이다. 그래서 인간은 보이는 세계에서 아무것도 이상한 것이 없음을 믿고자 한다. 하지만 잠들어 있는 인간에게는 모두가 그릇된 것이 된다.

어느 날 한 남자가 나를 찾아왔다. 그는 무슨 걱정을 하는 듯했다. 그에게는 예쁜 딸이 있었다. 알고 보니 그는 딸을 걱정하고 있었다.

"매일 아침 딸아이가 조금씩 아파요. 의사란 의사는 다 찾아갔는데 아무런 이상이 없대요. 어떻게 하면 좋을까요?"

그래서 내가 이렇게 말했다.

"물라 나스루딘한테 가시오. 그가 이 근방에서는 알아주는 현자요. 모르는 것이 없어요. 그한테 가보시오."

남자가 물라에게 갔다. 물라가 어떻게 나오는지 궁금해서 나도 뒤따라갔다.

남자가 딸의 건강에 관해 묻자 물라는 눈을 감고 명상에 잠겼다가 눈을 뜨고는 말했다.

"자기 전에 딸에게 우유를 먹입니까?"

남자가 대답했다.

"예."

물라가 증상의 원인을 설명하기 시작했다.

"알겠소이다. 내가 증상의 원인을 찾았소이다. 자기 전에 아이에게 우유를 먹이니까 아이가 밤새도록 좌로 굴렀다 우로 굴렀다 하면서 우유를 젓습니다. 우유를 저으면 우유는 커드Curd, 우유에 산이나 응고 효소를 넣어 굳힌 식품_역주가 됩니다. 이 커드를 계속 저으면 치즈가 되고 치즈는 버터가 되지요. 그런 다음 버터는 기름이 되고 기름은 설탕이 되며 드디어는 술이 됩니다. 그러니 아침이 되면 딸아이가 숙취로 고생하는 것도 당연하지 않습니까?"

철학자들은 모두 이렇다. 알 수 없는 것들에 대해서, 마치 자신이 아는 양 온갖 설명을 갖다 붙인다. 그래서 삶의 문제로 고민하는 사람들의 마음을 편하게 만든다. 철학자들은 마음 편히 잘 수 있도록 사람들에게 안정제를 파는 사람들이다.

철학은 안정제요 영성靈性은 충격이다. 철학은 잠을 편히 잘 수 있도록 돕지만 영성은 잠자는 인간을 깨운다. 이것이 철학과 영성의 차이이다. 이 점을 명심해라! 영성은 철학이 아니다. 영성은 무의식에 잠든 인간을 깨우는 기법이다. 모든 철학은 인간이 잠을 잘 자고 꿈을 꾸고 유토피아를 상상하도록 만드는 기법이다.

영성은 인간의 꿈과 유토피아를 앗아가고 진리를 가져온다. 진리는 꿈꾸지 않을 때 보인다. 꿈꾸는 자에게는 진리가 보이지 않는다.

꿈꾸는 마음은 진리를 꿈으로 둔갑시키기 때문이다.

　다음과 같은 일을 관찰해본 적이 있는가? 다음 날 아침 4시에 기차를 타려고 알람시계를 맞춘다. 다음 날 4시가 되어 알람이 울리면 마음은 꿈을 지어낸다. '나는 신전에 앉아 있다. 지금 신전의 종이 울린다.' 이렇게 꿈을 꾸면 알람 소리에 개의치 않고 계속 잠을 잘 수 있다. 꿈속에서 적당한 변명을 갖다 붙임으로써 진리를 왜곡하는 것이다!

　마음은 미묘하다. 정신분석가들은 마음의 미묘한 반응, 즉 즉각적으로 변명의 꿈을 지어낸다는 사실을 발견했다. 즉각적으로 변명의 꿈을 지어내는 것은 사실 대단히 어렵다. 하지만 마음은 이 어려운 일을 해낸다. 어떻게 그토록 빨리 신전이나 교회에서 종소리를 듣고 있다고 생각할 수 있는가? 그 기민함은 가히 놀랄 만하다. 추운 겨울의 새벽에 당신은 알람 소리를 피하고 싶어 한다. 그래서 순간적으로 이렇게 생각한다. '이것은 알람 소리가 아니라 신전에서 울리는 종소리이다.' 그리고 계속 잠을 잔다.

　이것이 철학이 하는 일이다. 그래서 세상에는 다양한 종류의 철학이 존재한다. 세상 사람들이 각기 다른 변명을 원하기 때문이다. '가'라는 사람의 수면 상태를 유지하는 데 좋은 변명이 '나'라는 사람에게는 도움이 되지 않는다. 헤라클레이토스는 바로 이런 인간의 수면 상태에 관해 이야기하고 있다.

　이제 헤라클레이토스의 말을 들어보자.

인간은 깨어서도

잠 속에서처럼

주위의 일을

인식하지 못한다.

물론 인간은 잠 속에서 주위의 일을 인식하지 못한다. 그렇다면 깨어서는 주위의 일을 인식하는가?

인간의 심리에 관한 많은 연구가 진행되었다. 연구 결과에 따르면 인간에게 들어오는 메시지의 98%는 마음에 의해 차단된다. 겨우 나머지 2%만이 마음을 통과하는데, 이 2%마저도 마음이 멋대로 해석한다. 내가 이것을 말하면 당신은 저것으로 알아듣는다. 당신은 자신의 수면이 방해받지 않도록 내 말을 멋대로 해석한다. 외부에서 어떤 말이 들어오면 마음은 즉각적으로 해석하여 자기 것으로 만들어버린다. 그래서 사람들은 붓다와 그리스도, 헤라클레이토스 등의 각자覺者를 계속해서 놓친다. 깨달은 사람들은 끊임없이 사람들에게 외친다.

"나는 무엇인가를 발견했다. 나는 무엇인가를 체험했다. 그러니 내 말을 듣고 깨어나라."

사람들은 깨달은 사람의 말을 듣고 즉각 멋대로 해석해버린다. 이것이 마음의 술책이다. 아리스토텔레스는 헤라클레이토스 때문에 마음이 편하지 않았다. 아리스토텔레스는 헤라클레이토스를 성격 장애인으로 단정했다. 상대가 자신에게 맞지 않거나 상대로 인해 자신의 마음이 어지러우면 우리는 상대를 얼치기로 규정하는 경우가 있다. 아리스토텔레스가 소화하기에 헤라클레이토스는 너무 버거웠을 것이다. 아리스토텔레스는 수평 차원의 대가였지만 헤라클레이토스는 그런 아리스토텔레스를 수직의 심연 속으로 밀어 넣으려고 했다. 아리스토텔레스는 논리의 평지를 걷고 있었지만 헤라클레이토스는 그를 신비의 심연 속으로 밀어 넣으려고 했다. 그래서 변명이 필요했다. 아리스토텔레스는 이렇게 말했다.

"이 사람은 성격 장애인이다. 이 사람은 신체적으로 정신적으로 결함이 있는 사람이다. 그렇지 않은 다음에야 왜 역설적인 말들을 외치고 다니겠는가? 왜 그토록 신비의 세계를 집착하겠는가? 왜 흑과 백 사이에 조화가 존재한다고 주장하는가? 흑은 흑이고 백은 백일 뿐이다. 흑과 백 사이에 조화는 존재하지 않는다. 삶은 삶이고 죽음은 죽음일 뿐이다. 왜 사물을 명확히 하지 않고 얼버무리는가? 이 사람은 얼치기이다."

노자 역시 그랬다. 노자는 이렇게 말한다.

"나를 제외한 모든 사람이 현명해 보인다. 나를 제외한 모든 사람이 영리해 보인다. 나는 바보이다!"

분명 노자는 인류 역사상 위대한 현자였다. 하지만 노자 자신은 사람들 속에서 자신의 모습이 바보처럼 보인다고 했다. 노자는 말한다.

"모두가 분명한 자기주장을 하지만 나는 멍청이 같다."

아리스토텔레스가 헤라클레이토스에게 한 말을 노자는 자신에게 하고 있다.

노자는 이렇게 말한다.

"마음을 내려놓고 내 가르침을 듣는 사람은 깨달을 것이다. 그러나 마음으로 내 가르침을 듣는 사람은 나와는 관계없는, 자신만의 철학을 지어낼 것이다. 사람들은 자신의 존재로 듣지 않고 귀로만 듣는다. 그들은 내가 어리석다고 비웃는다."

대부분의 세상 사람은 귀로만 듣는다. 노자는 이어서 이렇게 말한다. "다수가 당신의 말을 비웃지 않는다면 당신의 말은 어딘가 틀렸음이 분명하다. 다수가 비웃을 때라야 당신의 말은 옳다. 다수가 당신을 바보라고 생각할 때라야 당신은 현자일 가능성이 크다. 다수가 당신을 지혜로운 사람이라고 생각한다면 당신이 현자일 가능성은 없다."

아리스토텔레스의 눈에 헤라클레이토스는 바보처럼 보였다. 아리스토텔레스의 논리학은 세상의 모든 대학을 지배했다. 이제 세상은 논리만을 가르친다. 그러므로 세상 사람들의 눈에는 헤라클레이토스가 바보처럼 보일 것이다. 세상은 신비를 가르치지 않는다. 모든 곳에서 논리의 세계를 가르칠 뿐, 신비의 세계는 가르치지 않는다. 세상은 자신의 논리를 분명히 하라고 가르친다. 자신의 논리를 분명히 하려면 수평의 차원에서 살아야 한다. 수평의 차원에서 A는 A이고 B는 B일 뿐이다. 수평의 차원에서 A는 결코 B가 될 수 없다. 수직적인 신비 세계에서는 경계와 경계가 만나 하나가 된다. 남자는 여자가 되고 여자는 남자가 된다. 바른 것은 틀린 것이 되고 틀린 것은 바른 것이 된다. 어둠은 빛이 되고 빛은 어둠이 된다. 삶은 죽음이 되고 죽음은 삶이 된다. 모든 경계가 만나 하나로 어우러진다.

그러므로 신은 신비의 세계이지 논리의 세계가 아니다. 신의 존재는 입증할 수 없다. 그것은 불가능하다. 모든 입증은 수평의 차원에 속한다.

신비한 심연의 세계로 들어가 직접 신비를 체험할 때 당신은 사라진다. 이것이 참다운 믿음이다. 진리는 마음이 존재하지 않을 때 알 수 있다. 마음이 존재하는 한 진리를 알 수 없다.

마음이 있는 곳에는 당신이 존재하지 않는다. 마음은 당신의 몸을 떠나 다른 곳을 떠돈다. 그러므로 마음이 존재하는 곳에 당신은 존재하지 않는다.

티베트의 옛 경전에 이런 구절이 나온다.

"신은 수없이 당신을 찾아오지만, 당신은 그 자리에 없다."

신은 당신의 문을 수없이 두드리지만, 주인은 그 자리에 없다. 당신은 당신의 몸에 있는가, 아니면 다른 곳을 떠도는가? 당신이 몸을 떠나 다른 곳을 떠돈다면 신이 어떻게 당신을 찾을 수 있겠는가? 당신의 몸에 있어라. 그러면 신이 당신을 발견할 수 있을 것이다. 당신이 신을 찾고 있듯, 신 또한 당신을 열심히 찾고 있다. 그러므로 몸에 있어라. 그러면 신이 그대로 발견할 수 있을 것이다. 그러나 신은 무수히 찾아와 당신의 문을 두드리며 문 앞에서 기다리지만, 당신은 거기 없다.

헤라클레이토스는 말한다.

어리석은 자는 들어도
귀머거리와 같다.
옛 잠언처럼
"바보는 있어도 없다."라는 말은
그를 두고 하는 말이다.

이것이 수면 상태이다. 있어도 없는 상태이다. 즉 몸은 있어도 의식은 현재의 순간에 있지 않고 다른 곳을 떠도는 상태이다.
이런 일이 있었다.

물라 나스루딘이 커피숍에 앉아 자신이 얼마나 후한 사람인지 친구들에게 떠들고 있었다. 다른 사람들이 그렇듯이 물라는 자신이 무슨 말을 하고 있는지 의식하지 못한 채, 허풍을 떨고 있었다.
한 친구가 불쑥 물라에게 물었다.
"나스루딘, 그렇게 후하다면서 왜 우리를 초대 한번 하지 않나? 우리는 자네한테 식사 한 끼 얻어먹은 적이 없네. 그런데 후하다고?"
물라는 자신의 허풍에 너무 들뜬 나머지 아내의 존재를 까마득하게 잊고는 이렇게 말했다.
"지금 우리 집으로 가세나. 내가 푸짐하게 대접함세!"

그리고 물라와 친구들은 커피숍을 나와 물라의 집으로 향했다. 집에 가까워지자 물라는 정신이 들기 시작했다. 아내의 존재를 까맣게 잊고 있었음을 깨달은 것이다. 옆에 있는 친구들은 무려 서른 명이나 되었다. 물라는 갑자기 무서워지기 시작했다.

집 앞에 도착해서 물라가 친구들에게 말했다.

"잠깐만, 여기서 좀 기다리게나! 집사람이 안에 있지 않은가, 자네들도 알지? 그러니 잠깐만 기다리게. 내 먼저 들어가서 집사람에게 이야기한 다음, 자네들을 부르겠네."

물라는 안으로 들어가더니만 깜깜무소식이었다. 밖에서 친구들은 기다리고 또 기다렸다. 한없이 기다려도 물라가 나오지 않자, 그들은 문을 두드렸다.

한편 물라는 아내에게 자초지종을 이야기하고 어떻게 하면 좋을까를 물었다.

아내가 대답했다.

"서른 명분의 식사를 어떻게 만들어요? 그것도 이렇게 늦은 시간에?"

그러자 물라는 아내에게 이렇게 말하는 것이었다.

"다시 문을 노크하면 나가서 내가 집에 없다고 말하시오."

잠시 후, 그들이 다시 노크하자 물라의 아내가 나가서 말했다.

"바깥양반은 지금 집에 안 계세요."

한 친구가 의아하다는 듯이 말했다.

"아니 그럴 수가! 우리 모두 물라와 함께 왔어요. 여기서 잠시 얘기하다가 물라가 안으로 들어가고요. 우리는 여기 계단에서 내내 물라가 나오는 것만 기다리고 있었는데, 물라가 나오는 것을 보지 못했거든요. 물라는 지금 안에 있을 거예요. 안으로 들어가서 한번 찾아보세요. 틀림없이 집 안 어딘가에 숨어 있을 겁니다."

물라의 아내는 집으로 들어가서 물라에게 말했다.

"어떻게 해요?"

그러자 물라는 들뜬 나머지, 밖으로 나가 이렇게 말했다.

"무슨 말이야! 물라는 조금 전에 뒷문으로 빠져나갔다고!"

이것은 단순한 유머가 아니다. 일상적으로 일어나고 있는 일이다. 나스루딘은 자신을 까맣게 잊고 있다. 이것이 인간의 일상에서 일어나는 일이다. 나스루딘은 논리의 세계에서 자신을 잊고 있다. 그의 논리와 주장은 맞다. "무슨 말이냐! 너희들은 여기서 기다리고 있었지? 나스루딘은 뒷문으로 빠져나갔단 말이야." 이 말은 논리적으로 완벽하다. 그러나 나스루딘은 그 말을 하는 것이 다름 아닌 자신이라는 사실을 까맣게 잊고 있다.

당신은 현재의 순간에 없다. 그래서 자신을 자각하지도 못하고 세상을 자각하지도 못한다. 이것이 수면 상태이다. 그래서 당신은 들어도 듣지 못한다. 보아도 보지 못한다. 느껴도 느끼지 못한다. 지금 여기에 존재하지 않기 때문에 당신의 문은 모두 닫혀 있다. 당신은 살아 있지 않다. 죽은 사람이다. 그래서 예수는 거듭해서 이렇게 외쳤다.

"귀 있는 자는 들어라. 눈 있는 자는 보아라."

헤라클레이토스는 몸에 주인이 없어 들어도 듣지 못하고 보아도 보지 못하는 사람들을 많이 만났던 것 같다. 비록 눈은 보고 귀는 듣지만, 눈과 귀의 주인이 없다. 눈은 창일 뿐이다. 눈이라는 창을 통해 보는 자가 없으면 눈 스스로는 보지 못한다. 창이 어떻게 사물을 본단 말인가? 창 앞에 서서 보는 이가 있어야 한다. 창 스스로는 보고 느끼지 못한다. 창을 통해 밖을 보는 주인이 있어야 한다.

몸은 집과 같으며 마음은 방랑자와 같다. 주인이 밖으로 떠도니 집은 항상 비어 있다. 생명은 항상 당신의 문을 두드린다. 이 생명을 신이라 불러도 좋고 존재계라 불러도 좋다. 이름은 중요하지 않다. 생명은 항상 당신의 문을 두드리고 있지만 문 안에는 주인이 없다. 이렇게 주인 없는 상태가 수면 상태이다.

잠든 것처럼 행동하거나 말하지 말아라! 완전히 깬 각성 상태에서 행동하고 말해라! 그러면 크나큰 변화가 일어날 것이다. 깨어 있다는 사실 자체만으로도 당신의 행동은 변화할 것이다. 깨어 있으면 죄를 지을 수 없다. 자신을 엄밀히 통제하기 때문에 죄를 짓지 않는 것이 아니다. 통제는 각성의 대용물이다. 그것도 아주 빈약한 대용물이다. 통제는 본질적인 도움을 주지 못한다. 깨어 있는 사람은 분노를 통제하지 않는다. 사실 깨어 있으면 분노가 일어나지 않는다. 분노와 각성, 둘은 동시에 존재할 수 없다. 깨어 있으면 질투는 일어나지 않는다. 깨어 있으면 많은 것들이 사라진다. 부정적인 것은 모두 사라진다.

각성은 바로 빛과 같다. 집 안에 빛이 있을 때 과연 어둠이 존재할 수 있겠는가? 집 안에 불이 켜지면 어둠은 바로 사라진다. 집 안이 환한데도 벽을 문으로 알고 노크하거나 물건에 걸려 넘어지는 일은 있을 수 없다. 아무런 문제 없이 곧장 문으로 가서 노크할 뿐이다. 하지만 어두우면 주위를 더듬거리거나 물건에 걸려 넘어진다. 이처럼 깨어 있지 않은 사람은 더듬거리고 걸려 넘어진다. 분노는 바로 걸려 넘어지는 것에 불과하다. 질투는 어둠 속을 더듬는 것에 불과하다. 당신은 어둠 속에서 살기 때문에 모든 것이 잘못될 수밖에 없다.

예수는 화를 내고 싶으면 화를 낼 수 있다. 예수는 필요에 따라 분노를 이용한다. 하지만 당신은 분노를 이용하지 못한다. 오히려 분노가 당신을 이용한다. 예수는 도움이 된다고 생각하는 것이면 무엇이나 이용할 수 있다. 예수는 자신이 주인이다. 예수는 화를 내지 않고 화를 낼 수 있다. 많은 사람이 구제프와 함께 마음공부를 했다. 그는 정말 지독한 사람이었다. 구제프는 한번 화를 냈다 하면 지독하게 화를 냈다. 거의 죽일 것처럼 덤벼들었다. 그러나 구제프의 분노는 특별한 상황에서 상대를 도우려는 방편이었다. 구제프는 A에게 화를 낸 다음, 바로 B를 보고 웃곤 했다. 그러다가 다시 A를 보고는 잡아먹을 듯이 화를 냈다.

이것은 가능한 일이다. 깨어 있는 사람은 그럴 수 있다. 모든 것을 방편으로 이용할 수 있다. 깨어 있는 사람에게는 독조차도 감로수로 변한다. 잠든 사람에게는 감로수조차도 독이 된다. 모든 것은 깨어 있느냐 아니냐에 달려 있다. 행위는 중요하지 않다. 행위는 전혀 문제가 되지 않는다. 중요한 것은 깨어 있음이요 각성이요 알아차림이다. 당신이 무엇을 하느냐는 문제가 아니다.

한번은 이런 일이 있었다.

불교의 위대한 스승 중에 용수(龍樹, 150~250년경), 남인도 출생으로 신흥 대승불교(大乘佛敎) 사상을 연구, 그 기초를 확립했으며, 그가 『중론(中論)』에서 전개한 공(空) 사상은 이후의 불교사상에 지대한 영향을 끼쳤음_역주를 빼놓을 수 없다.

어느 날, 도둑이 용수에게 왔다. 도둑은 용수를 보고 한눈에 반해버렸다. 도둑은 이전에 그와 같이 아름답고 기품 있는 사람을 본 적이 없었다.

도둑이 용수에게 물었다.

"저도 수행을 할 수 있습니까? 먼저 저에 대해 솔직히 말씀드리겠습니다. 저는 도둑입니다. 그리고 저는 도둑질을 그만둘 수 없습니다. 그러니 도둑질을 그만하라는 조건을 내걸지 말아주셨으면 합니다. 무슨 말이든지 다 듣고 따르겠습니다. 하지만 도둑질만은 그만둘 수 없습니다. 사실 도둑질을 그만두려고 무던히 애를 썼지만 그만둘 수 없었습니다. 그래서 이제 도둑으로서 제 운명을 받아들이기로 했습니다. 그러니 도둑질을 그만두라는 말씀만 말아주십시오."

용수가 대답했다.

"무엇을 두려워하는가? 누가 당신의 직업을 문제로 삼던가?"

도둑이 대답했다.

"제가 스님이나 성자라고 하는 분들을 찾아가면 꼭 그 이야기를 빼놓지 않으셨습니다. 먼저 도둑질을 그만두라고요."

용수가 웃으며 말했다.

"스님이 아니라 도둑을 찾아갔던 게지. 그렇지 않고서야 왜 도둑질에 신경 써! 나는 그런 거에 관심이 없다."

기분이 좋아진 도둑이 말했다.

"그렇다면 됐습니다. 제가 바른 스승을 찾은 거 같습니다. 저를 제자로 받아주십시오."

용수가 그를 제자로 받아들였다.

"자, 이제 가서 하고 싶은 대로 해라! 하고 싶은 대로 하되 단 한 가지 조건만 지키면 된다. '깨어 있어라!' 이 조건을 항상 지켜라. 남의 집에 들어가 물건을 훔치고 도둑질을 하는 것은 네 마음이다. 그런 일은 나의 관심 사항이 아니다. 나는 도둑이 아니란 말이다! 하지만 도둑질을 하되 완전히 깨어서 해라!"

도둑은 용수가 쳐놓은 덫에 걸려들고 있음을 알아차리지 못했다.

도둑이 말했다.

"알겠습니다. 그렇게 하겠습니다."

3주 후에 도둑이 다시 찾아왔다.

"저를 속이셨군요. 제가 깨어 있으면 도둑질을 할 수 없고, 반대로 도둑질을 하면 깨어 있을 수 없고……. 저보고 어떻게 하란 말입니까?"

용수가 말했다.

"도둑이나 도둑질 같은 말은 그만해라! 나는 그런 것에 관심이 없다. 나는 도둑이 아니다! 자, 이제 결정해라. 각성을 선택할 것인가, 아니면 도둑질을 선택할 것인가. 알아서 결정해라!"

도둑이 말했다.

"어려운 문제입니다. 각성을 약간만 맛보았는데 정말 좋았습니다. 그래서 말씀하시는 대로 따르고 싶어졌습니다. 며칠 전의 일이었습니다. 태어나서 처음으로 왕궁에 잠입하는 데 성공했습니다. 보물창고를 여는 데도 성공했습니다. 엄청난 부자가 될 수도 있었습니다. 하지만 나를 따라다니는 선생님의 말씀 때문에 저는 깨어 있을 수밖에 없었습니다. 보물창고에 들어가서 막 깨어 있으려고 하는 순간, 갑자기 훔치려는 욕망이 사라져 버렸습니다. 제가 깨어 있으려고 하자 다이아몬드가 평범한 돌처럼 보이는 것이었습니다. 제가 각성을 놓치면 보물을 훔치려는 욕망이 일어났습니다. 그러기를 여러 차례 했습니다. 깨어 있을 때는 마치 붓다가 된 느낌이었습니다. 모든 일이 어리석어 보였습니다. 모든 보물이 하찮은 돌처럼 보였습니다. 그래서 만지기도 싫었죠. '내가 지금 뭘 하고 있지? 하찮은 돌 때문에 나 자신을 잃어버리다니!' 이런 생각도 들었습니다. 그리고 나서 깨어 있음을 놓치자 헛된 환영의 세계가 떠오르고 돌들이 너무 아름답게 보였습니다. 그러나 마침내 그것들 모두 쓸모없는 것이라고 결론을 내

렸습니다."

각성을 알기만 하면 모든 것은 빛을 잃는다. 그리고 찬란한 더없는 행복을 누린다. 그리고 많은 것들이 저절로 떨어져 나간다. 그들은 모두 어리석고 하찮은 것들이다. 욕구도 욕망도 떨어져 나가고 꿈도 떨어져 나간다.

잠든 것처럼
행동하거나 말하지 말아라!
이것이 열쇠이다!
깨어난 사람들에게 세계는 하나이지만
잠든 사람들에게 세계는 잠든 사람만큼 많다.

꿈은 개인적이다. 절대적으로 개인적이다! 아무도 다른 사람의 꿈 속으로 들어갈 수 없다. 상대를 아무리 사랑한다 해도 상대와 같이 꿈을 꿀 수 없다. 남편과 아내가 한 침대에서 잠을 자지만 꿈은 같이 꿀 수 없다. 사실 꿈은 아무것도 아니다. 존재하지 않는다는 말이다. 그런 꿈은 다른 사람과 함께할 수 없다. 어떻게 아무것도 아닌 것을 다른 사람과 함께할 수 있겠는가? 꿈은 거품과 같다. 꿈에는 아무런 실체도 없다. 꿈은 타인과 더불어 같이할 수 없다. 그러므로 꿈은 혼자 꾼다.

그러므로 잠든 사람 수만큼의 많은 세계가 존재한다. 세상 사람 모두에게 자신만의 세계가 존재한다. 잠든 사람은 자신만의 생각과 관념, 꿈, 욕망 등에 갇혀 산다. 그래서 사람과 사람이 만나면 두 개의 세상이 충돌한다. 세상끼리의 충돌, 이것이 인간의 모습이다. 그러니 깨어서 지켜보아라!

남편과 아내가 대화하는 것을 보아라. 그들은 전혀 대화하지 않는다. 남편은 직장이나 봉급에 대해 생각하고 아내는 크리스마스에 입을 옷을 생각한다. 그래서 두 개의 세계가 충돌한다. 아내의 옷값은 남편의 봉급에서 나온다. 아내가 말하는 "자기야!" 뒤에는 옷이 숨어 있다. 아내는 남편에게 "자기야!"라고 말하면서 옷을 생각한다. 아내가 말하는 "자기야!"는 사전적인 뜻이 아니다. 허울뿐인 말이다. 아내가 "자기야!" 하고 부르면 남편은 겁부터 집어먹는다. 하지만 두려운 내색은 하지 않고 이렇게 말한다. "자기야, 왜? 무슨 일이야?" 크리스마스는 다가오는데 봉급이 넉넉하지 않아서 남편은 생활비 걱정을 한다.

물라 나스루딘의 아내가 나스루딘에게 불평을 늘어놓고 있다.
"요즘 왜 그래요? 눈물을 흘리며 울어도 왜 우느냐는 말 한마디 없는 거예요?"
나스루딘이 대답한다.
"됐소이다! 왜 우느냐고 물어보면 돈이 얼마나 드는지 아오? 내 과거에는 그런 실수를 많이 했지만, 이제는 아니오. 어디 우는 것이 단지 눈물을 흘리는 것만이오? 눈물 뒤에는 드레스와 새집, 새 차, 새 가구 따위가 숨어 있는 걸 다 아오. 눈물은 그런 것을 우려내려는 수작이란 말이오."

두 개의 세계가 만나기 때문에 대화가 일어나지 않는다. 충돌만이 일어날 뿐이다. 꿈은 사적인 것이지만, 진리는 사적인 것이 아니다. 진리는 사적일 수 없다. 진리는 내 것이거나 네 것일 수 없으며 기독교의 것이거나 힌두교의 것일 수 없다. 진리는 인도인의 것도 그리스인의 것도 아니다. 꿈은 사적이다. 사적인 것은 무엇이나 꿈의 세계에 속한 것이다. 진리는 열린 하늘이다. 진리는 모두를 위한 것이다. 진리는 하나이다.

비록 노자나 붓다, 헤라클레이토스 등이 쓰는 언어는 다를지 모르지만, 그들이 가르치는 바는 같다. 그들이 말하는 바는 하나이다. 그들은 사적인 세계에서 살지 않는다. 사적인 세계는 꿈이나 욕망, 마음 등과 더불어 사라진다. 마음은 사적인 세계이지만 의식은 사적인 세계가 아니다. 깨어난 사람에게 세계는 하나이다. 존재계 하나라는 의미이다. 잠 속에서 꿈꾸는 사람들에게 세계는 그들의 숫자만큼 많다.

당신의 세계를 내려놓아라. 그것이야말로 참다운 출가이다. 나는 처자식을 떠나고 사회를 떠나고 돈을 떠나라고 말하지 않는다. 그 어느 것도 떠날 필요 없다. 나는 사적인 꿈의 세계를 떠나라고 말할 뿐이다. 나에게는 그것이 참다운 산야스Sannyas, 세속적인 것을 내려놓고 명상과 수행의 세계에 입문하는 일. 혹은 입문할 때 받는 계_역주이다. 과거의 산야스는 보이는 세계, 즉 세상을 떠나는 일이었다. 처자식을 버리고 히말라야로 들어갔다. 하지만 그것은 참다운 출가가 아니다. 어떻게 사회나 세상을 떠날 수 있단 말인가? 히말라야도 세상의 한 부분일 뿐이다. 진정으로 우리가 떠나야 할 세상은 마음이요 마음이 지어낸 꿈의 세계이다. 자신이 지어낸 꿈의 세계를 떠나는 사람은 시장바닥에 앉아서도 히말라야에 있는 것처럼 명상할 수 있다. 자신이 지어낸 꿈의 세계를 떠나지 않으면 히말라야에 간다고 해도 환영의 세계 속에 갇혀 살 것이다.

어떻게 자기 자신으로부터 도망을 친단 말인가? 세상 어디를 간다고 해도 당신은 자신과 함께할 것이다. 세상 어디를 간다고 해도 당신의 행동에는 변화가 없을 것이다. 환경은 변할 수 있지만, 당신은 변할 수 없다. 히말라야에 간다고 해도 당신의 의식은 잠들어 있을 것이다. 푸나Poona, 인도 마하라슈트라(Maharashtra)주의 도시. 오쇼는 이곳에 있는 아쉬람에서 여러 제자를 상대로 강의했음_역주에서 잠들어 있든 보스턴에서 잠들어 있든, 아니면 런던에서 잠들어 있든 히말라야에서 잠들어 있든, 거기에는 아무런 차이가 없다. 당신은 어디를 가든 계속 꿈꿀 것이다. 꿈을 멈추라! 깨어 있어라! 당신이 진정으로 깨어 있으면 꿈과 더불어 모든 고통이 사라질 것이다.

깨어나면 죽음이 보이고
잠들면 꿈이 보인다.

참으로 아름다운 말이다. 잠들면 꿈이 보이고 환영이 보이고 신기루가 보인다. 이들은 모두 인간 스스로 지어낸 사적인 세계이다. 꿈에서 깨어나면 무엇이 보이는가? 헤라클레이토스는 이렇게 말한다. "깨어나면 사방에서 죽음이 보인다."

깨어나면 사방에서 죽음이 보이기 때문에 인간은 깨인 눈으로 보기를 원하지 않는다. 그래서 죽음과의 직면을 피하려고 자신의 주변에 두꺼운 꿈의 세계를 만들어 놓는다. 그러나 죽음을 똑바로 응시해야만 참다운 종교인이 될 수 있다. 죽음이라는 사실을 피하기만 하면 결코 종교인이 될 수 없다. 이 점을 명심해라!

죽음을 피하거나 죽음에서 달아나지 않으면, 자신의 주변에 꿈의 세계를 만들지 않으면, 죽음을 있는 그대로 응시하고 직면하면 죽음이 곧 생명임을 깨닫는다. 죽음으로 깊이 들어가는 일은 곧 삶으로 깊이 들어가는 일이다. 헤라클레이토스는 말한다.

"서로 반대되는 것이 만나 하나가 된다."

죽음을 피해 달아나는 일은 곧 삶을 피해 달아나는 일임을 명심해라! 인간은 죽음을 피하기 때문에 죽은 것처럼 보인다. 죽음을 피하면 죽은 사람이 되고 죽음을 마주하면 산 사람이 된다. 이것은 일종의 모순이다. 아주 깊고 강렬하게 죽음을 마주하면 안팎으로 자신이 죽어 가는 것을 느낀다. 죽음을 본다. 위기의 순간이 온다. 죽음의 위기를 마주하는 것, 예수의 십자가는 이것을 뜻한다. 그 순간 수평의 세상과 마음의 세상에서 죽고 그 너머의 세상에서 부활한다.

예수의 부활은 물질 세계의 부활을 의미하지 않는다. 예수의 부활을 둘러싸고 기독교인들은 수많은 가설을 만들어냈다. 그것은 육신의 부활이 아니라 영원한 세계로의 부활이다. 이쪽 세계의 몸은 덧없지만, 저쪽 세계의 몸은 영원하다. 예수는 진리의 세계, 영원의 세계로 부활한다. 예수의 부활 속에서 사적인 세계는 영원히 사라진다.

예수가 십자가에 매달릴 때 어떠했는가? 마지막 순간이 되어 예수는 마음이 불안해진다. 예수와 같은 사람도 죽음을 맞이하여 불안해한다. 그럴 수밖에 없다. 그는 하느님에게 이렇게 외친다. "나의 하느님, 어찌하여 나를 버리시나이까?" 예수와 같은 사람마저도 죽음의 순간에 수평의 세계, 삶의 세계를 집착한다.

그러므로 죄의식을 느끼지 말아라! 보통 사람이라면 삶에 집착하기 마련이다. 예수는 인간적이었다. 붓다나 마하비라보다 인간적이었다. 죽음을 맞이하여 마음이 불안해지지만, 뒤로 물러서지 않는다. 다시 수평의 차원으로 떨어지지 않는다. 예수는 즉각 자신이 무슨 말을 하고 있는지 깨닫는다. 그리고 이렇게 말한다. "다 이루었다!" 모든 것을 놓고 하느님에게 순종한다. 이내 운명이 뒤바뀐다. 수평의 차원을 뒤로하고 수직의 차원으로 상승한다. 그리고 부활하여 영원으로 들어간다.

시간에 죽어라. 그러면 영원으로 부활할 것이다. 마음에 죽어라. 그리하면 의식이 깨어날 것이다. 생각에 죽어라. 그리하면 각성으로 거듭날 것이다.

헤라클레이토스는 말한다. "깨어나면 죽음이 보인다." 그래서 인간은 잠 속에서 살고 꿈속에서 산다. 술과 마약과 안정제로 산다. 죽음이라는 현실을 피하려고 말이다. 하지만 현실을 피해서는 안 된다. 현실과 부딪치면 현실은 진리가 된다. 현실에서 도망치면 그 현실은 거짓이 된다. 현실과 부딪치면 현실은 진리의 문이 된다. 죽음은 엄연한 현실이다. 그러므로 죽음과 부딪쳐라. 그러면 진리의 문이 열리고 생명-영원한 생명, 풍요로운 생명, 끝없는 생명-이 나타날 것이다.

각성과 중심

먼저 '각성'이 무엇을 의미하는지 이해하고 넘어가야 한다. 당신이 지금 길을 걷고 있다고 생각해보자. 당신은 걸으면서 여러 가지 사물을 인식한다. 가게며 사람, 자동차 등등을 지각한다. 당신은 수많은 것들을 지각하지만 단 한 가지를 알아차리지 못한다. 그것은 바로 당신 자신이다. 구제프는 자기 자신을 알아차리는 것을 '자아 기억'이라고 불렀다. 구제프는 이렇게 말한다.

"어디를 가든 끊임없이 자아를 기억해라!"

일상에서 일할 때도 끊임없이 자신을 기억해라! 먹을 때 먹는 자신을 기억해라! 걸을 때 걷는 자신을 기억해라! 듣고 말할 때 듣고 말하는 자신을 기억해라! 화가 났을 때도 화내는 자신을 기억해라! 분노가 일어난 바로 그 순간, 자신이 분노하고 있음을 알아차리라. 이렇게 끊임없이 자신을 기억하면 신비한 에너지가 생긴다. 에너지가 생기면서 당신의 존재는 결정화되기 시작한다.

보통 인간의 나사는 풀려 있다. 존재의 결정화도 존재의 중심도 없다. 그 어떤 중심도 없이 잡다한 것들이 느슨하게 조합되어 있는 상태란 말이다. 인간의 내면에는 주인이 존재하지 않는다. 인간의 내면에는 수많은 군중이 이리저리 쏠려 다닌다. 그런 인간을 자신의 주인으로 만드는 것이 각성이다. 여기서 주인이라는 말은 통제자를 뜻하지 않는다. 이 순간에 현존하는 자를 말한다. 끊임없이 현존하는 자를 말한다. 그러므로 자신이 무엇을 하든 하지 않든, 끊임없이 자아의 현존을 자각해야 한다.

자아의 현존을 자각할 때 존재의 중심이 드러나기 시작한다. 존재의 중심은 고요하고 평화로우며 주인이 거주하는 곳이다. 그곳에서 내면의 힘이 우러나온다. 문자 그대로 존재의 중심에서 내면의 힘이 솟아오른다. 깨달은 붓다들은 이것을 '각성의 불꽃'이라고 했다. 이것은 수사적인 표현이 아니다. 이것은 진짜 불꽃이다. 자신의 안팎을 각성하기 시작하면 내면에서 새로운 에너지, 새로운 불꽃, 새로운 생명력이 솟아오른다. 그러면 당신을 지배하던 것들이 사라지기 시작한다. 그래서 당신을 지배하던 것들과 싸울 필요가 없어진다.

인간은 나약한 존재이다. 그래서 인간은 분노와 싸워야 하고 탐욕과 싸워야 하며 섹스와 싸워야 한다. 따라서 진짜 문제는 분노나 탐욕, 섹스 등이 아니라 인간의 나약함이다. 자아의 현존으로 자신이 강해지면 에너지는 한 점에 결정화되어 참나가 태어난다. 에고가 아니라 참나가 태어난다. 이를 유념하라! 에고는 참나를 밝히는 거짓 나이다. 인간은 참나를 모르면서 참나를 알고 있다고 착각하며 산다. 그것은 참나가 아니라 에고이다. 에고는 가짜 자기, 즉 가아假我이다. 인간은 참나를 모른다. 그러면서도 참나를 안다고 믿는다.

하루는 몰룽푸트라라는 구도자가 붓다를 찾아왔다.
붓다가 물었다.
"무엇을 찾고 있는가?"
몰룽푸트라가 대답했다.
"참나를 찾고 있습니다. 도와주십시오."
붓다는 몰룽푸트라에게 시키는 대로 하겠다는 약속을 하라고 했다.
몰룽푸트라가 울면서 대답했다.
"제가 어떻게 약속을 할 수 있겠습니까? 저는 참나를 모릅니다. 참나가 없는 사람이 어떻게 약속을 할 수 있겠습니까? 내일 제가 어떤 사람이 될지 모릅니다. 제게는 약속할 수 있는 주인이 없습니다. 그러니 불가능한 것은 시키지 말아 주십시오. 해보겠습니다. 제가 말씀드릴 수 있는 것은 이 정도뿐입니다. 하지만 시키는 대로 다 하겠다고 약속할 수는 없습니다. 제가 저 자신을 모르기 때문입니다. 저는 약속을 할 수 있는 주인(참나)을 찾고 있습니다. 저는 아직 제 주인을 모릅니다."

붓다가 말했다.

"몰룽푸트라, 그 말을 들으려고 물은 것이다. 당신이 약속했더라면 나는 당신을 물리쳤을 것이다. 모름지기 구도자라면 자신이 아직 참나를 발견하지 못했음을 안다. 그러므로 당신이 시키는 대로 하겠다고 약속했다면 나는 당신이 참된 구도자가 아니라고 생각했을 것이다. 이미 참나를 찾았다면 무엇을 더 찾는단 말인가? 당신은 아직 참나를 모른다. 참나를 찾으면 에고는 흔적도 없이 사라진다."

에고는 사실 존재하지 않는다. 에고는 거짓 관념이다. '참나'는 모든 것을 주관하는 존재의 중심이다. 끊임없이 자각하고 깨어 있을 때 이 존재 중심이 드러난다. 앉고 자고 좋고 걷고 하는 등 자신의 모든 행위를 자각해라! 매 순간 깨어 있어라. 매 순간 깨어 있으면 내면의 중심이 서서히 드러나기 시작한다. 모든 일이 수정처럼 맑아지고 의식이 중심에 자리를 잡는다. 이제 모든 것은 중심과 관계를 맺는다.

지금 우리에게는 중심이 없다. 가끔 우리는 중심을 느끼기도 한다. 이때는 주변 상황에 의해 의식이 잠깐 깨어나는 순간이다. 갑작스럽게 위험한 상황과 맞닥뜨리면 의식이 번쩍 깬다. 특히 누가 당신을 죽이려고 드는 순간에는 전혀 생각하지 않는다. 정신이 번쩍 든다. 모든 에너지가 중심에 모이고 의식은 각성한다. 이때 마음은 과거나 미래로 움직이지 않는다. 그 순간이 삶의 모든 것이 된다. 그 순간 살인자를 자각할 뿐 아니라 자신도 자각한다. 그런 미묘한 순간에 당신은 내면에서 중심을 체험한다.

그래서 사람들은 위험한 탐험에 이끌린다. 에베레스트 정상에 오르는 순간을 생각해보아라. 인류 역사상 최초로 에베레스트 정상에 섰을 때 에드먼드 힐러리(Edmund Hillary, 1919~2008), 뉴질랜드의 등산가이자 탐험가. 1953년 영국의 에베레스트산 원정대원으로 선발되어 5월 29일 인류 역사상 최초로 에베레스트산 등정에 성공했으며 그 공로로 기사 작위를 받았음_역주는 불현듯 존재의 중심을 체험했을 것이다. 최초로 달에 발을 내디딘 사람 역시 별안간 존재의 중심을 체험했을 것이다. 그래서 사람들은 전율 넘치는 탐험에 매료된다. 자동차를 운전할 때도 그렇다. 액셀러레이터를 세게 밟아 빠른 속도로 차를 가속할 때 한눈을 팔면 위험한 상황이 초래될 수 있다. 이때는 아무 생각도 하지 않는다. 자연스럽게 생각이 멈춘다. 생각이 멈추면 꿈을 꿀 수 없다. 상상하지 않는다. 현재의 순간이 피부로 와 닿는다. 한시만 방심해도 목숨을 잃을 수 있는 위험한 상황 속에서 불현듯 존재의 중심이 느껴진다. 그래서 사람들은 모험에 매료된다.

니체는 어딘가에서 이렇게 말했다.

"인간은 오직 전쟁에서나 자아를 가끔 느낀다. 그러므로 전쟁은 계속되어야 한다."

죽음이 현실로 다가오면 삶은 더욱 강렬해진다. 중심이 더욱 강하게 느껴진다. 자신을 자각하는 순간마다 중심을 체험한다. 이것은 상황에 의해 주어지는 체험이다. 따라서 특정 상황이 지나가면 그로 인해 일어났던 중심의 체험도 지나간다.

중심의 체험은 주변 상황에 의존하기보다는 자신의 힘으로 내면에서 찾아야 한다. 그러므로 일상의 행위 하나하나에 깨어 있어라. 의자에 앉아 있을 때도 깨어 있어라. 지금 해보아라. 의자에 앉아 있는 자신을 각성해라! 의자는 물론 방 안, 분위기, 그리고 앉아 있는 자신까지 각성해라! 눈을 잡고 자신을 느껴보아라. 깊이 파고들어라. 그리고 자신을 느껴보아라.

헤리겔(Herrigel, Eugene, 독일 철학자)_역주이 어느 선사에게서 선을 배우고 있었다. 3년 동안 궁도를 배웠다.

하지만 그의 스승은 언제나 이렇게 말했다.

"잘한다. 다 잘하고 있지만, 그것만으로는 충분하지 않다."

헤리겔은 활쏘기의 명수가 되었다. 쏘는 것마다 백발백중이었다.

자신이 생각해도 완벽한데 스승은 자꾸 아니라는 것이었다.

"그 정도로도 대단하지만, 아직 멀었다!"

헤리겔은 불만에 가득 찬 목소리로 말했다.

"백발백중입니다. 무엇을 더 바라시는 겁니까? 이미 백발백중인데 무엇을 더 잘할 수 있다는 겁니까? 이보다는 더 잘할 수 없습니다."

스승은 이렇게 말했다고 한다.

"나는 너의 궁술이나 명중 따위에 관심이 없다. 내가 관심을 두는 것은 바로 너이다. 기술적인 면은 이제 완벽하다. 하나, 화살이 시위를 떠날 때 너는 깨어 있지 않다. 깨어 있지 않으면 모두 소용없는 것이다. 나는 과녁을 맞히는 일에는 관심이 없다. 나는 너에게 관심이 있을 뿐이다! 화살이 시위를 떠날 때 너의 의식도 함께 떠나야 한다. 과녁을 빗나간대도 괜찮다. 하지만 마음의 과녁을 빗맞히면 안 된다. 그런데 너는 계속 마음의 과녁을 빗맞히고 있다. 기술은 완벽하나 겉돌고 있는 것이야."

서양인이나 현대인은 선사의 말을 쉽게 이해하지 못할 것이다. 그저 말도 안 된다고 생각할 것이다. 누가 보아도 궁도는 화살을 과녁에 맞히는 기술이니까 말이다.

선사의 말을 듣고 난 후 헤리겔은 실망하기 시작했다.

어느 날 그가 말했다.

"이제 떠나겠습니다. 그건 불가능해 보입니다. 못하겠습니다! 과녁을 조준할 때는 과녁에만 마음을 집중하면 된다고 생각합니다. 궁도의 명인이 되려면 마음 같은 것은 다 잊어버리고 과녁만 잘 보면 되지요. 과녁은 과녁일 뿐, 마음에 또 다른 과녁이 있다고 생각하지 않습니다."

하지만 선사는 헤리겔에게 계속 내면의 과녁을 주문했다. 화살이란 모름지기 양방향으로 향해야 한다. 끊임없이 외부의 과녁뿐 아니라 내면의 과녁(자아)을 꿰뚫어야 한다.

헤리겔이 선사에게 말했다.

"못 하겠습니다. 그러니 떠나겠습니다. 스승님의 말씀은 이해할 수 없습니다."

떠나려고 하던 바로 그날, 헤리겔이 스승께 작별 인사를 하기 위해 의자에 앉아 쉬고 있을 때였다. 스승은 누군가를 가르치며 과녁을 겨누고 있었다. 헤리겔은 처음으로 의자에 앉아 편히 쉬면서 앞에서 벌어지는 모습을 보고 있었다. 스승의 가르침이 끝나기만 하면 인사를 하고 곧바로 떠날 것이었다.

바로 그때 헤리겔은 갑자기 외면과 내면의 과녁을 동시에 겨누는 스승의 의식을 깨달았다. 스승이 과녁에 화살을 겨누고 있었다. 지난 3년 동안 헤리겔은 같은 스승을 모시고 공부했지만, 스승은 보지 않고 자신의 노력에만 매달렸다. 그는 처음으로 스승을 보고 깨달았다. 갑자기, 자연스럽게, 아무런 노력도 없이. 그는 스승에게 다가가 활을 건네받고 시위를 당겨 과녁을 겨눈 다음, 화살을 쏘았다.

스승이 말했다.
"아주 좋아! 네가 처음으로 해냈구나. 정말 좋다!"

헤리겔이 해낸 것은 무엇인가? 그는 처음으로 자신의 중심을 찾았다. 외면의 과녁과 내면의 과녁을 동시에 맞힌 것이다. 어떤 일을 하든 항상 안팎의 과녁을 겨냥해라! 밖에서 벌어지는 일과 안에서 일어나는 일을 동시에 각성해라!

어느 날 아침 임제(臨齊, ?~867), 황벽 희운에게서 배우고, 후에 하북 지방의 진주성 부근에 있는 임제원(林齊遠)에 살면서 선풍(禪風)을 전파했다. 제자를 가르치는 데 엄격하여 '덕산의 봉, 임제의 갈'이라는 말이 유행했다. 제자 혜연이 엮은『임제록(臨齊錄)』이 전함_역주가 설법을 하고 있었다. 그런데 갑자기 어느 학인(學人)이 이렇게 묻는 것이었다.

"'나는 누구인가?' 말씀해주십시오."

임제가 법상에서 내려와 그 학인 쪽으로 향했다. 법당 전체에 긴장된 침묵이 흘렀다. '큰스님이 대체 무슨 일을 내려고?' 질문은 단순했다. 그래서 법상을 내려오지 않고도 얼마든지 답할 수 있었다. 임제가 학인에게 갔다. 법당에 팽팽한 긴장감이 감돌았다. 임제는 학인 앞에 서서 그의 눈을 들여다보았다. 모든 것이 멈췄다. 학인은 진땀을 흘리기 시작했다. 임제는 계속 학인의 눈을 꿰뚫어 보았다.

그러고 나서 임제가 말했다.

"그런 질문은 하지 마라, 다만, 눈을 감고 안으로 들어가 묻는 자가 누구인지 찾아라. '나는 누구냐'고 묻지 마라. 안으로 들어가서 묻는 자를 찾아라. 나는 신경 쓰지 마라, 질문이 떠오르는 자리를 찾아라. 내면으로 깊이 들어가라!"

그 학인은 일제의 말을 듣고 즉시 침묵 속에서 눈을 잡고 안으로 들어가 깨달았다고 한다.

그는 깨닫고 나서 눈을 뜨고 웃으며 임제에게 예를 표한 뒤 이렇게 말했다.

"감사합니다, 답을 제대로 해주셔서. 저는 만나는 사람마다 '나는 누구냐'고 물어보았지만 아무도 답을 해주지 않았습니다. 오늘에야 비로소 스님께서 답을 해주셨습니다."

'나는 누구인가?' 누가 이 질문에 답을 할 수 있는가? 침묵이 흐르고 수많은 사람이 지켜보는 가운데 임제는 형형한 눈으로 법상에서 내려와 학인에게 포효한다.

"눈을 감고 안으로 들어가 묻는 자가 누구인지 찾아라. 내 대답을 구하지 마라. 지금 묻고 있는 자가 누구인지 찾아보아라."

그래서 학인은 눈을 감았다. 그리고 학인에게 어떤 일이 벌어졌는가? 학인은 내면의 중심을 찾았다. 갑자기 자신의 중심으로 들어갔다. 내면 가장 깊은 곳에 있는 존재의 중심으로 들어간 것이다.

내면 가장 깊은 곳에 있는 중심을 발견해야 한다. 각성은 이 중심을 발견하는 방편이다. 무의식이 깊은 만큼 당신은 내면의 중심에서 멀리 떨어져 있다. 의식이 완전히 깨면 당신은 중심에 있다. 의식이 잠든 만큼 당신은 주변부로 멀어진다. 무의식의 사람은 중심을 잊고 주변에서 맴돈다. 인간의 움직임에는 두 가지가 있으니, 주변으로의 움직임과 중심으로의 움직임이 그것이다.

주변부로 움직이는 사람은 무의식으로 들어가는 사람이다. 영화를 보거나 음악을 들음으로써 자아를 상실한다. 그런 사람은 주변부에 존재한다. 바가바드 기타 Bhagavad Gita. 대서사시 '마하바라타

Mahabharata' 가운데 제6권 『비스마파르바』의 23~40장에 있는 철학적·종교적인 700구(句)의 시. 비슈누의 화신인 크리슈나가 동족상잔의 비극으로 비탄과 절망에 빠진 아르주나에게 인생의 환영과 의무를 가르치는 내용으로 되어 있음_역주나 성경, 코란Koran, 이슬람교 성전_역주을 읽으면서 자아를 상실한 사람은 주변부에 존재한다.

무엇을 하든 자아를 기억하는 사람은 존재의 중심으로 들어간다. 그러면 어느 날 갑자기 존재의 중심에 있게 된다. 그리고 에너지가 솟아오른다. 이 에너지는 불이다. 삶과 존재계 전체는 에너지요 불이다. 예전에는 이를 불이라고 했지만, 지금은 이를 '전기'라고 부른다. 인간은 그것에 많은 이름을 붙였지만, 불이라고 부르는 편이 낫다. '전기'라는 말은 약간 죽어 있다. 하지만 '불'이라는 말은 펄펄 살아 있다.

깨어서 행동해라! 이 길은 멀고 험하다. 한순간만이라도 완전히 깨어 있는 일은 쉽지 않다. 마음은 끊임없이 명멸한다. 그러나 불가능하지는 않다. 비록 힘들고 어렵지만 불가능하지는 않다. 가능하다. 누구에게나 가능한 일이다. 노력만 하면 된다. 일심으로 전력을 다해라! 아무것도 아끼지 말아라! 온 마음과 온 힘을 다해라! 각성을 위해 자신이 가진 모든 것을 희생해라! 그렇게 할 때 내면의 불꽃이 당신 앞에 타오를 것이다.

과거, 현재, 미래의 모든 종교의 정수를 뽑아낸다면 그것은 각성이 될 것이다.

예수는 이야기의 비유를 들어 설명한다. 큰 집의 주인이 출타하면서 "내가 언제 돌아올지 모르니 항상 깨어 있어라."라고 말했다. 그래서 하인들은 항상 깨어 있어야 했다. 주인이 언제 어느 순간에 올지 모를 일이었다. 주인은 돌아올 날짜나 시간을 말해주지 않았다. 돌아올 날짜나 시간이 정해져 있다면 하루 24시간 깨어 있지 않아도 될 것이다. 자기 마음대로 생활하다가 주인이 돌아온다는 날에만 깨어 있으면 될 일이다. 그러나 주인은 이렇게 말했다. "내가 언제 돌아올지 모르니 밤낮으로 깨어 있어라."

이 이야기는 삶을 꿰뚫어 본다. 삶을 연기하지 말아라! 주인이 언제 돌아올지 모른다. 그러므로 끊임없이 깨어 있어라. 날짜도 기일도 정해진 바 없다. 주인은 어느 날 어느 순간에 갑자기 돌아올 것이다. 따라서 항상 깨어서 기다려야 한다.

각성은 중심을 찾는 방편이다. 내면의 불꽃을 찾는 방편이다. 존재의 중심과 불꽃은 내면에 숨어 있다. 따라서 내면으로 들어가면 그 중심을 발견할 수 있다. 우리는 내면의 중심과 불꽃을 발견할 때라야 비로소 신의 사원에 들어갈 수 있다. 그전에는 결코 신의 사원에 들어갈 수 없다.

하지만 우리는 종교의식으로 자신을 속인다. 종교의식은 삶의 비밀을 상징할 뿐이다. 그런데 우리는 자신을 속이는 데 종교의식을 사용한다. 향을 사르고 외부의 대상을 경배함으로써 우리는 무엇인가 종교적인 일을 한다고 믿는다. 종교적인 일을 전혀 하지 않으면서 종교적으로 대단한 일을 한다고 믿는다. 인류는 그렇게 살았다. 내면의 불은 찾지 않고 외면의 껍데기를 숭배하면서 종교적으로 대단한 일을 한다고 생각한다.

설령 실패한다 해도 계속 노력해라! 어떤 일을 하려면 출발이 필요하다. 거듭해서 실패한다 해도 그 실패가 자양분이 되어줄 것이다. 이 순간에 깨어 있는 것을 실패하면서 자신이 얼마나 무의식적으로 살았는지를 깨달을 수 있다.

길을 걸을 때도 당신은 끊임없이 각성을 놓친다. 거듭해서 자신을 잊어버린다. 간판을 보면서 자신을 잊고 행인을 보면서 자신을 잊는다.

실패를 두려워하지 말아라! 실패는 당신의 자양분이 되어줄 것이다. 실패를 통해서 당신은 자신의 무의식이 얼마나 깊은지를 깨달을 수 있다. 자신의 무의식을 깨달을 때 당신의 각성은 깊어간다. 자신이 미쳤다는 사실을 깨달은 사람은 서서히 정상으로 돌아오기 시작한다.

질병은 많지만 처방은 하나

눈을 감고 분노의 감정을 느껴보아라. 분노의 감정을 있는 그대로 떠오르게 해라! 그리고 있는 그대로 바라보아라. 분노의 감정은 과거에서 온다. 상처는 기억 속에 있다. 과거 속으로 깊이 들어가서 모든 분노의 근원을 찾아보아라. 깨어서 과거 속으로 들어가 상처를 볼 때 상처는 바로 치유된다.

당신은 화를 내지 않으려고 노력도 하고 결심도 하지만 매번 허사로 돌아간다. 욕심을 부리지 않으려고 무던히 노력하지만, 매번 같은 덫에 걸려든다. 자신을 바꿔보려고 온갖 시도를 다 해보지만 아무런 변화도 일어나지 않는다.

나는 이렇게 말한다.

"여기에 간단한 열쇠가 있다. 각성이 그것이다."

아마 당신은 나의 처방을 믿지 못할 것이다. 모든 것을 해보았는데도 안 되는데, 어떻게 각성만으로 나를 변화시킬 수 있단 말인가? 이렇게 반문할 것이다. 그러나 열쇠는 항상 작은 법이다. 커다란 열쇠를 보았는가? 작은 열쇠가 커다란 자물쇠를 여는 법이다.

사람들은 붓다에게 이렇게 묻곤 했다.

"어떻게 하면 화를 내지 않을 수 있습니까? 어떻게 하면 욕심을 내지 않을 수 있습니까? 음식이나 성욕에 집착하지 않으려면 어떻게 해야 합니까?"

이런 질문에 붓다는 항상 같은 대답을 했다.

"깨어 있어라! 당신의 삶에 깨어 있어라!"

붓다의 제자인 아난다는 수많은 질문에 한결같은 처방을 내리는 붓다의 대답을 이해할 수 없었다.

그래서 하루는 아난다가 붓다에게 물었다.

"어떤 사람은 욕심에 관해 묻고 어떤 사람은 성욕에 관해 묻고 또 어떤 사람은 음식에 관해 묻습니다. 사람마다 각기 다른 질문을 합니다. 그런데 왜 같은 처방을 내리시나요?"

그러자 붓다가 대답했다.

"그들이 꾸는 꿈이 각기 다른 것처럼 그들이 앓고 있는 병 또한 각기 다르다."

천 명의 사람들이 잠들어 있으면 천 명의 사람들은 각기 다른 꿈을 꾼다. 당신이 나를 찾아와 "어떻게 하면 꿈꾸지 않을 수 있습니까?"라고 물으면 나도 항상 같은 처방을 내릴 것이다. "깨어나라!" 처방은 달라질 수 없다. 항상 똑같다. 그것을 각성이라 불러도 좋고, 관조라 불러도 좋고, 기억이라 불러도 좋으며, 명상이라 불러도 좋다. 이름만 다를 뿐, 처방은 하나이다.

분석과 관조

서양에서는 문제를 이렇게 해결한다. 먼저 문제에 대해 생각하고 문제의 원인을 파악하며 문제가 일어난 근원으로 거슬러 올라가 문제의 뿌리를 뽑는다. 마음의 조건화를 풀어내거나 마음을 재조건화를 하거나 정신에 각인된 것을 뽑아냄으로써 문제를 제거하려는 방법, 이것이 서양적인 접근방식이다. 정신분석은 기억을 더듬어 올라가는 방법이다. 이런 방법이 상당한 효과를 거두는 것 또한 사실이다. 정신분석에서는 어린 시절이나 과거로 거슬러 올라간다. 문제가 맨 처음 생겼던 곳으로 돌아가 문제의 원인을 찾는 방식이다. 예를 들어, 몇십 년 전의 어린 시절로 되돌아가, 어머니와의 관계에서 문제가 생겼음을 발견할 수도 있다.

그러나 개인에게는 문제가 무수히 많으므로 한 문제의 해결로는 어림도 없다. 물론 정신을 분석한다면 한 문제의 역사 속으로 들어가 원인을 발견할 수 있다. 그래서 그 문제를 제거할 수도 있다. 그러나 다른 무수한 문제들은 어떻게 한단 말인가? 그렇게 한 문제를 파고들어 원인을 발견하고 문제를 제거한다면 무수한 문제를 해결하기 위해서는 한 생生을 가지고도 모자랄 것이다! 다시 한번 말하겠다. 정신을 분석해서 한 생의 문제들을 모두 해결하려면 수없이 많은 생이 필요할 것이다. 이것은 참으로 비효율적인 일이다. 사실 이렇게 할 수도 없다. 여러 생에 걸쳐 한 생의 문제를 해결한다 해도, 문제를 해결해 나가는 동안 또 수없이 많은 문제가 생겨날 것이다. 이렇게 하다가는 문제의 산더미에 파묻히고 말 것이다. 그러므로 정신분석은 불합리한 것이다!

요즈음 사람들은 정신분석학적 방법을 몸에 적용하기 시작했다. **롤핑 요법**Rolfing, 롤프(Ida P.Rolf)박사가 창시한 치료법. 손가락으로 머리와 어깨, 가슴, 엉덩이, 다리 등 해당 부위를 미끄러지듯이 압력을 가하여, 두꺼워진 근막을 풀어주고 각 신체 부위가 제자리를 찾게 하며 뼈와 근육의 기능을 개선하는 요법_역주이나 생체 에너지 등에서는 몸이나 근육조직에 각인된 것들을 제거하려고 한다. 이런 기법들에서는 몸의 역사 속으로 들어가야 한다. 몸의 역사를 다루든 마음의 역사를 다루든 둘 다 인간의 과거를 다룬다는 점에서 같다.

인간의 마음은 항상 두 가지의 불가능한 일을 하려고 한다. 하나는 과거를 개혁하려는 일이다. 과거는 이미 지나간 일이기 때문에 고치거나 변화시킬 수 없는 성질의 것이다. 우리는 실재의 과거로 되돌아갈 수 없다. 우리가 과거로 돌아간다고 할 때 이것은 과거의 기억 속으로 간다는 뜻이다. 그것은 진짜 과거가 아니다. 과거는 더는 존재하지 않는다. 그러므로 과거는 변화시킬 수 있는 대상이 아니다. 이것은 인간의 불가능한 목표이다. 이 불가능한 목표 때문에 인간은 참으로 많은 고통을 겪었다. 인간은 지난 과거를 없었던 일로 되돌리고자 한다. 이미 일어난 일을 어떻게 없었던 일로 되돌릴 수 있는가? 과거란 변화의 가능성이 이미 종결되었음을 뜻한다. 또한 과거는 이미 벌어진 일이다. 따라서 인제 와서 과거를 변화시키거나 바꾸거나 원상태로 되돌릴 방법은 존재하지 않는다. 우리는 과거에 대해 아무것도 할 수 없다.

다음으로 인간의 불가능한 생각은 미래를 확실한 것으로 만들려는 노력이다. 이것 역시 있을 수 없는 일이다. 미래란 아직 오지 않은 것이다. 어떻게 오지 않은 것을 확실한 것으로 만든단 말인가? 미래란 불확실한 것이다. 활짝 열려 있다.

미래는 순수한 가능성이다. 어떤 것도 확실하게 할 수 없다. 과거는 순수한 실제實際이다. 과거는 이미 일어난 일이다. 과거 일을 아무것도 돌이킬 수 없다. 인간은 과거와 미래 사이에 서서 늘 불가능한 일을 생각한다. 인간은 내일의 일을 확실한 것으로 만들고 싶어 한다. 하지만 그것은 가능하지 않다. 이 말을 가슴 깊이 새겨두라. '그것은 가능하지 않다.' 미래를 확실한 것으로 만들기 위해 지금, 이 순간을 낭비하지 말아라! 미래는 불확실하다. 즉 불확실성이 미래의 속성이다. 또한 뒤를 돌아보는 데도 시간을 헛되이 쓰지 말아라! 과거는 이미 지나간 일이다. 죽어버린 현상이다. 과거에 대해서는 아무것도 할 수 없다. 기껏 과거를 다시 해석하는 일밖에는 없다. 과거의 재해석, 그것이 바로 정신분석가들이 하는 일이다. 아무리 재해석한다 해도 이미 지나간 과거는 바꿀 수 없다.

정신분석과 점성술, 점성술은 오지 않은 미래를 확실하게 만들려는 노력이요 정신분석은 이미 지나간 과거를 돌이키려는 노력이다. 둘 다 과학이 아니다. 둘 다 불가능한 일을 하지만 수많은 사람이 믿고 좇는다. 인간이 바로 그와 같은 존재이기 때문이다. 인간은 미래를 확실한 것으로 만들고 싶어 한다. 그래서 점성술사를 찾아가고 타로 리더를 찾아간다. 자신을 속이고 기만하는 길은 수없이 많다! 세상에는 심지어 과거를 바꿀 수 있다고 속이는 자들이 있다.

과거를 바꾸려는 생각과 미래를 확실하게 만들려는 마음을 버려라. 그러면 인간의 모든 어리석음에서 해방될 수 있다. 어리석음에서 해방된 사람은 정신분석가를 찾을 필요도 없고 점성술사에 의지할 필요도 없다. 그는 과거가 이미 지나갔음을 안다. 미래가 아직 오지 않았음을 안다. 그는 일어나는 대로 지켜볼 뿐이다. 지금 오지 않은 미래에 대해서는 아무 일도 할 수 없다. 인간은 미래를 확실한 것으로 만들려 함으로써 지금, 이 순간을 허비한다. 지금, 이 순간이야말로 진짜로 존재하는 것인데도 말이다.

서양은 항상 문제를 들여다보며 어떻게 하면 문제를 풀 수 있을까 궁리한다. 서양은 문제를 지나치게 심각하게 받아들인다. 특정 전제 하에 특정 논리를 따라가다 보면 그 논리가 완벽하게 보이는 법이다.

이런 일화를 읽은 적이 있다.

위대한 철학자이자 수학자가 비행기를 타고 있었다. 그가 심오한 수학 문제에 대해 사색하고 있는데 갑자기 기장의 안내방송이 들려왔다.

"승객 여러분, 죄송합니다. 도착이 약간 지연될 예정입니다. 1번 엔진이 멈추었습니다. 그래서 현재 나머지 3개의 엔진으로 비행하는 중입니다."

약 10분 후에 다시 안내방송이 들려왔다.

"승객 여러분, 죄송합니다. 도착이 조금 더 지연될 예정입니다. 2번과 3번 엔진이 멈추었습니다. 현재 하나 남은 4번 엔진으로 비행하는 중입니다."

그러자 철학자는 옆 사람을 보고 이렇게 말하는 것이었다.

"저런! 나머지 하나마저 멈추면 밤새도록 여기 공중에 떠 있어야 하겠군요!"

하나의 논리를 따라가다 보면 불합리한 것도 합리적인 것처럼 보인다. 문제를 심각하게 받아들이고 고민에 고민을 거듭하며 특정 전제를 받아들이면 완전히 그릇된 길로 들어서고 만다. 그리고 그 길이 맞다고 굳게 믿는다. 인간의 마음과 정신분석에 대한 많은 양의 문헌이 쏟아져 나오고 있다. 프로이트가 정신분석이란 논리의 길을 열어놓자 20세기는 그 논리에 완전히 지배당하고 말았다.

그러나 동양에서는 완전히 다른 시각으로 본다. 첫째, 동양에서는 문제를 심각하게 받아들이지 않는다. 문제를 심각하게 받아들이지 않는 순간, 문제의 99%가 사라진다. 그리고 문제에 대한 시각이 완전히 변한다. 둘째, 동양에서는 '인간이 문제와 자신을 동일시하기 때문에 문제가 존재한다.'라고 본다. 사실, 문제는 과거나 역사와 아무런 관련이 없다. 문제와 자신을 동일시하기 때문에 문제는 발생한다. 문제와 동일시, 이것이 진짜 문제이다. 따라서 문제를 푸는 열쇠는 동일시를 끊는 데 있다.

예를 들어 화를 잘 내는 사람이 정신분석가에게 가면 정신분석가는 이렇게 말할 것이다.

"화가 어떻게 나기 시작했는지 과거로 돌아가 봅시다. 어떤 상황에서 마음속에 각인되고 조건화되었는지 봅시다. 마음속에 각인된 것은 모두 지우고 깨끗하게 정화해야 합니다. 당신의 과거를 깨끗하게 만들겠습니다."

동양의 신비가를 찾아가면 이렇게 말할 것이다.

"당신은 자신과 화를 동일시하면서 '내가 곧 화'라고 생각합니다.

문제는 여기에 있습니다. 다음번에 화가 나거든 지켜보십시오. 관조하십시오. 자신과 화를 동일시하지 마십시오. '나는 화이다' 혹은 '나는 화가 났다'라고 말하지 마십시오. 텔레비전을 보는 것처럼 화가 나는 것을 지켜보십시오. 자신이 삼자인 것처럼 지켜보십시오."

당신은 순수의식이다. 당신 주위에 분노의 구름이 내려오면 지켜보기만 해라! 분노와 동일시하지 않도록 깨어 있어라. 문제와 자신을 동일시하지 않으면 된다. 일단 동일시하지 않고 지켜보는 법을 터득하면 수많은 문제를 일일이 해결해야 하는 번거로움이 사라진다. 하나의 열쇠가 모든 자물쇠를 연다. 분노와 욕심, 성욕 등의 문을 연다. 마음이 지어낸 문제의 문들을 모두 연다.

동양에서는 이렇게 말한다. "동일시하지 말아라!" 구제프의 '자아 기억'도 바로 이런 것이다. 이를 명심해라! 당신은 관조자임을 기억해라! 좀 더 의식을 각성해라! 붓다의 말은 바로 그것이다. 마음의 하늘에 구름이 지나가는 것을 지켜보아라. 구름은 과거에서 온다. 마른 하늘에 날벼락이 떨어지듯 난데없이 오지 않는다. 구름은 사건의 연장선에서 나타난다. 어떤 식으로 구름이 오든 신경 쓰지 말아라! 지금 바로 이 순간 당신은 구름으로부터 초연할 수 있다. 자신과 구름 사이의 끈을 잘라버릴 수 있다. 오직 이 순간에 잘라버릴 수 있다.

과거로 돌아가는 일은 도움이 되지 않는다. 30년 전 어느 날 화가 났다고 하자. 그날 그 순간 당신은 화와 자신을 동일시했다. 그렇다고 지금 그때 났던 화와의 동일시를 끊을 수 없다. 그때 났던 화는 이미 오래전에 사라지고 없기 때문이다. 지금, 이 순간에 떠오르는 분노와의 동일시를 끊을 수 있다. 지금, 이 순간 떠오르는 분노와의 동일시를 끊으면 과거에서 오는 분노와의 동일시가 떨어져 나간다. 과거로 돌아갈 필요가 없다. 과거로 돌아가 부모나 사회, 사제나 교회가 당신에게 한 일들을 원상으로 돌이킬 필요가 없다. 과거로 돌아가는 일은 순전히 시간 낭비일 뿐이다. 현재라는 참으로 귀중한 시간의 낭비일 뿐이다. 과거에 일어난 사건은 당신의 인생을 충분히 망쳤다. 그리고 이제 또 과거로 돌아가서 과거의 일을 해결하려고 들면 지금, 이 순간을 놓치게 된다. 그럴 필요가 없다. 지켜보기만 하면 뱀이 낡은 허물을 벗듯이 문제에서 바로 빠져나올 수 있다.

이전에 형성된 조건화와 과거는 존재하지만, 이는 몸과 마음에 존재할 뿐이다. 당신의 의식에는 존재하지 않는다. 의식은 조건화될 수 없다. 의식은 언제나 자유롭다. 자유가 의식의 속성이자 본성이다. 오랜 기간의 교육과 그로 인한 억압을 우리는 꿰뚫어 볼 수 있다. 지금, 이 순간 그와 같은 교육과 억압을 꿰뚫어 보면 의식은 그들과 동일시하지 않는다. 의식은 교육이나 억압과 떨어져 있으며 깨어 있기 때문이다. 의식마저도 억압될 수 있다면 누가 깨어 지켜본단 말인가? 당신의 의식, 당신의 참나마저 억압될 수 있다면 깨어날 가능성은 하나도 없다.

당신이 "나는 미친 교육제도 때문에 21년을 낭비했다."라고 말할 수 있다면 적어도 당신은 미친 사람이 아니다. 교육제도는 그를 제도

권으로 끌어들이는 데 실패한 것이다. 교육제도가 미쳤다고 볼 수 있는 사람은 이미 미친 사람이 아니다. 미친 사람은 자신이 미쳐 있음을 보지 못한다. 정신이 온전한 사람만이 교육제도의 광기를 볼 수 있다. 정신이상을 정신이상으로 볼 수 있기 위해서는 온전한 정신이 필요하다. 21년 동안 당신을 억압한 교육제도는 실패했다. 교육제도는 교육과 동일시하는 사람들에게만 성공할 수 있을 뿐이다. 한 발만 뒤로 물러나 교육제도를 보면 당신의 정신은 깨어날 수 있다.

이것이 의식의 아름다움이다. 의식은 그 어떤 것에서도 빠져나올 수 있다. 의식에게는 장벽도 경계도 존재하지 않는다. 당신이 영국인이라고 하자. 국적의 무의미함을 깨닫고 국적 없는 자신의 모습을 본다. 그러면 당신은 이제 더는 영국인이 아니다. 당신의 하얀 피부가 변한다는 말이 아니다. 피부는 그대로일 것이다. 그러나 이제 당신은 백인과 더는 동일시하지 않으며 백인의 눈으로 흑인을 보지 않을 것이다. 모든 차별의 어리석음을 본다. 당신이 더는 영국인이 아니라고 해서 모국어마저 잊어버린다는 말은 아니다. 모국어는 변함없이 당신의 기억 속에 있을 것이다. 하지만 당신의 의식은 영국인이라는 틀에서 빠져나온다. 당신의 의식은 산 위에서 저 밑 계곡에 죽어 있는 영국인을 지켜본다.

동양의 방법론은 '관조'라는 한마디로, 서양의 방법론은 '분석'이라는 한마디로 요약할 수 있다. 분석은 끊임없이 돌고 돈다. 관조는 돌고 도는 원에서 빠져나온다.

분석은 하나의 악순환이다. 진짜 분석으로 깊이 들어가는 사람은 당황할 수밖에 없다. 과거로 들어간다고 할 때 그 끝은 어디인가? 어디가 정확히 끝인가? 과거 속으로 들어간다고 할 때 성애性愛는 어디서 출발하는가? 사춘기가 시작되는 열네 살인가? 그렇다면 열네 살에 난데없이 나타났는가? 성애는 열네 살 이전에도 몸속에 잠재되어 있었을 것이다. 그렇다면 태어날 때 시작되었는가? 아니면 어머니의 자궁 속에 있을 때인가? 그것도 아니라면 영혼이 자궁 속으로 들어왔을 때인가? 아니면 그 이전인가? 이런 식으로 끊임없이 더듬어 올라가면 대체 어디에서 끝나는가? 어쩌면 아담과 이브까지 거슬러 올라가야 할지도 모를 일이다! 어쩌면 그것도 아니다. 아담과 이브를 창조한 하느님 아버지까지 거슬러 올라가야 할 것이다.

분석은 항상 반쪽짜리로 남을 수밖에 없다. 그러므로 분석은 그 누구에게도 진정한 도움을 줄 수 없다. 현실에 안주하도록 만들 뿐이다. 분석을 통하면 문제와 그 근원, 뿌리 등을 이해할 수는 있다. 그런 지적인 이해로는 사회에 좀 더 잘 적응할 수 있을 뿐이다. 자신을 근본적으로 바꿀 수 없다는 말이다. 분석을 통해서는 변형도, 변화도 가능하지 않은 것이다.

관조는 혁명이다. 뿌리로부터의 근본적인 개혁이다. 완전히 새로운 인간으로 거듭나는 것이다. 관조를 통해 의식이 조건화에서 깨어나기 때문이다. 조건화는 몸과 마음에 박혀 있다. 하지만 의식은 조건화될 수 있는 성질의 것이 아니다. 의식은 순수하다. 언제나 순수하다. 의식은 순결하다. 그 어느 것도 의식의 순결을 범할 수 없다.

동양의 접근방식은 명상가가 깨어나 순결한 의식을 보게 한다. 동양은 하늘을 바라보지만, 서양을 구름을 바라본다. 구름은 어떻게 발생하는가? 구름은 바다에서 발생한다. 따가운 햇볕을 받은 바닷물이 증발하여 하늘로 올라가 구름이 된다. 하늘의 구름은 비가 되어 대지를 적시고 나무와 사랑에 빠진다. 그리하여 강물이 되고 강물은 다시 바다로 흘러 들어가 햇빛을 받고 증발하여 하늘로 올라가 구름이 되고 비가 되어 땅으로 떨어진다. 이렇게 하나의 원 속에서 끊임없이 돌고 돈다. 대체 원의 어느 곳에서 빠져나온단 말인가? 끊임없이 이어지고 쉼 없이 돌고 도는데.

하늘도 구름처럼 발생의 시점이 없다. 하늘은 외부 인자에 의해 창조된 것이 아니다. 세상 만물이 존재하려면 하늘이 필요하다. 하늘은 세상이 태어난 바탕이다. 기독교 신학은 "하느님이 세상을 창조했다."라고 말한다. 그렇다면 하느님이 세상을 창조하기 전에 하늘이 있었는가, 없었는가? 만약 하늘이 없었다면 하느님은 어디에 있었단 말인가? 하느님은 공간이 필요했을 것이다. 만약 공간이 없었다면 어디에다가 세상을 창조한단 말인가? 창조한 세상을 어디에 놓는단 말인가? 먼저 공간이 있어야 한다. 하느님의 존재를 위해서도 공간이 있어야 한다. 내 말을 반박하기 위해 "하느님은 공간도 창조하셨다."라고 말할 수는 없는 법이다. 이 말은 불합리하기 때문이다. 과연 하느님이 공간도 창조하셨다면 그전에는 어디에 있었단 말인가?

하늘은 항상 거기에 있다. 이 하늘을 알아차리는 것이 동양의 길이다. 반면에 서양의 길에서는 구름을 알아차림으로써 약간의 도움을 받는다. 하지만 내면 가장 깊은 곳에 있는 중심을 알아차리지 못한다. 주변부에 대해 더 깨어 있게 되지만 중심을 자각하지 못한다.

태풍의 눈을 찾아야 한다. 이 일은 오직 관조로써만 가능하다. 관조는 조건화된 것을 변화시키지 않는다. 근육조직을 변화시키지 않는다. 관조는 근육조직과 조건화 너머에 존재하는 참나를 체험한다. 초월과 피안의 경지에는 어떤 문제도 존재하지 않는다.

관조하면 모든 것이 당신의 손안에 들어온다. 몸에는 근육조직이, 마음에는 조건화가 여전히 존재하지만 이제 주인은 그다. 문제를 원할 때는 문제가 박혀 있는 심신으로 들어가 누리면 된다. 문제를 원하지 않을 때는 문제가 박혀 있는 심신 밖으로 나오면 된다. 여전히 문제는 심신에 각인 된 상태로 남아있겠지만 당신은 문제에 초연해 있다.

붓다는 이렇게 산다. 당신도 기억을 이용하고 붓다도 기억을 이용하지만, 붓다는 기억과 동일시하지 않는다. 붓다는 기억을 하나의 도구로 이용할 뿐이다. 예를 들어, 나는 지금 언어를 사용하고 있다. 언어가 필요할 때 나는 심신의 각인을, 기억을 사용한다. 하지만 연속체로서 나는 마음이 아니다. 연속체로서 나는 항상 지켜보는 자이다. 그러므로 내가 주인이요 마음은 하인이다. 내가 마음을 부르면 마음이 온다. 그러나 마음이 나를 부르지는 못한다.

당신이 주인이 되었을 때 문제는 여전히 존재하겠지만, 더는 주인의 역할을 하지 못한다. 문제는 몸과 마음에 씨앗의 형태로 존재할 것이다. 과거는 바꿀 수 없다. 당신이 지난 40년 동안 가톨릭 신자였다면 지난 40년 동안 가톨릭 신자였다는 사실을 바꾸는 방법은 없다. 지난 40년은 계속 역사적인 사실로 남아있을 것이다. 그렇지만 그런 역사적인 사실로부터 빠져나올 수는 있다. 빠져나오면 그것이 모두 동일시에서 비롯되었음을 깨닫는다. 가톨릭 신자의 40년은 지울 수 없다. 그럴 필요도 없다. 당신이 집주인이 된 이상, 하인을 없앨 필요가 없다. 가톨릭 신자로서의 40년을 유용하게, 창조적으로 사용할 수도 있다. 미친 교육제도조차도 창조적으로 사용할 수 있다.

몸의 근육조직과 두뇌에 박힌 모든 각인은 하나의 씨앗으로, 하나의 가능태로 계속 존재한다. 너무 외롭다면 문제를 가지고 놀 수 있다. 불행을 꼭 느껴보고 싶다면 불행을 느껴볼 수도 있다. 문제는 하인이 되어 당신을 위해 봉사할 수는 있지만, 문제가 주인이 되지는 못한다. 이제 문제는 당신의 손안에 들어와 있기 때문이다.

관조는 중심을 찾는 방법이다. 우리는 지금까지 존재의 중심에 대해 생각해보았다. 인간의 삶에는 두 가지 길이 있다. 하나는 주변부에서 사는 삶이요 다른 하나는 중심에서 사는 삶이다. 주변부는 에고의 길이요, 중심은 존재의 길이다. 에고로 사는 사람은 항상 다른 사람과의 관계 속에서 살 수밖에 없다. 주변부는 다른 사람과의 관계로 이루어져 있기 때문이다.

당신이 하는 것은 무엇이나 반동이다. 주체적인 행동이 아니라는 말이다. 당신의 행위는 외부의 자극에 대한 반동이다. 주변부에서 일어나는 것은 무엇이나 행동이 아니라 반동이다. 그 어떤 행위도 당신의 중심에서 나오지 않는다. 어느 면에서 당신은 환경의 노예이다. 당신은 아무것도 주체적으로 하지 못하고 주변 환경의 강요로 마지못해서 한다.

자신의 중심을 찾으면 상황은 정반대가 된다. 중심으로 살면 주변 환경 때문에 마지못해 '반동'하는 것이 아니라 주체적으로 '행동'한다. 관계 속에서 존재하는 것이 아니라 태어나서 처음으로 스스로 존재한다.

붓다가 한 마을을 지나가고 있었다. 그런데 그 마을 사람들은 붓다의 가르침에 화를 내고 반대했다. 그들은 붓다에게 욕을 하고 모욕을 주었다.

마을 사람들의 말을 조용히 듣고 나서 붓다가 말했다.

"자, 말이 끝났으면 내가 하겠소. 이웃 마을 사람들이 나를 기다리고 있소. 그러니 아직도 할 말이 남아있다면 이웃 마을의 설법을 마치고 이 길을 되돌아갈 때 하면 될 것 같소."

그러자 마을 사람들이 말했다.

"우리가 욕을 하고 모욕을 주었는데 왜 대꾸하지 않는 겁니까?"

붓다가 대답했다.

"나는 성급하게 반응하지 않소. 무엇을 하든 그건 당신들의 일이요. 나는 지금 반응하지 않소. 그렇다고 당신들이 나에게 강요할 순 없소. 욕을 하든 무엇을 하든 그것은 당신들의 문제요. 나는 노예가 아니라 자유인이오. 나는 중심으로 행동할 뿐, 주변부에서 행동하지 않소. 당신들이 하는 욕은 나의 주변부를 건드릴 수 있을지는 몰라도 나의 중심을 건드리지는 못하오. 나의 중심은 언제나 여기요."

당신에게는 중심이 없다. 그래서 주변 환경에 의해 동요한다. 당신은 주변에서 존재한다. 주변과 자신을 동일시하기 때문이다. 당신은 주변에 존재하기 때문에 주변의 모든 사람, 모든 것에 의해 영향을 받을 수밖에 없다. 당신에게는 중심이 없다. 중심을 찾으면 당신은 절대 주변으로부터 영향을 받지 않는다. 사람들이 당신의 주변에 대고 욕을 해도 당신은 영향을 받지 않는다. 떨어져서 초연히 지켜볼 수 있다. 주변의 당신과 중심의 당신이 떨어진다. 이것은 외부의 존재에 의해 발생하지 않는다. 그 누구도 상의 중심으로 들어갈 수 없기 때문이다. 외부 세계는 오직 주변의 당신에게 영향을 줄 수 있을 뿐이다.

그래서 붓다는 말한다.

"나는 중심에 있다. 십여 년 전 내가 변하기 전에 욕을 했다면 나는 '반동'했을 것이다. 하지만 이제 나는 '행동'한다."

반동과 행동의 차이를 명확히 알라. 상대가 당신을 사랑하기 때문에 당신은 상대를 사랑한다. 붓다도 당신을 사랑하지만, 그 이유는 당신이 붓다를 사랑하기 때문이 아니다. 그것은 상관없다. 당신이 붓다를 사랑하든 싫어하든 상관없다. 붓다는 당신을 사랑한다. 그것은 반동이 아니라 행동이다. 행동은 당신에게서 나오지만, 반동은 당신에게 강요된다. 중심찾기는 당신이 '행동'하기 시작했음을 뜻한다.

또 하나 명심해야 할 것이 있다. 당신이 행동할 때 그 행위는 항상 전체적이다安과 밖. 중심과 주변이 통합되어 있다는 뜻_역주. 당신이 반동할 때 그 행위는 결코 전체적일 수 없다. 반동은 항상 부분적이요 단편적이다. 주변에서 반동하기 때문이다. 일에 진정으로 참여하지 않기 때문에 전체적일 수 없다. 주변만 참여하기 때문에 전체적일 수 없다. 그러므로 주변에서 하는 사랑은 전체적인 사랑이 아니다. 항상 부분적이다. 이것은 많은 것을 시사한다. 사랑이 부분적이면 나머지 공간은 미움으로 채워진다. 당신의 친절이 부분적이면 나머지 공간은 불친절로 채워진다. 당신의 선善이 부분적이라면 나머지 공간에는 무엇이 있는가? 당신의 신神이 부분적이라면 나머지 공간은 악마가 차지할 것이다.

이것은 당신이 행동을 부분적으로 하면 스스로 갈등할 수밖에 없음을 뜻한다. 현대 심리학에 따르면 인간은 동시에 사랑하고 미워한다. 인간은 이중인격자다. 같은 대상을 동시에 사랑하기도 하고 미워하기도 한다. 사랑과 미움의 감정이 동시에 존재하면 마음은 파괴적인 혼란을 일으킨다. 인간의 친절은 불친절이 되고 자선은 절도가 되며 기도는 폭력이 된다. 주변부에서 성자가 되려고 노력하면 그 덕德은 죄가 될 수밖에 없다. 주변부의 모든 것은 자기 모순적이기 때문이다.

중심으로 행동할 때만이 그 행동은 전체적이 된다. 전체적인 행동에는 그만의 아름다움이 있다. 전체적으로 행동하는 사람은 순간에서 순간으로 산다. 전체적으로 행동하는 사람은 기억에 매이지 않는다. 그럴 필요가 없다! 부분적으로 사는 인생은 매듭을 짓지 못하는 인생이다.

예를 들어, 먹는 것을 생각해보자. 먹는 행위가 부분적이면 먹는 행위가 끝나더라도 마음속에서는 먹는 행위가 계속된다. 현실에서 매듭이 지어지지 않았기 때문이다. 오직 전체적으로 한 일만이 하나의 매듭을 짓고 또 다른 시작을 한다. 부분적으로 한 일은 시작도 끝도 없이 계속 이어진다. 당신이 집에 있을 때는 직장을 생각한다. 직장에서는 가족과 집안일을 생각한다. 당신은 너무나 많은 것을 짊어지고 다니기 때문에 한순간도 전체적으로 존재하지 못한다. 그래서 마음은 무겁고 가슴은 답답하다.

전체적으로 하는 행동에는 시작도 있고 끝도 있다. 하나하나 매듭을 짓는다. 한순간 나타났다가 다음 순간 사라진다. 그러므로 행동을 전체적으로 하면 그 행동에서 완전히 벗어나 미지의 세계로 나간다. 그렇지 않은 사람은 판에 박은 듯한 인생을 산다. 악순환의 고리를 끊지 못하고 계속해서 돌고 돈다. 끝나지 않은 과거는 계속해서 현재를 침범한다. 그리고 계속해서 미래에 영향을 끼친다.

그래서 부분적인 마음, 주변의 마음은 항상 과거를 짊어지고 다닌다. 과거는 참으로 크다! 전생을 고려하지 않더라도 과거는 정말 크다. 아름답건 추하건 당신은 50여 년의 죽은 인생을 짊어지고 다닌다. 이렇게 엄청나게 큰 과거가 현재의 순간 위에 떨어지면 현재의 순간은 압사되고 말 것이다.

그런고로 당신은 제대로 살 수 없다. 그것은 불가능하다. 그렇게 무거운 과거가 짓누르고 있는 한 당신은 제대로 살 수 없다. 사실 매 순간은 신선하고 아름답다. 하지만 죽은 과거의 무게는 아름다운 순간을 압사시킨다. 그만큼 과거는 파괴적이다! 과거는 계속해서 인간의 현재를 죽이며 죽은 현재는 다시 무거운 과거가 된다. 펄펄 살아 있는 현재는 당신의 것이 되지 못하며, 과거에 의해 죽었을 때라야 당신의 일부가 된다. 이것이 현재 인간의 모습이다.

당신이 중심에서 행동하는 순간부터 모든 행동은 전체적으로 변한다. 원자의 움직임처럼 순간에 나타났다 순간에 지나간다. 당신은 외부로부터 완전히 벗어난다. 자유로워서 당신은 아무런 부담 없이 살 수 있다. 그렇게 해야만 새롭게 다가오는 순간을 전체적으로 살 수 있다.

미완성의 과거는 항상 마음속에 남아있다. 마음은 모든 것을 완성하려는 경향이 있기 때문이다. 매듭을 짓지 못한 일은 항상 미완성으로 마음에 남아있다. 예를 들어, 낮에 어떤 일을 완성 짓지 못하면 마음은 밤에 꿈속에서라도 이를 완성하려고 한다. 하나를 완성하면 그것은 마음에서 떨어져 나간다. 완성되지 못하면 마음은 끊임없이 미완성의 일을 완성하기 위해 노력한다.

성과 사랑, 관계 등 사람들이 하는 일은 무엇이든지 미완성으로 남는다. 항상 주변에 머물기 때문에 전체적으로 살지 못한다. 그래서 일들은 항상 미완성으로 남는다. 어떻게 하면 주변에 머물지 않고 중심으로 들어갈 수 있는가? 관조가 그 확실한 방법이다.

'관조'라는 말은 참으로 뜻이 깊다. 중심으로 들어가는 데는 많은 테크닉이 있다. 그런데 모든 테크닉의 바탕을 이루는 것은 다름 아닌 관조이다. 그 어떤 테크닉이 되었든 관조는 모든 테크닉의 본질적인 요소이다. 그러므로 관조는 테크닉 중의 테크닉이라고 할 수 있다. 사실 관조는 단순한 테크닉이 아니다. 정확히 말해 관조는 모든 테크닉의 본질적인 요소이다.

관조를 '순수 테크닉'이라고 부르는 사람도 있다. 예를 들면 크리슈나무르티가 그렇다. 그러나 이것은 몸을 빼고 정신만을 이야기하는 것과 같다. 몸이 없는 정신은 볼 수도, 느낄 수도 없다. 정신이나 영혼은 몸을 통해 그 모습을 드러내는 법이다. 정신이 몸으로 드러났을 때라야 비로소 우리는 정신을 느낄 수 있다. 테크닉이 몸이라고 한다면 관조는 영혼이다. 몸과 형상 없이 관조만을 이야기한다면 이것은 관념적이고 추상적일 뿐이다. 크리슈나무르티는 반세기 동안 관조를 이야기해왔다. 하지만 그의 말에는 영혼만 있고 몸은 없다. 크리슈나무르티의 이야기를 들으면 이해하는 것 같지만 그 이해는 관념으로 끝날 뿐이다.

이 세상에서는 아무것도 순수 정신으로만 존재할 수 없다. 모든 것은 몸과 형상을 통해 드러난다. 관조가 테크닉의 정신이라면 테크닉은 관조의 몸이다.

먼저 우리는 관조가 무엇인지 이해할 필요가 있다. 그래야 몸, 즉 테크닉을 통한 관조를 이해할 수 있다.

관조가 무엇인지 이해하려면 먼저 우리가 익히 알고 있는 생각에서 시작해야 한다. 생각은 무엇인가를 보고 판단하는 것이다. 우리는 꽃을 보고 아름답다거나 아름답지 않다고 말한다. 노래를 듣고 좋아하거나 좋아하지 않는다. 우리는 무엇인가를 인정하거나 부정한다. 이렇듯 생각이란 판단을 뜻한다. 생각하는 순간 판단이 시작된다.

또한 생각은 평가이기도 하다. 우리는 평가를 하지 않고는 생각할 수 없다. 꽃을 생각할 때를 예로 들어보자. 우리는 꽃을 평가하지 않고는 꽃을 생각할 수 없다. 꽃을 생각하는 순간, 마음은 벌써 아름답다거나 아름답지 않다고 평가한다. 그리고 우리는 생각할 때 사물을 종류별로 분류한다. 사물에 이름표를 붙이고 종류를 분류하는 순간부터 생각은 시작된다.

우리는 판단하지 않으면 생각할 수 없다. 그래서 판단하지 않으면 우리가 깨어난다.

여기 꽃이 있는데 내가 "꽃은 보되 생각은 하지 마라. 보기만 해라!"라고 말하면 당신은 어떻게 하겠는가? 생각이 허용되지 않을 때 당신은 무엇을 할 수 있는가? 그때는 관조할 수밖에 없다. 깨어날 수밖에 없다. 꽃이라는 대상을 향해 깨어날 수밖에 없다. 앞에 있는 사실을 있는 그대로 본다. 생각이 허용되지 않으면 "이 꽃은 아름답다. 아름답지 않다. 나는 이 꽃을 안다."라고 말할 수 없다. "나는 이 꽃을 처음 본다."라고도 할 수 없다. 정말 아무 말도 할 수 없다. 말은 대상에 대한 가치와 평가를 담고 있기 때문이다. 말은 판단이다. 모든 언어에는 가치판단이 담겨 있다. 언어는 결코 공평무사한 것이 될 수 없다. 우리는 말을 내뱉는 순간, 판단하는 것이다.

그러므로 생각이 허용되지 않을 때 우리는 언어를 사용할 수 없다. 말을 내뱉을 수 없다. 내가 "이것은 꽃이다. 있는 그대로 보아라. 생각하지 말아라!"고 하면 말을 할 수 없게 된다. 그러면 어떻게 하겠는가? 당신은 관조할 수밖에 없다. 생각 없이 대상과 마주 대하면 관조가 일어난다. 이때의 관조는 수동적인 각성을 뜻한다. '수동적이다' 라는 말에 주의해라! 생각은 능동적이다. 당신이 무엇인가를 하는 것이다. 대상을 보는 것 또한 무엇인가를 하는 것이다. 이때 당신은 거울처럼 수동적이지 않다. 뭔가를 하는 순간, 당신은 대상을 변화시켜 버린다.

내가 꽃을 보고 "아름답다."라고 말하면 이것은 꽃을 내 식대로 바꿔버리는 일이다. 꽃에 내 느낌을 강요하는 일이다. 이제 꽃 자체가 어떤 것이 되었든, 적어도 내게 있어 꽃은 '꽃 더하기 내 느낌'이 되어 버린다. 이것은 꽃 자체와 동떨어진 것이다. 꽃과 나 사이에 '아름답다'라는 나의 평가와 판단이 개입해 있다. 적어도 내게 있어 꽃은 원래의 꽃 자체가 아니다. '내'가 끼어들었기 때문이다. 나의 판단이 끼어들었기 때문이다. 나와 내 판단이 끼어들어 만든 것은 사실이 아니라 허구일 뿐이다.

'이 꽃은 아름답다'라는 것은 꽃의 느낌이 아니라 나의 느낌이다. 내가 사실에 끼어든 것이다. 내가 꽃이라는 순수 사실에 끼어들면 꽃의 순수성은 오염된다. 나의 마음이 꽃의 한 부분이 되기 때문이다. "이 꽃은 아름답다."라는 말은 내가 과거의 경험으로 꽃을 판단한 것이다. 이 꽃과 같은 것이 아름다웠다는 과거의 경험이나 관념으로 꽃을 판단한 것이다. 그런데 과연 "이 꽃이 아름답다."라고 말할 수 있는 것인가?

마음은 인간의 과거요 기억이다. 과거는 끊임없이 현재를 간섭한다. 현재를 간섭해서 현재의 순수성을 파괴한다. 현재의 사실을 왜곡한다. 그래서 있는 그대로의 꽃은 사라진다. 당신이 있는 그대로의 사실을 더럽히고 파괴하기 때문이다. 과거가 끼어들어 당신과 꽃 사이를 가로막는다. 해석을 하는 것이다. 해석은 곧 생각이다. 생각이란 현재의 사실을 과거로 색칠하는 것을 말한다.

그러므로 생각을 해서는 진리에 이르지 못한다. 진리는 순결하다. 그래서 진리는 당신이 전적으로 순결해졌을 때 보인다. 진리에 과거를 끌어들이면 과거는 진리를 파괴한다. 과거를 끌어들이면 대상은 있는 그대로의 사실이 아니라 해석이 된다. 해석이 되면 순수성이 오염된다.

생각이란 과거를 현재로 끌어들이는 것을 말한다. 관조란 과거를 끌어들이지 않고 현재 순간에 존재하는 것을 말한다.

관조는 수동적이다. 아무것도 하지 않고 존재할 뿐이다! 다만 거기 있는 것이다! 오직 당신만이 현존하는 것이다! 꽃도 현존하고 당신도 현존할 때 관조의 관계가 일어난다. 꽃이 현존하지만, 당신이 현존하지 않을 때 생각의 관계가 일어난다.

그러므로 생각에서 시작해라! 생각이란 무엇인가? 생각은 현재의 순간에 마음을 가져오는 것이다. 현재의 순간에 마음을 일으키면 현재의 순간을 놓친다. 과거가 현재 속으로 들어오는 순간, 당신은 현재를 놓친다. "이 꽃은 아름답다."라고 말하면 그것은 이미 과거의 일이 되고 만다. "이 꽃이 아름답다."라는 말은 과거의 경험이다. 판단이 되고 지식이 되는 것이다.

꽃이 거기 현존하고 당신도 거기 현존하면 "이 꽃은 아름답다."라는 말조차 할 수 없다. 현재의 순간에서는 어떤 판단도 주장도 할 수 없다. 판단이나 주장은 과거의 일이다. "사랑합니다."라고 말하면 이미 그것은 과거의 일이 되어버린다. 만약 내가 "이 꽃은 아름답다."라고 말하면 그것은 조금 전의 느낌이나 판단을 말하는 것이다.

관조는 항상 현존한다. 결코 과거의 일이 아니다. 생각은 과거의 일이다. 생각은 죽어 있지만, 관조는 살아 있다. 다른 차이를 알아보자. 먼저 생각은 능동적인 행위지만, 관조는 수동적인 무위이다. 생각은 과거이고 죽은 자이다. 이미 지나가 버렸기 때문에 더는 존재하지 않는다. 반면에 관조는 현재이다. 지금, 이 순간에 존재하는 것이다.

그러므로 생각만 하는 사람은 관조가 무엇인지 알 길이 없다. 생각을 멈출 때, 생각이 끝나는 자리에서 관조는 시작된다. 생각의 멈춤이 관조다.

그렇다면 어떻게 할 것인가? 생각은 정말 오래된 습관이다. 생각은 거의 기계처럼 자동으로 움직인다. 당신이 생각하는 것이 아니다. 당신이 하고자 해서 생각하는 것이 아니다. 생각은 그야말로 기계적인 습관이다. 그러므로 당신이 할 수 있는 일은 별로 없다. 꽃을 보는 순간, 생각이 자동으로 시작된다. 우리는 언어 없이 체험하지 못한다. 어린아이들만이 언어 없이 체험한다. 언어 없는 체험이야말로 참된 체험이다. 언어화는 체험으로부터 도망가는 일이다.

내가 "이 꽃은 아름답다."라고 말하면 꽃은 나의 세계에서 사라진다. 이제 꽃은 나의 마음일 뿐이지, 꽃 자체가 아니다. 내 마음속에 들어온 꽃의 이미지일 뿐이지, 꽃 자체가 아니다. 이제 꽃은 마음속의 영상이 되고 생각이 된다. 그리고 나는 과거 경험과 비교하여 꽃을 판단한다. 이리하여 꽃은 더는 거기에 없다.

대상을 언어화하면 체험의 문이 닫힌다. 언어를 떠나 깨어 있을 때 체험의 문이 열린다. 관조란 체험에 끊임없이 열려 있는 것을 말한다.

그렇다면 어떻게 해야 하는가? 생각이라는 기계적 습관을 끊어야 한다. 일할 때는 말을 떠올리지 말고 해라! 때로는 힘들고 어려울 것이다. 처음에는 거의 불가능해 보일 것이다. 하지만 그렇지 않다. 어렵지만 불가능하지는 않다. 길을 걸을 때 말을 떠올리지 말고 걸어라. 단 몇 초 동안이라도 좋다. 몇 초만이라도 마음속에서 말을 떠올리지 않고 걸으면 아주 새로운 세계를 일별一瞥할 수 있다. 언어를 넘어선 세계, 참다운 세계를 일별할 수 있다. 그 세계는 인간의 마음이 지어낸 세계 너머에 있다. 밥을 먹을 때도 말없이 먹어라!

어떤 사람이 목주睦州에게 물었다. 당시 목주는 위대한 선사였다.
"무엇이 선사의 길입니까?"
목주가 대답했다.
"나의 길은 간단하다. 배고플 때 먹고 졸릴 때 잔다. 이것이 나의 길이다."
목주에게 물은 사람은 당황했다. 그래서 다시 물었다.
"무슨 말씀입니까? 저도 밥을 먹고 잠을 잡니다. 그렇게 하지 않는 사람이 어디 있습니까? 밥 먹고 잠자는 데 어떤 길이 있다는 말씀입니까?"
목주가 말했다.
"당신은 밥을 먹을 때 먹는 일만 하지 않는다. 다른 많은 일을 한다. 잠을 잘 때 역시 마찬가지이다. 잠만 자는 것이 아니라 수많은 일을 한다. 하지만 나는 먹을 때 먹기만 하고 잘 때 자기만 한다. 하나의 행위를 전체적으로 한다."
말이 떠오르지 않을 때 행위 하나하나는 전체적인 것이 된다. 마음속에 말을 떠올리지 말고, 생각하지 말고 먹어라. 아무 상념 없이 다만 먹어라. 그러면 먹는 것도 명상이 된다. 말을 떠올리지 않으면 관조가 일어나기 때문이다.

말이 떠오르면 생각이 찾아온다. 말이 떠오르지 않으면 자동으로 관조가 일어난다. 그러므로 무엇을 하든 말없이 해라! 걸을 때 걷고 먹을 때 먹어라. 목욕할 때 목욕하고 고요히 앉아 있을 때는 고요히 앉아 있기만 해라! 생각하지 말아라! 그렇게 하면 앉아만 있는 것도 명상이 될 수 있다. 걷기만 하는 것도 명상이 될 수 있다.

한번은 다른 사람이 목주에게 물었다.

"수행의 방편 하나를 일러주십시오."

목주가 말했다.

"내가 방편을 일러준다 해도 당신은 수행하지 않을 것이다. 당신의 마음이 시끄러운데, 어떻게 수행을 한다는 말인가?"

사람들은 손으로 염주를 돌리면서도 생각을 한다. 염주를 돌리면서 생각을 하지 않는다면 염주 돌리는 일도 훌륭한 명상이 될 수 있다. 생각을 하지 않는 이에게는 삶 전체가 방편이 된다.

그래서 목주는 이렇게 말했다.

"나와 함께 있으면서 나를 지켜보는 것이 낫다. 방편은 구하지 말아라! 나를 지켜보기만 해라! 그러면 알게 될 것이다."

목주에게 방편을 구한 사람이 7일을 지켜보았다. 하지만 그는 더욱 알 수 없게 되었다.

7일이 지나자 그가 말했다.

"제가 처음 왔을 때보다 더욱 모르겠습니다. 7일 동안 쉬지 않고 지켜보았는데 무엇을 지켜보라는 말씀입니까?"

목주가 말했다.

"당신은 지켜보지 않았다. 내가 걷는 모습을 보았는가? 나는 걸을 때 걷기만 한다. 아침에 내게 차를 가져왔을 때를 지켜보았는가? 나는 차를 마실 때 차만 마신다. 거기에 나는 없다. '마심'만이 존재한다. 이를 잘 지켜보았는가? 당신이 정녕 지켜보았다면 내가 거기 없음을 알아차렸을 것이다."

이것은 참으로 미묘하다. 생각하는 자가 있으면 에고가 있다. 그러나 말도 생각도 없고 행위만 있으면 에고는 존재하지 않는다. 그래서 목주는 말한다.

"진정으로 지켜보았는가? 차를 마시고 정원을 거닐고 땅을 파는 행위만 있을 뿐, 거기에 나는 없다."

그래서 붓다는 영혼이 없다고 말했다. 당신은 지켜보지 않기 때문에 당신에게 영혼이 있다고 생각한다. 그러나 지켜보면 당신은 존재하지 않는다. 생각 때문에 '나'라는 관념이 생길 뿐이다. 생각이 쌓이고 기억이 쌓여서 에고가 생겨난다.

이렇게 해보아라! 당신의 모든 과거를 단절해라! 모든 기억을 단절해라! 그러면 자신의 부모와 종교, 나라, 인종 등을 알 수 없다. 어디에서 어떤 교육을 받았는지도 알 수 없다. 다만 모든 과거를 단절해라! 그리고 당신이 정녕 누구인지 알아라!

하지만 당신은 자신이 누구인지 기억하지 못한다. 물론 당신은 지금 여기 있다. 당신은 누구인가? 지금, 이 순간 당신은 '나'를 느끼지 못한다. 에고란 지나온 과거의 집합체일 뿐이다. 에고란 과거를 통해 응축된 생각일 뿐이다.

그래서 목주는 말한다.

"나를 제대로 지켜보았다면 내가 없음을 보았을 것이다. 차 마시는 자는 없고 차 마시는 행위만 존재한다. 정원을 산책하는 자는 없고 산책만이 존재한다. 행위자는 없고 행위만 존재할 뿐이다."

생각의 상태에서는 '나'라는 관념이 있지만, 관조의 상태에서는 '나'라는 관념이 없다. 사상가들의 에고가 강한 것은 결코 우연이 아니다. 예술가와 사상가, 철학자, 문학가들의 에고가 강한 것은 우연이 아니다. 생각이 많아질수록 에고는 더욱더 강해지는 법이다.

관조의 상태에서 에고는 존재하지 않는다. 관조의 상태는 언어를 초월했을 때라야 일어난다. 언어는 장벽이다. 언어는 타인과 의사소통할 때 필요하다. 자신과 의사소통할 때는 필요하지 않다. 언어는 유용한 도구이다. 대단히 유용한 도구임이 틀림없다. 인간은 언어를 사용해 사회를 만들고 세계를 건설한다. 그러나 불행하게도 인간은 언어 때문에 자아를 상실하고 말았다.

언어는 인간의 세계이다. 한순간만이라도 언어를 잊는다면 인간에게는 무엇이 남는가? 인간의 문화와 사회, 힌두교, 기독교, 공산주의에서 언어를 빼면 무엇이 남는가? 아무것도 남지 않는다. 인간에게서 언어만 빼내면 인간과 그 문화, 문명, 사회, 종교, 철학 등 모든 것이 한순간에 무너진다.

언어는 타자와의 의사소통이다. 언어는 인간의 유일한 의사소통 수단이다. 그래서 유용하기는 하지만 위험하다. 수단은 유용한 만큼 위험하다. 인간의 마음이 언어 속으로 들어간 만큼 인간은 중심으로부터 멀어진다. 우리에게는 균형감각이 필요하다. 언어의 세계 속으로 들어가고 나옴을 자유자재로 할 수 있어야 한다는 말이다.

관조는 언어와 마음의 세계에서 빠져나오는 것을 뜻한다.

관조는 무심과 무상無想의 경지를 말한다.

그러므로 해보아라! 이 길은 다소 멀리 가는 길이요 아무것도 예단할 수 없는 길이다. 그러나 해보아라! 노력하다 보면 갑자기 언어가 사라지는 순간이 온다. 언어가 사라지고 새로운 차원이 열린다. 새로운 세계가 열린다. 동시성의 세계, 지금 여기의 세계, 무심의 세계, 진리의 세계가 열린다.

언어는 사라져야 한다. 그러므로 일상생활을 할 때 말을 떠올리지 말고 해라! 붓다는 호흡을 지켜보는 테크닉을 사용했다. 그는 제자들에게 이렇게 말하곤 했다.

"쉬지 말고 호흡을 지켜보아라. 다른 것은 할 필요가 없다. 숨이 들어오고 나가고, 다시 들어오고 나가는 것을 지켜보아라."

이것은 말로써 하는 것이 아니라 실제 행함으로써 하는 것이다. 지금 말을 떠올리지 말고 숨이 들어오고 나가는 것을 느껴보아라. 숨이 들어온다. 그러면 숨과 함께 가라. 당신의 의식으로 깊이 숨을 따라가라. 그런 다음, 숨이 나갈 때도 숨과 함께해라. 깨어 있어라!

붓다는 이렇게 말했다고 한다.

"단 한 번의 호흡도 놓치지 말아라! 몸이 하나의 호흡이라도 놓치면 당신의 몸이 죽는다. 각성이 하나의 호흡이라도 놓치면 당신의 내면이 죽는다. 당신의 중심을 놓친다."

그래서 붓다는 이렇게 말한다.

"호흡은 몸의 생명을 위해 필요하고 호흡의 각성은 중심의 생명을 위해 필요하다."

깨어서 호흡해라! 호흡에 깨어 있으면 생각이 떠오르지 않는다. 마음은 생각과 관조, 두 가지를 동시에 할 수 없다. 관조는 생각과 정반대의 현상이다. 그러므로 두 가지는 동시에 진행될 수 없다. 삶과 죽음을 동시에 할 수 없는 것처럼, 수면과 각성을 동시에 할 수 없는 것처럼 우리는 생각과 관조를 동시에 할 수 없다. 자신에게 일어나는 모든 것을 지켜보아라. 그러면 생각은 멈출 것이다. 그러나 다시 생각이 일어나면 관조의 상태는 사라진다.

관조는 수동적인 각성이요 무위이다. 각성 자체는 행위가 아니다.

어느 날 물라 나스루딘이 깊은 시름에 잠겨 있었다. 누가 봐도 나스루딘의 얼굴은 그가 깊은 상념과 번민, 고통에 잠겨 있음을 말해주고 있었다.

이를 본 아내가 놀라 물었다.

"뭘 하는 거예요? 무얼 그토록 골똘히 생각하는 거냐고요? 무슨 걱정이라도 있어요?"

나스루딘이 눈을 뜨고 대답했다.

"이것은 심오하기 이를 데 없는 문제요. 사람은 어떻게 자신이 죽는 것을 알 수 있을까 하는 문제요. 어떻게 자신이 죽는 것을 미리 알 수 있을까? 나는 죽음을 모르는데 어떻게 하면 '이게 죽음이라는 거구나'라고 인식할 수 있냔 말이오? 무언가를 인식할 수 있으려면 미리 알아야 하지 않소. 내가 당신을 알기 때문에 당신이 누구인지 인식할 수 있듯이. 나는 죽음에 대해 아무것도 몰라요."

나스루딘이 말을 이었다.

"죽음이 찾아왔다고 합시다. 내가 죽음을 어떻게 알아볼 수 있느냔 말이오. 이건 진짜 심오한 문제라 상념에 잠긴 것이라오. 죽을 때 나는 아무한테도 물어볼 수 없소. 경전에 의지할 수도 없고 현자에게도 물어볼 수도 없을 거요."

이 말을 들은 아내가 피식 웃었다.

"괜한 걱정을 사서 하네요. 죽을 때는 누구나 바로 알아요. 몸이 싸늘하게 식어가기 때문에 바로 아는 거라고요."

그 말을 들은 나스루딘은 안도의 한숨을 쉬었다.

'그렇다! 분명한 징표가 있으니까 이제 걱정할 필요 없다.'

두세 달 후 나스루딘은 숲속에서 나무를 하고 있었다. 때는 겨울 아침으로 몹시 추웠다. 갑자기 그는 자신의 손이 차갑다는 사실을 인식했다.

그가 말했다.

"이제 죽음이 오고 있구나. 집이 너무 멀어 아무에게도 말을 할 수 없으니 이 노릇을 어찌한단 말인가? 그런 줄 알았으면 미리 아내에게 물어보는 건데. 아내는 죽음이 찾아올 때의 느낌이 어떤가를 말해주었지만 무엇을 어찌해야 하는가를 말해주지 않았다. 여기에는 아무도 없는데 나의 몸이 차가워지고 있구나."

그러다가 나스루딘은 예전에 본 죽은 사람들의 모습을 떠올리고는 이렇게 생각했다. '그래 누워야 해.' 그가 본 죽은 사람들은 한결같이 누워 있었다. 그래서 나스루딘은 바닥에 누웠다. 그러자 몸이 더욱 차가워졌다. 그는 죽음이 다가오고 있음을 느꼈다.

그때 나스루딘의 당나귀는 바로 옆, 나무 아래서 쉬고 있었다. 그런데 갑자기 늑대 두 마리가 나스루딘이 죽은 줄로 믿고 당나귀를 공격하기 시작했다. 나스루딘은 눈을 뜨고 앞에서 벌어지는 광경을 지켜보며 이렇게 생각했다.

'죽은 사람은 아무것도 할 수 없어. 만약 내가 살아 있다면 늑대들이 내 당나귀를 공격하지 않았을 거야. 이제 나는 아무것도 할 수 없다. 죽은 사람이 뭘 했다는 소리는 들어본 일도 없다. 나는 그저 지켜

볼 수 있을 뿐이다!'

당신의 과거가 죽으면 지켜볼 수 있다. 달리 할 일이 없기 때문이다. 관조란 과거가 죽는 일이다. 기억과 생각 등 지나간 모든 것이 죽는 일이다. 지나간 모든 것이 죽었을 때 현재의 순간에 무엇을 할 수 있는가? 지켜보는 일밖에 달리 할 일이 없다. 그 어떤 판단도 가능하지 않다. 판단이란 과거가 있어야 가능한 일이기 때문이다. 그 어떤 평가도 가능하지 않다. 평가는 과거를 바탕으로 이루어지기 때문이다. 어떤 생각도 가능하지 않다. 생각은 과거를 현재에 가져왔을 때만 가능하기 때문이다. 지나간 모든 것이 죽으면 당신은 무엇을 할 수 있는가? 오직 지켜보기만 할 뿐이다.

옛 산스크리트 문헌에서는 선생을 아차리아 므리티유acharya mrityuh, 즉 '죽음'이란 뜻으로 정의한다. 카타 우파니샤드Katha Upanishad, 고대 인도의 신비 철학서인 우파니샤드의 하나_역주를 보면 나치케타Nachiketa는 죽음의 신인 야마Yama에게 가서 배운다. 이때 죽음의 신 야마는 나치케타를 유혹한다. "이것을 받아라. 왕국을 가져라. 황금을 가져라. 수많은 말, 코끼리, 이것저것을 가져라." 야마는 수많은 유혹을 한다. 하지만 나치케타는 이렇게 반응한다. "저는 죽음이 뭔지 배우러 왔습니다. 죽음을 모르고서는 삶이 뭔지 알 수 없기 때문입니다."

옛날의 선생은 학생이 다시 태어날 수 있도록 죽음을 가르치는 사람이었다. 니고데모가 예수에게 물었다. "어떻게 하면 하느님의 나라에 들어갈 수 있겠습니까?" 예수가 대답했다. "당신이 먼저 죽지 않고서는 아무것도 이룰 수 없다. 거듭나지 않으면 아무것도 할 수 없다."

이와 같은 거듭남은 하나의 사건이 아니라 끊임없는 과정이다. 매 순간 다시 태어나야 한다. 한 번만 거듭난다고 만사가 끝나는 것이 아니다. 삶은 끊임없는 탄생이다. 그리고 끊임없는 죽음이다. 당신은 전혀 살아본 적이 없으므로 일단 죽어야 한다. 매 순간 과거에서 벗어나라. 그것이 천국과 같은 과거든, 지옥과 같은 과거든 상관없다. 지나간 것에서 벗어나라. 그리고 새롭고 신선하게 다시 태어나라. 지금 이 자리에서 지켜보아라. 새롭게 태어난 자만이 지켜볼 수 있다.

긴장과 이완

다음 한 가지를 이해해보도록 하자. 최면술사들은 삶의 기본 법칙을 발견했다. 그들은 이 법칙을 '역효과'라고 부른다. 어떤 것에 대한 기본적인 이해 없이 노력하면 반대 효과가 날 수 있다는 뜻이다.

이것은 자전거를 배울 때 경험하는 현상과 유사하다. 이른 아침, 차가 다니지 않는 조용한 도로에서 자전거를 연습하다가 도롯가에 서 있는 이정표를 본다. 20m는 족히 되는 도롯가에 조그마한 이정표! 그러니 문제가 될 것은 없다. 하지만 자전거를 배우는 사람은 그렇지 않다. 자전거가 꼭 이정표를 들이박을 것만 같다. 무섭다. 이제 20m는 족히 되는 도로는 잊어버린다. 사실 눈가리개를 하고 자전거를 탄다 해도 작은 이정표에 부딪힐 수 있는 확률은 높지 않다. 그러나 자

자전거를 배우는 사람은 눈을 뜨고도 드넓은 도로는 까맣게 잊는다. 이정표라는 조그마한 대상에 마음이 고정된다. 자전거를 배우는 사람은 무서워서 어떻게 해서라도 이정표를 피하고 싶어 한다. 자신이 자전거를 타고 있다는 사실을 망각한다. 다른 모든 것도 망각한다. 이제 유일한 문제는 이 이정표를 피하는 일이다. 이정표를 피하지 못하면 분명 자전거가 이정표를 들이박고 내가 다칠 것이다. 그러니 무섭다!

이런 상황이라면 충돌은 피할 길이 없다. 이정표와 충돌할 것이다. 충돌한 사람은 이해가 가지 않을 것이다. '어, 부딪치지 않으려고 했는데 어떻게 된 거지.' 사실 그것은 이정표와 부딪치려고 무던히 애를 쓴 것이다. 이정표와의 거리가 가까워질수록 자전거를 탄 사람은 피하려고 애쓴다. 피하려고 애쓰면 애쓸수록 의식은 이정표에 집중된다. 그래서 일종의 최면 상태에 빠진다. 그러면 이정표는 자전거 탄 사람을 자석처럼 끌어당기게 된다.

이것이 삶의 기본 법칙이다. 사람들은 대상을 피하려고 애를 쓰다가 결국 대상 속으로 빠지는 경우가 허다하다. 애를 쓰면 쓸수록 피하고자 하는 대상 속으로 빨려든다. 이렇게 해서는 피하고자 하는 대상을 피할 수 없다. 이것은 올바른 길이 아니기 때문이다.

이완해라! 애를 쓰지 말아라! 깨어남은 애쓰는 데서 오는 것이 아니라 이완하는 데서 오기 때문이다. 고요히 침묵해라!

긴장이란 무엇인가? 당신은 온갖 잡다한 것들과 자신을 동일시한다. 온갖 생각이나 걱정과 동일시한다. 죽음과 파산, 주가 하락 등을 두려워한다. 이들이 당신의 긴장이다. 긴장은 당신의 몸에 영향을 준다. 그래서 마음이 긴장하면 몸도 긴장한다. 몸과 마음은 하나이기 때문이다. 심신心身은 하나의 시스템이기 때문에 마음이 긴장하면 몸도 긴장한다.

먼저 각성에서 시작해보아라. 각성할 때 당신은 마음과 분리되고 마음과의 동일시를 끊는다. 마음과의 동일시가 끊어지면 몸은 저절로 이완하기 시작한다. 집착이 떨어져 나가기 때문이다. 각성의 빛 속에서 긴장은 존재할 수 없다.

다른 쪽에서도 시작할 수 있다. 모든 긴장을 놓고 푹 쉰다. 푹 쉬면 놀라운 일이 벌어진다. 내면에서 각성의 빛이 떠오른다. 이완과 각성은 서로 다르지 않다. 하지만 각성에서 시작하기가 더 쉽다. 이완으로 시작하는 것은 약간 어렵다. 이완하려는 노력이 또 다른 긴장을 만들기 때문이다.

미국에는 이런 책이 있다. 온갖 어리석은 책들은 미국에서 다 나오는 것 같다. 이 책의 제목을 봤을 때 나는 내 눈을 믿을 수 없었다. 책의 제목은 『당신은 이완해야 합니다』였다. 아니 '이완을 해야'만 한다니! 누가 그 말을 듣고 이완을 할 수 있겠는가? 그 책의 제목은 사람들을 더욱 긴장시킬 뿐이다. 책의 저자는 분명 이완에 대해 아무것도 모르는 사람이었을 것이다. 이완의 복잡한 이면을 전혀 모르는 사람이었을 것이다.

동양에서는 이완에서 시작하지 않는다. 우리는 각성에서 시작한다. 의식이 깨어나면 이완은 저절로 온다. 그러므로 이완하려고 애쓸 필요가 없다. 이완하려고 애를 쓰는 순간, 긴장이 찾아온다. 이완은 저절로 와야 한다. 그것이 참다운 이완이다.

본인이 원한다면 이완에서 시작해도 좋다. 하지만 미국 저자의 방식은 따르지 말아라! 내면세계의 체험에 관한 한, 미국은 지구상에서 가장 어린 나라이다. 유럽은 미국보다 체험이 약간 많다. 그러나 동양은 구도의 역사가 몇천 년은 족히 되었다.

미국의 나이는 겨우 300살이다. 한 나라의 나이가 300살이면 아주 어린 축에 속한다. 그러므로 미국은 세계에서 가장 위험한 나라이다. 엄청난 핵무기가 어린아이의 손에 쥐어져 있다고 생각해보아라. 러시아는 더 이성적으로 행동한다. 러시아의 역사가 깊기 때문이다. 반면 미국의 역사는 짧다. 그들의 조상은 몇 세대만 올라가면 끝이다.

미국은 아기다. 아기가 아니라 자궁 속에 있는 태아로 보아야 할 것이다. 인도나 중국 같은 나라와 비교하면 조금 전 수태된 상태이다. 그러므로 이들에게 엄청난 핵무기를 맡기는 것은 위험하기 짝이 없는 일이다.

우리는 종교와 정치, 사회, 경제 등의 분야에 수많은 문제를 떠안고 산다. 그래서 이완으로 시작하는 일은 어렵다. 동양에서는 결코 이완으로 시작하지 않는다. 이완으로 시작하는 사람들을 위해서는 다른 방법이 있다. 나는 많은 서양 사람들에게 명상을 가르치면서 서양인이 동양의 정신을 이해하지 못한다는 사실을 알게 되었다. 그들의 전통에는 각성의 문화가 전혀 없었기 때문이다.

나는 서양인을 위해 다이나믹 명상Dynamic 명상, 격렬한 호흡으로 내면을 흔들고 카타르시스 과정을 거친 다음, 수피 만트라를 통해 내면으로 들어가는 명상_역주을 비롯한 여러 명상을 만들었다. 그리고 명상 캠프를 지도할 때는 지버리쉬 명상Gibberish 명상, 뜻이 통하지 않는 소리를 마구 질러 내면을 정화하는 명상_역주이나 쿤달리니 명상Kundalini 명상, 몸을 흔들어서 생명 에너지인 쿤달리니를 깨우는 명상_역주 등을 사용했다. 이완으로 시작하고 싶은 사람은 이 명상들을 먼저 하는 것이 좋다. 이 명상들을 통해 몸과 마음에 쌓인 긴장이나 독소를 정화하면 이완은 더 쉽게 일어날 것이다. 당신은 자신이 얼마나 많은 것을 억압하고 사는지 모른다. 억압이 긴장의 원인이다.

나는 산에서 명상 캠프를 지도할 때 지버리쉬를 하게 한다. 도심에서 지버리쉬는 불가능하다. 만약 도심에서 지버리쉬를 하면 이웃들이 강력하게 항의할 것이다. 경찰에 신고하는 등 야단법석을 피울 것이다. 그들은 자신들이 얼마나 억압적인 환경에서 살고 있으며, 지버리쉬를 통해 억압에서 해방될 수 있음을 알 턱이 없다.

지버리쉬 명상은 마음속에 떠오르는 모든 말들을 큰 소리로 떠드는 명상이다. 사람들이 말도 안 되는 말들을 지껄이는 모습을 보면 정말 재미있다. 지버리쉬에서는 그 어떤 행위를 해도 좋지만 다만 다른 사람을 방해해서는 안 된다. 자신이 하고 싶은 것은 무엇이든 다 할 수 있다. 어떤 사람은 물구나무서기를 하기도 하고 어떤 사람은 한 시간 내내 옷을 벗어던지고 뛰어다니기도 한다.

어느 명상 캠프의 지버리쉬 시간에 한 남자가 매일 내 앞에 앉아 지버리쉬를 하곤 했다. 그는 증권중개인이었던 것 같다. 명상이 시작되면 그는 자신이 할 행동을 생각하며 미소를 짓곤 했다. 미소를 짓고 나서는 수화기를 들고 "여보세요?"라고 말하면서 나를 곁눈질로 바라보았다. 나는 그의 명상이 방해받지 않도록 눈길을 피하곤 했다. 그는 전화기로 주식을 사고팔았다. 한 시간 내내 그는 전화기를 붙잡고 주식 파는 일에 매달렸다.

지버리쉬 시간에 사람들은 각기 이상한 행동을 했다. 이상한 행동은 그들의 억압에서 나왔다. 명상이 끝나면 10분 동안 이완하는 시간을 가졌다. 10분 동안 사람들은 저절로 쓰러졌다. 명상에 모든 에너지를 쏟아부어 탈진했기 때문이다. 마음의 잡념을 모두 쏟아내자 저절로 이완된 것이다. 수많은 사람이 주위를 의식하지 않고 편하게 누워 이완했다.

사람들은 내게 와서 이렇게 부탁하곤 했다.

"10분을 연장해주세요. 평생 이런 이완감, 이런 기쁨을 맛보지 못했습니다. 각성이 뭔지 제대로 몰랐지만, 이 명상을 하니 저절로 느껴집니다."

그러므로 이완으로 시작하고 싶다면 먼저 다이나믹 명상이나 쿤달리니 명상, 지버리쉬 명상 등과 같은 카타르시스(정화) 방법을 해라!

아마 당신은 '지버리쉬'라는 말이 어디에서 왔는지 모르리라. 이것은 잡바르Jabbar라고 하는 수피 신비가의 이름에서 나온 말이다. 그는 누가 찾아오든지 먼저 이렇게 말하곤 했다.

"앉으시오. 시작합시다."

사람들은 그가 무슨 말을 하고 있는지 알고 있었다. 그가 이야기하는 것은 말도 설법도 아니었다. 아무 뜻도 없는 말을 마구 지껄이는 것이었다. 30분 동안 그는 상대가 전혀 알아들을 수 없는 말을 되는대로 내뱉었다. 그것은 의사소통이 가능한 언어가 아니었다. 아무런 뜻도 통하지 않는, 미친 사람이 지껄이는 소리와 같았다. 그것이 잡바르의 유일한 가르침이었다. 그는 자신의 가르침을 이해하는 사람이 오면 이렇게 말하곤 했다.

"앉으시오. 시작합시다."

이렇게 하여 잡바르는 많은 사람을 침묵의 경지로 인도했다.

언제까지 지버리쉬를 계속할 수 있다고 생각하는가? 지버리쉬를 하다 보면 마음이 서서히 비워진다. 깊디깊은 무無의 상태가 찾아온다. 그 무의 상태 속에서 각성의 불꽃이 타오른다. 각성의 불꽃은 현재의 순간에 존재하지만, 잡념이 두텁게 가리고 있다. 잡념을 쓸어내라. 잡념은 심신을 해치는 독이다.

몸에 대해서도 마찬가지이다. 몸속에도 긴장이 쌓여 있다. 먼저 몸이 원하는 대로 움직여라. 몸의 움직임을 인위적으로 조절하지 말아라! 몸이 춤을 추고 싶어 하거나 뛰고 싶어 하거나 땅 위를 구르고 싶어 하면 몸에 완전히 내맡겨라. 당신이 하려고 하지 말아라! 몸에 이렇게 말해보아라.

"이제 너는 자유이다. 하고 싶은 대로 마음껏 해보아라."

그러면 놀라운 일들이 벌어질 것이다.

"맙소사! 이게 다 몸이 원하는 것이었단 말인가! 나는 이들을 억누르기만 했는데. 이게 바로 긴장이라는 거구나."

긴장에는 두 가지가 있다. 하나는 몸의 긴장이요 다른 하나는 마음의 긴장이다. 각성을 위해 이완을 시작하는 경우라면 먼저 심신에 쌓인 긴장을 풀어내야 한다. 이완으로 시작하기가 쉽다고는 하나 각성으로 시작하기 쉽지 않다. 각성이 일어나는 과정을 이해하는 사람들에게는 특히 그렇다.

사람들이 온종일 자신의 의식을 어디에 쓰고 있는지 보아라! 도심의 교통지옥을 보아라! 모두 살아남기에 바쁘다. 도심의 교통은 그야말로 지옥이다! 며칠 전 아테네에 관한 기사를 읽은 적이 있다. 정부에서는 택시 운전사에게 7일간 교통 규칙 콘테스트를 실시하여 교통 규칙을 가장 잘 지킨 세 명의 운전사를 선발해 황금 트로피를 수여하기로 했다. 그러나 아테네 전체를 샅샅이 훑어보았지만, 교통 규칙을 제대로 지키는 운전사를 찾을 수 없었다. 하루하루 지나면서 경찰은 고민하기 시작했다. 드디어 7일째 되는 날, 완벽하지는 않지만 그중 나은 사람을 선발해 트로피를 수여해야 했다.

경찰이 찾은 사람 중 한 명은 교통 규칙을 제대로 지키고 있었다.

모두 기뻐했다. 그래서 트로피를 가지고 그를 쫓아갔다. 그런데 교통 규칙을 제대로 지키던 사람이 경찰이 쫓아오는 것을 보고 그만 교통 신호를 위반해 버렸다. 경찰이 멈추라고 소리쳤지만, 그는 신호를 위반하면서 사라지고 말았다. 경찰은 다른 두 명에게도 쫓아가서 트로피를 수여하려고 했다. 하지만 둘 다 경찰을 보고 줄행랑을 놓고 말았다. 7일 동안의 노력도 허사로 돌아가고 황금 트로피는 아직도 경찰국에서 주인을 기다리고 있다고 한다.

사람들은 외부의 교통 속에서만 각성한다. 그러나 당신은 내면의 교통 속에서도 각성할 줄 알아야 한다. 당신이 눈만 감으면 생각과 감정, 꿈, 공상 등의 행렬이 흘러간다. 온갖 것이 스쳐 지나간다. 외면의 세계에서 하는 일들을 내면의 세계에서도 그대로 하고 있다. 관조해라! 일단 초월적인 체험을 맛보면 점점 깊이 들어가고 싶어질 것이다. 시간이 날 때마다 점점 더 깊이 들어가라.

이것은 자세의 문제가 아니다. 이것은 사원이나 교회나 회당의 문제가 아니다. 버스나 기차를 탔을 때 달리 아무것도 할 일이 없으면 눈을 감아라. 눈의 에너지가 외부로 허비되는 것을 막고 내면으로 향하게 해라! 그리고 자신을 지켜보아라! 눈을 감고 내면을 지켜보는 일이야말로 가장 아름다운 순간이다.

각성이 깊어지면 당신의 전 존재가 변화하기 시작한다. 그리하여 어느 날 당신은 무각성에서 각성으로 크나큰 도약을 할 것이다.

마음과 명상

　마음에 생각이 없는 상태가 곧 명상이다.

　사실 마음에 생각이 없는 상태는 두 가지 경우가 있다. 하나는 숙면이요 다른 하나는 명상이다. 깨어 있지 않은 상태에서 생각이 없다면 이것은 숙면 상태이다.

　숙면과 명상은 서로 비슷한 점도 있고 다른 점도 있다. 비슷한 점은 생각이 사라진다는 것이다. 다른 점은 숙면에서는 각성이 사라지지만 명상에서는 각성이 빛을 발한다는 것이다. 그러므로 명상이란 숙면 더하기 각성이다. 명상 속에서는 숙면에서처럼 깊이 이완된 가운데 의식이 맑게 깨어 있다. 이런 명상 속에서 신비의 문들이 열린다.

　숙면은 마음이 없어지나 의식이 깨어 있지 못한 상태이다. 다음 날 아침이 되면 숙면의 효과는 느낄지 모르지만, 숙면 속에서는 자신이 어디로 가고 있는지 자각하지 못한다. 꿈 없는 잠을 깊이 자고 나면 아침에 기분이 좋고 상쾌하며 활력이 넘칠 것이다. 그렇지만 간밤에 어떤 일이 벌어졌는지, 어디에 갔다 왔는지 기억하지 못한다. 숙면 상태에서는 마취제라도 맞은 것처럼 깊은 혼수상태에 빠진다. 그리고 다른 차원으로 들어간다. 그곳에서 원기와 활력을 얻는다.

명상에서는 마취제 없이 그런 상태가 일어난다.

명상이란 숙면의 이완 상태에서 맑게 깨어 있는 것이다. 그러므로 계속 그곳에서 깨어 있어라. 생각을 놓고 각성을 취해라! 이것은 별로 어렵지 않다. 우리가 그동안 해보지 않을 것일 뿐이다. 이것은 수영과도 같다. 수영을 해보지 않은 사람에게 수영은 대단히 어려운 것처럼 보인다. 대단히 위험하게 보일 뿐 아니라 자신은 도저히 할 수 없는 대상처럼 느낀다. 그러나 일단 배워보면 어렵지 않다는 것을 깨닫는다. 수영이 저절로 된다.

일본의 한 과학자는 생후 6개월 된 아기에게 수영 능력이 있음을 입증해 보였다. 여태까지 아기에게 수영의 기회가 주어지지 않았을 뿐이다. 그는 생후 6개월 된 아기 여러 명에게 수영을 가르쳤다. 그리고 성공했다. 그는 기적적인 일을 해냈다! 그는 더 어린 아기에게도 수영을 가르칠 것이라고 했다. 수영을 할 수 있는 능력은 태어날 때부터 인간이 가지고 있는 것처럼 보인다. 그렇다면 이미 가지고 있는 기능이 현실에서 발휘될 수 있도록 우리는 기회를 주어야 한다. 40~50

년 동안 수영을 하지 않았다 해도 수영할 수 있는 능력을 상실하는 사람은 없다. 수영은 우발적인 것이 아니라 천성적이다. 그래서 수영하는 능력을 상실하는 사람은 없다.

명상도 이와 비슷하다. 명상의 능력도 수영처럼 인간의 내면에 가지고 있다. 명상이 스스로 기능할 수 있도록 공간을 만들고 기회를 주기만 하면 된다.

마음은 무엇인가? 마음은 사물이 아니라 사태事態이다. 사물은 물질이요 사태는 하나의 과정이다. 사물은 바위와 같으며 사태는 파도와 같다. 파도는 존재하기는 하나 실체가 없다. 파도는 바다와 바람이 만나 일어나는 사태이자 과정이며 하나의 현상이다.

마음은 파도나 강물처럼 하나의 과정이다. 그 안에는 실체가 없다. 우리는 이를 먼저 이해해야 한다. 만약 실체가 있다면 아무런 흔적도 없이 사라질 수 없다. 그런데 실체가 없다면 흔적도 없이 사라질 것이다.

파도가 바닷속으로 사라지면 무엇이 남는가? 아무것도 남지 않는다. 하나의 흔적도 남지 않는다. 깨달은 사람은 마음이 창공으로 날아가는 새와 같다고 말한다. 마음은 아무런 흔적도 남기지 않고 사라지는 새와 같다. 새는 드넓은 창공을 날지만, 거기에는 길도 없고 자국도 없다.

마음은 하나의 과정이다. 사실 마음은 존재하지 않는다. 생각만이 존재할 뿐이다. 생각이 너무 빨리 지나가기 때문에 당신은 지속성을 지닌 무언가가 존재한다고 믿는 것일 뿐이다. 하나의 생각이 오고 다음 생각이 오고 또 다음 생각이 오고, 끊임없이 이어진다. 생각과 생각 사이의 틈이 너무 작다 보니 생각과 생각 사이에 틈이 존재한다는 사실조차 인식하지 못한다.

생각은 존재한다. 하지만 마음이라는 것은 존재하지 않는다. 전자電子는 존재하지만, 전자들 사이에 물질은 존재하지 않는다. 생각은 마음의 전자이다. 군중과도 같다. 군중은 어떤 의미에서 존재하는 것 같지만 사실은 존재하지 않는다. 개인만이 존재할 뿐이다. 많은 개인이 모일 때 하나의 군중이 존재하는 것처럼 느껴질 뿐이다. 국가도 군중과 같다. 국가도 존재하는 것처럼 느껴지지만 알고 보면 존재하지 않는다. 국가 속에 존재하는 것은 개인뿐이다. 개인은 국가나 사회, 군중의 전자이다.

다시 한번 말하지만, 생각은 존재한다. 하지만 마음은 존재하지 않는다. 마음은 존재하는 것처럼 보일 뿐이다. 마음을 깊이 들여다보아라. 그러면 마음은 한 줌의 연기처럼 사라질 것이다. 그렇게 마음이 사라지고 개별적인 생각만 남으면 모든 문제가 한꺼번에 풀린다. 먼저 생각이 구름과 같다는 사실을 깨닫는다. 생각은 오고 간다. 하지만 당신은 하늘로 존재한다. 마음이 없으면 당신은 더는 생각이 아니라는 지각이 찾아온다. 생각은 그대로 거기 있지만 하늘을 지나는 구름처럼 흐를 뿐이다. 나무를 훑고 지나가는 바람처럼 흐를 뿐이다. 생각은 당신을 지나간다. 구름이 하늘을 지나는 것처럼 생각은 광대한 당신의 하늘을 지나간다. 막힘도 장애도 없다. 생각의 흐름을 방해하는 벽도 없다. 당신의 하늘은 무한히 열린 공간이다. 생각들이 자유롭게 오고 가는 공간이다. 생각이 오갈 때 모든 것을 지켜보아라. 그러면 당신은 마음의 주인이 된다.

통상적인 방법으로 마음을 다스릴 수 없다. 애초에 존재하지도 않는 마음을 어떻게 다스리겠다는 말인가? 누가 마음을 다스리는가? 마음 너머에는 아무도 존재하지 않는다. 무無만이 존재할 뿐이다. 그런데 누가 마음을 다스린단 말인가? 마음을 다스리는 자가 있다면 그것은 마음의 한 부분일 뿐이다. 마음의 이쪽이 마음의 저쪽을 다스리는 꼴이다. 그것이 바로 에고이다.

그렇게 해서는 마음을 다스릴 수 없다. 사실 마음을 다스리는 사람은 애초에 존재하지 않는다. 내면의 공은 그저 바라볼 뿐 다스리지 않는다. 그저 지켜볼 뿐 다스리지 않는다. 사실은 지켜봄이 곧 다스림이다. 관찰과 관조가 마음을 지배하는 길이다. 관찰하고 관조하면 마음은 흔적 없이 사라지기 때문이다.

이것은 어두운 밤에 누군가 자신을 쫓아오는 것 같아 도망가는 일과 같다. 그 누군가는 사실 자신의 그림자이다. 빨리 뛰면 뛸수록 그림자는 더 가까이 다가온다. 사실 그림자가 계속 거기에 있으므로 이것은 얼마나 빨리 뛰느냐의 문제가 아니다. 뒤를 돌아보면 쫓아오는 그림자는 항상 거기에 있다. 그러므로 빨리 뛰는 것은 쫓아오는 자를 피하는 길이 아니다. 또한 쫓아오는 자를 다스리는 길도 아니다. 당신은 쫓아오는 자를 깊이 들여다보아야 한다. 먼저 멈추어라. 그리고 쫓아오는 자를 잘 살펴보아라. 그러면 쫓아오던 자는 흔적도 없이 사라질 것이다. 애초에 쫓아오는 자는 없었다. 그것은 빛이 없어 생기는 그림자였을 뿐이다.

마음은 현재가 없는 것을 말한다. 고요히 앉아 마음을 깊이 들여다보면 마음은 사라진다. 생각은 남아있겠지만 마음은 찾아도 찾을 수 없다.

마음이 사라지고 나면 '생각은 내가 아니다'라는 자각이 가능해진다. 생각은 왔다가 간다. 당신은 생각이 잠시 머무는 자리이긴 해도 생각이 나오는 자리는 아니다. 단 하나의 생각도 당신에게서 나오지 않는다. 단 하나의 생각도 당신의 존재에서 태어나지 않는다. 생각은 항상 밖에서 온다. 생각에는 뿌리도 없고 집도 없으며 항상 떠돌아다닌다. 생각은 결코 당신의 것이 아니다. 산 위에 잠시 머무는 구름처럼 가끔 당신 안에 머물 뿐이다. 그뿐이다. 생각은 잠시 머물다가 제 갈 길을 간다. 그러므로 지켜보면 된다. 그러면 생각은 저절로 다스려진다.

사실 다스림이라는 말은 그다지 좋은 말이 아니다. 말 자체가 좋지 않다. 말은 마음이나 생각의 수단이다. 말은 진리를 꿰뚫어 보지 못한다. 말은 피상적이다. 다스림이라는 말은 특히 좋지 않다. 거기에는 다스리는 자도 다스려지는 자도 없다. 그러나 때로는 '다스림'이라는 말도 상황을 이해하는 데 도움이 될 수 있다. 마음을 깊이 들여다보면 당신이 주인이 되고 마음이 절로 다스려지기 때문이다. 생각이 거기 있지만 생각은 더는 당신을 다스리지 못한다. 지켜볼 때 생각은 아무 것도 할 수 없다. 왔다가 그냥 지나간다. 폭우가 쏟아져도 물에 젖지 않는 연꽃처럼 생각의 영향을 받지 않는다. 물방울이 연꽃에 떨어져도 잠시 머물렀다 밑으로 떨어진다. 물방울은 연꽃에 아무런 영향을 주지 못한다.

그래서 동양에서는 연꽃을 진리의 상징으로 생각했다. 동양에서 나온 위대한 상징이 있다면 그것은 연꽃이다. 연꽃은 동양의 정신세계를 대변한다. 연꽃은 이렇게 말한다.

"연꽃처럼 되어라. 그뿐이다. 대상에게서 영향을 받지 말아라! 영향을 받는 자는 하인이 될 뿐이며, 영향을 받지 않는 자는 주인이 된다."

그러므로 한 측면에서 보면 마음은 동요를 일으키는 파도와 같다. 바다가 잔잔하고 고요할 때는 파도는 일지 않는다. 폭풍우가 몰아치고 산더미 같은 파도가 일고 해수면이 요동치며 바다가 동요하면 마음이 존재하는 것처럼 보인다. 이것은 모두 언어로는 표현하기 힘든 내면의 상황을 이해하기 쉽게 설명하는 비유이다. 시적인 비유이다. 공감하는 마음으로 이해하고자 하면 스스로 깨우치는 바가 있겠지만 이것을 논리적인 마음으로 이해하려고 들면 핵심을 놓치고 말 것이다. 앞에서 한 말들은 비유로 받아들여라.

파도가 바다의 장애물이듯 마음은 의식의 장애물이다. 이물질이

들어온다. 바람이 분다. 외부로부터 이물질이 바다(의식)에 들어오면 파도(생각)가 일고 동요한다. 동요는 항상 표면에서만 일어날 뿐이다. 파도는 항상 표면에서만 일어날 뿐이다. 바다 깊은 곳에서는 파도가 일지 않는다. 파도가 일 수 없다. 바다 깊은 곳에는 바람이 들어갈 수 없기 때문이다. 그러므로 모든 혼란과 동요는 표면에서만 일어난다. 당신이 내면으로 들어가면 저절로 마음을 다스릴 수 있게 된다. 표면에서 내면으로 들어가면 중심에 도달한다. 중심에 있을 때 표면이 흔들릴지라도 당신은 영향을 받지 않는다.

명상이란 무엇인가? 명상이란 내면으로 들어가 중심을 발견하고 그곳에 뿌리를 내리고 그곳에 머무는 일이다. 중심에 있으면 세상은 달라 보인다. 설령 표면에서 파도가 쳐도 파도의 영향은 중심에까지 도달하지 못한다. 그러면 '생각은 내가 아니다'라는 사실을 깨닫는다. 생각이란 표면에서 이물질과 부딪치는 충돌일 뿐이다.

존재의 중심에서 지켜보면 표면에서 일어나는 충돌은 서서히 사라진다. 서서히 당신은 이완한다. 서서히 표면에서 일어나는 바람과 파도를 즐기게 된다. 걱정하지 않는다. 중심에서 보면 아무것도 잘못된 것이 없다.

문제는 당신이 표면에 있을 때 생긴다. 당신은 수면에서 작은 배를 타고 있다. 강한 바람이 몰려와 파도가 높아진다. 바다가 요동친다. 당신은 두려움과 불안으로 어찌할 바를 모른다. 당신이 탄 배는 너무 작아서 언제 침몰할지 모른다. 당신의 목숨이 경각에 달려 있다. 작은 배로 무엇을 어떻게 한단 말인가? 파도와 싸워서는 백전백패이다. 싸워서는 안 된다. 그 대신 파도를 받아들여야 한다. 파도를 받아들이고 아무리 작은 배일지라도 파도의 흐름에 맡기면 위험은 사라진다. 파도가 거기서 요동치고 있다. 당신은 파도의 흐름을 거스르지 않는다. 그 대신에 자신의 몸을 파도의 흐름에 내맡긴다. 그래서 파도의 일부분이 된다. 그러면 내면에서 엄청난 기쁨이 솟아오른다.

파도를 거스르지 않고 그 흐름을 따르는 것, 이것이 참된 파도타기의 기술이다. 파도의 흐름을 따라 드디어는 파도가 되는 것처럼 파도타기도 훌륭한 명상이 될 수 있다. 파도타기가 파도와의 싸움이 아니라 내맡김이 되면 내면을 들여다볼 수 있다. 중심에서 표면에 일어나는 일들을 바라보면 파도조차도 즐길 수 있다.

이것은 당신이 숲을 돌아다니다가 천둥과 번개가 치는 와중에 길을 잃었을 때와 같다. 당신은 집으로 가는 길을 찾기 위해 이리저리 헤맨다. 표면에서 이런 일들이 일어나고 있다. 먹구름이 몰려오고 천둥과 번개가 치는데 당신은 길을 잃고 헤맨다. 오래지 않아 비바람이 몰아칠 것이다. 당신은 집으로 가는 길을 찾기 위해 서두른다. 그러다가 갑자기 당신은 집에 돌아온다. 이제 고요히 앉아 내면으로 들어가 비를 바라본다. 내면의 중심에서 표면에 내리는 비를 여유롭게 누린다. 이제 번개도 그만의 아름다움을 발한다. 지금 당신은 표면에 있지도, 숲속에서 길을 잃고 있지도 않다. 당신은 집 안에 앉아 있으며, 모든 것은 더없이 아름답게 보인다. 이제 비가 내려도 걱정 없이 비를 즐긴다. 번개가 쳐도 기쁘기만 하다. 먹장구름 뒤에서 천둥소리가 들려도 아름답다. 지금 당신은 내면의 집에 있으므로 모든 것이 아름답게 보인다.

일단 중심에 도달한 사람은 표면에서 벌어지는 어떤 일이든 즐긴다. 그러므로 명상이란 표면에서 싸우는 것이 아니라 중심으로 들어가는 것이다. 중심의 자리에서는 표면에서 일어나는 일들을 억지로 통제하지 않는다. 당신이 주인이 되고 표면에서 일어나는 일들은 하인이 될 뿐이다. 저절로 그렇게 된다.

중심으로 들어가는 것이 마음을 지배하는 길이다. 그러므로 마음을 다스리려고 하지 말아라! 아무도 마음을 다스릴 수 없다. 마음을 다스리려고 하는 사람은 마침내 미치고 말 것이다. 정신이 이상해지고 말 것이다. 마음을 다스린다고 함은 마음의 한 부분이 다른 부분을 다스리는 일일 수밖에 없기 때문이다.

마음을 다스리려고 하는 당신은 누구인가? 당신 역시 파도이다. 마음을 다스리려고 노력하는 영적인 파도이다. 세속적인 파도도 있다. 섹스의 파도, 분노의 파도, 시기와 탐욕, 증오의 파도가 있다. 세상에는 무수한 파도가 있다. 그리고 영적인 파도도 있다. 명상의 파도, 사랑의 파도, 자비의 파도 등등. 이들 모두는 표면에서 일어나는 파도일 뿐이다. 영적이든 세속적이든 파도라는 점에서는 아무런 차이가 없다.

참다운 영성靈性은 존재의 중심에 있다. 참다운 영성은 중심을 통해 바라본다. 존재의 집에 앉아 표면에서 벌어지는 일들을 지켜본다.

중심에서 바라보면 당신의 눈이 달라진다. 그래서 모든 것이 달라 보인다. 갑자기 당신이 주인이 되어 있다. 그래서 표면에서 벌어지는 일들은 애쓰지 않아도 저절로 다스려진다. 당신은 주인이 되어 중심에 뿌리를 박기 때문에 표면의 일들에 신경을 쓰지 않는다. 신경을 쓰기보다는 오히려 표면에서 일어나는 파도와 조류, 폭풍우를 즐긴다. 아름답다. 힘이 솟는다. 그래서 걱정할 것이 아무것도 없다. 오직 약한 자만이 생각을 걱정한다. 오직 약한 자만이 마음을 염려한다. 강한 자는 전체를 있는 그대로 받아들인다. 강한 자는 더없이 풍요롭기 때문이다. 강한 자는 어느 것도 거부하지 않는다.

거부는 약한 자에게서 나온다. 강한 자는 삶이 주는 모든 것을 기꺼이 받아들인다. 종교적이든 세속적이든, 도덕적이든 비도덕적이든, 선하든 악하든 거기에는 아무런 차이가 없다. 강한 자는 모든 것을 받아들인다. 그는 더없이 풍요롭다. 그는 빈곤한 종교인과는 완전히 다른 깊이를 지니고 있다.

보통의 종교인들을 보아라. 그들은 신전이나 교회나 모스크에 나간다. 그들에게서는 깊이를 찾아볼 수 없다. 모두 피상적인 사람들이다. 그들은 자기 존재의 일부를 거부한 사람들이다. 그래서 장애인들이다. 어떤 의미에서 전신마비자들이다.

마음에도 아무런 문제가 없고 생각에도 아무런 문제가 없다. 잘못된 것이 있다면 그것은 표면에 머무른 일이다. 당신은 중심과 표면으로 이루어진 전체를 모른다. 편향된 시각으로 일부분만을 보고 쓸데

없이 고통을 받고 있다. 전체적인 시각이 필요하다. 전체적인 시각은 중심에서 볼 때만 가능하다. 중심에서 볼 때라야 모든 차원, 모든 방향, 내면과 표면 모두가 보이기 때문이다. 인간 존재의 주변은 드넓다. 사실 인간 존재의 주변은 존재계의 주변과 같다. 일단 당신이 중심에 자리를 잡으면 서서히 넓어지고 커진다. 그러다가 어느 날 존재계 자체가 된다.

다른 쪽에서 보면 마음은 나그네의 피부에 낀 때와 같다. 당신은 수없이 많은 생 동안 여행을 하면서 목욕을 한 번도 하지 않았다. 그래서 때가 덕지덕지 끼어 있다. 때가 낀 데는 아무런 잘못이 없다. 문제는 당신이 겹겹이 쌓인 때를 보고 '나'라고 생각하는 데 있다. 당신은 장구한 세월, 겹겹이 쌓인 때와 함께 살면서 때를 자신이라고 생각한다. 그리하여 때와 자신을 동일시한다.

마음은 과거요 기억이요 때이다. 사람들은 삶을 여행하면서 과거와 기억과 때를 모은다. 그런데 사람들은 자신이 모은 과거와 기억과 때 등을 자신과 동일시한다. 하지만 그럴 필요가 전혀 없다. 때와 하나가 될 필요도 없다. 그래서 때가 아니라 의식이다. 당신을 때와 동일시하면 고통을 받을 뿐이다. 오마르 카이얌(Omar Khayyam, 1040(?)-1123), 페르시아의 수학자이자 천문학자, 시인. 페르시아 문학사에 거대한 발자취를 남긴 『루바이야트(Rubaiyat)』의 저자_역주은 "티끌(때) 위의 티끌"이라는 말을 했다. 인간이 죽으면 어떻게 되는가? 티끌이 티끌로 돌아간다. 정녕 당신이 티끌이라면 모든 것은 티끌로 돌아가 끝날 것이다. 당신은 정녕 티끌이나 흙인가? 아니면 티끌이나 흙 너머의 무엇인가?

당신은 티끌이나 흙 너머의 각성이요 의식이다. 각성이 당신의 존재요, 의식이 당신의 존재이다. 각성을 가리고 있는 때는 바로 마음이다.

이때를 다루는 데는 두 가지 길이 있다. 첫째는 일반적이고 종교적인 길이다. 이 길에서는 때를 없애기 위해 옷을 빨아서 때를 씻어낸다. 그러나 이런 방법은 별다른 도움이 되지 못한다. 옷을 아무리 잘 빤다 해도 이미 너무 더러워져 있으므로 원상태로 회복할 수 없다. 어떤 방법을 쓴다 해도 깨끗하게 만들 수 없다. 깨끗하게 만들기는커녕 더욱 더러워질 뿐이다.

이런 일이 있었다.

한번은 물라 나스루딘이 나를 찾아왔다. 그는 알코올 중독으로 항상 손을 떨고 있었다. 먹을 때나 마실 때 옷 위에 이것저것을 떨어뜨리는 바람에 옷이 항상 더러웠다.

그래서 내가 나스루딘에게 말했다.

"약국에 가면 더러운 자국을 깨끗하게 지울 수 있는 약이 있을 거요."

그리고 나스루딘은 돌아갔다. 그런데 7일 후 그가 다시 돌아왔다. 그의 상태는 더욱 나빠져 있었다.

내가 물었다.

"아니 무슨 일이오? 약국에는 가지 않았소?"

그가 대답했다.

"갔지요. 약은 쓸 만했습니다. 음식이나 차의 자국은 모두 지웠습니다. 하지만 약이 하나 더 필요할 것 같습니다. 다른 자국은 다 지웠는데, 약 자국이 남았지 뭡니까!"

종교적인 사람은 비누와 세제로 세탁하는 방법을 이야기한다. 하지만 그들은 세제가 남기는 더러운 자국을 모른다. 부도덕한 사람이 도덕적인 사람이 된다 해도 더러움은 그대로 남는다. 다시 부도덕한 사람이 도덕적인 방법으로 애를 써봐도 더러움은 그대로 남는다. 아니 오히려 더 더러워진다.

사실 여러 면에서 부도덕한 사람이 더 순수하고 덜 이기적이다. 소위 도덕적이라고 하는 사람들의 내면은 부도덕으로 가득하다. 그들의 마음에 자리를 잡은 도덕주의니, 청교도주의니 하는 것들은 모두 자기중심적일 뿐이다. 도덕주의자는 자신이 남들보다 훌륭한 사람이라고 생각한다. 선택된 소수라고 믿는다. 다른 모든 사람은 지옥에 가는 것이 마땅하고 자기만이 천국에 가야 한다는 것이다. 그들의 마음에는 에고와 부도덕함이 가득하다. 표면에서는 마음을 다스릴 수 없다. 그것은 올바른 길이 아니다. 진리는 그런 식으로 발견되지 않는다. 오직 하나의 다스림이 있으니, 그것은 중심에서 바라보는 것이다.

마음은 무수한 생을 거듭하며 낀 때와 같다. 그렇다면 참된 종교적 자세란 무엇인가? 근원적인 자세란 무엇인가? 그것은 바로 옷을 벗어 던지는 것이다. 옷을 빨려고 하지 말아라! 그 옷은 빨아지지 않는다. 허물을 벗는 뱀처럼 벗어던지라! 그리고 뒤를 돌아보지 말아라!

어느 면에서 보면 마음이란 과거요 기억이며 지금까지 축적된 경험이다. 자신이 행한 모든 것, 자신이 생각한 모든 것, 자신이 바란 모든 것, 자신이 꿈꾼 모든 것이 마음이다. 자신의 모든 과거, 모든 기억이 마음이다. 기억을 없애지 않는 한, 마음을 다스릴 수 있는 길은 없다.

그렇다면 기억은 어떻게 없애는가? 기억은 항상 당신을 따라다닌다. 사실 당신이 바로 기억인데 어떻게 기억을 없앤단 말인가? 기억을 제외한 당신은 누구인가? 내가 "당신은 누구인가?"라고 물으면 당신은 이름을 댈 것이다. 당신이 태어났을 때 부모님이 이름을 지어주었다고 할 것이다. 다시 내가 "당신은 누구인가?"라고 물으면 가족을 대고 부모님의 이름을 댈 것이다. 이 모두가 당신의 기억이다. 다시 묻는다. "당신은 누구인가?" 그러면 당신은 박사학위를 언급하고 직업이 이러저러하다고 말할 것이다. 이들 모두는 기억이다.

"당신은 누구인가?"라는 물음에 솔직한 대답은 "나는 모른다."가 될 수밖에 없다. 당신이 내면을 진정으로 들여다본다면 말이다. 당신이 대답하는 것은 모두 기억일 뿐이지, 당신 자신은 아니다. 그러므로 진솔한 대답은 "나는 모른다."라고 할 수밖에 없다. 자기 자신을 아는 일은 궁극을 안다는 것이다. 나에게 묻는다면 나는 대답하지 않을 것이다. 물론 나는 내가 누구인지 안다. 그러나 당신은 자신이 진정 누구인지도 모르면서 수많은 대답을 갖다 붙인다. "당신은 누구인가?" 자신을 아는 자는 침묵한다. 모든 기억을 버리고 모든 언어를 버렸을 때 '나'라고 할 수 있는 것은 남지 않기 때문이다. "나는 당신을 들여다볼 수 있다. 몸짓을 해 보일 수 있다. 온 마음으로 당신과 함께 할 수 있다." 이것이 나의 대답이다. 말로써 대답하는 것은 무엇이나 기억이나 마음의 한 부분이지, 의식 자체가 아니다. 이 때문에 말로는 대답할 수 없다.

어떻게 하면 기억을 없앨 수 있는가? 진정 기억을 없애고 싶다면 지켜보아라. 관조해라! "이것은 나에게 일어난 일이지 나는 아니다." 물론 당신은 한 가정에서 태어났겠지만, 가족은 당신이 아니다. 그것은 당신에게 일어난 일일 뿐이다. 당신 존재의 밖에서 일어난 일일 뿐이다. 부모가 당신에게 이름을 지어주었다 해도 그것은 부르기 위한 이름일 뿐이지 당신은 아니다. 물론 당신에게 형상이 있지만, 형상 또한 당신이 아니다. 형상은 당신이 거주하는 집일 뿐이다. 형상은 당신이 우연히 거주한 몸일 뿐이다. 몸은 당신이 부모에게서 물려받은 선물이지 당신은 아니다.

지켜보아라. 그리고 가려내라. 동양에서는 이를 비베크vivek, 즉 분별지分別智라 한다. 끊임없이 당신이 아닌 것을 가려내라. 계속 가려내다 보면 '나'가 아닌 모든 것을 가려내는 순간이 찾아온다. 바로 그런 상태에서 자신의 참모습을 보게 된다. 자신의 참 존재와 마주하게 된다. 가족과 몸, 마음 등 자신이 동일시한 모든 것들을 가려내라. 그러면 당신이 아닌 것이 모두 비워진 공 속에서 당신의 존재가 드러난다. 처음으로 참나와 마주한다.

그것이 참다운 '다스림'이다.

생각은 멈출 수 있는 것이 아니다. 생각은 인위적으로 멈출 수 있는 것이 아니다. 생각은 어느 경지에 이르면 저절로 멈춘다. 이 차이를 제대로 알아야 한다. 그렇지 않으면 마음을 멈추기 위해 마음을 쫓아다니다가 미치고 말 것이다.

생각을 인위적으로 멈춰서는 무심을 얻을 수 없다. 무심은 생각이 더는 존재하지 않을 때 저절로 드러난다. 생각을 멈추려는 노력이 긴장을 만들고 갈등을 일으키며 정신을 분열시킨다. 그리하여 내면은 혼돈이 계속된다. 따라서 생각을 멈추는 노력은 도움이 되지 않는다.

잠깐 억지로 생각을 멈춘다 해도 그것은 죽은 순간이다. 잠시의 고요한 상태를 맛보기는 하겠지만 그것은 살아 있는 침묵이 아니다. 강요된 고요는 참다운 침묵이 아니다. 강요된 고요 이면에서는 억압당한 마음이 계속 작용을 한다.

그러므로 마음을 멈추는 길은 없다. 하지만 마음이 멈춰질 수는 있다. 그것은 확실하다. '마음은 저절로 멈춘다.'

그렇다면 어떻게 해야 하는가? 지켜보아라! 마음을 멈추려고 노력하지 말아라! 마음을 멈추려고 우격다짐을 할 필요 없다. 마음을 멈추려고 노력한다 해도 그 노력은 누가 하는가? 그것은 한쪽 마음이 다른 쪽 마음과 싸우는 것일 뿐이다. 당신은 마음을 둘로 나눈다. 지배적인 위치에 서려는 마음이 다른 쪽의 마음을 죽이려고 든다. 이것은 그야말로 불합리한 짓이다. 참으로 어리석은 짓이다. 이렇게 해서는 정신이 어떻게 되고 말 것이다. 그러니 마음이나 생각을 멈추려고 애쓰지 말아라! 있는 그대로 놔두어라. 있는 그대로 지켜보아라. 마음에 전적인 자유를 주라. 완전히 풀어놓아라. 어떤 식으로든 제어하려고 하지 말아라! 일어나는 대로 관조해라!

우리의 마음은 참으로 훌륭하다. 더없이 훌륭한 메커니즘이다. 인류의 과학은 아직도 마음과 비견될 만한 것을 만들지 못했다. 마음은 더없는 걸작품이요 대단히 강력하고 복잡하며 엄청난 잠재력을 지니고 있다. 그러니 마음을 지켜보기만 해라! 다만 즐겨라!

그렇다고 원수를 대하듯 지켜보지는 말아라! 원수를 대하듯이 하면 제대로 지켜볼 수 없다. 당신은 이미 마음에 대한 편견으로 물들어 있다. 그래서 마음을 미워한다. 이미 마음은 무엇인가 잘못되어 있다는 결론을 내린 것이다. 사람을 원수 대하듯이 보면 그 상대를 제대로 볼 수 없다. 그렇게 보면 상대의 눈을 피할 수밖에 없다.

그러므로 깊은 사랑과 존경심으로 지켜보아라. 마음은 신이 준 선물이다. 마음 자체에는 아무런 이상이 없다. 생각 자체에도 아무런 이상이 없다. 모두 아름다운 흐름이다. 하늘에 흘러가는 구름은 아름답다. 그와 같이 내면의 하늘에 흘러가는 생각 역시 아름답다. 나무에 피어나는 꽃은 아름답다. 그와 같이 내면의 존재에 피어나는 생각도 아름답다. 바다로 흘러드는 강물은 아름답다. 바로 그와 같이 미지의 세계로 흘러드는 생각의 흐름 또한 아름답다! 왜 아름답지 않겠는가? 존중하는 마음으로 바라보아라. 싸우지 말고 사랑해라!

마음의 미묘한 움직임과 그 변화를 살펴보아라. 아름답다. 갑작스러운 방향 전환, 점프, 널뛰기, 마음이 지어내는 꿈, 상상, 기억, 무수한 투사投射를 지켜보아라! 마음에 참여하지 말고 떨어져서 지켜보아라. 지켜봄이 깊어지면 각성이 깊어지고 당신과 마음 사이의 간격이 커지기 시작한다.

한 생각이 지나가고 다음 생각이 오지 않은 곳에 틈이 있다. 하나의 구름이 지나가고 다음 구름이 오지 않은 상태에 틈이 존재한다. 당신은 이 틈 속에서 무심의 정지를 일별한다. 이를 선禪이라 불러도 좋고 도道나 요가라고 불러도 좋다. 작은 틈바구니에서 하늘이 맑아지고 햇빛이 비친다. 당신의 눈을 가리던 장벽이 무너져 내리고 갑자기 세계가 신비로 가득 찬다. 모든 것이 맑게 보인다. 깨끗하게 보인다. 모든 존재계가 투명하게 보인다.

처음에는 이런 순간을 포착하기 힘들다. 하지만 몇몇 틈바구니만으로도 충분하다. 몇몇 틈바구니에서도 사마디가 보인다. 거기에 침묵의 샘물이 흐른다. 하지만 이들은 왔다가 바로 사라질 것이다. 이런 순간적인 일별을 통해 당신은 올바른 길에 들어섰음을 분명하게 깨닫는다. 침묵의 틈이 왔다가 지나가면 다시 지켜보아라. 하나의 생각이 지나갈 때 지켜보아라. 하나의 틈바구니가 지나갈 때 지켜보아라. 구름도 아름답다. 햇빛도 아름답다. 이제 당신은 선택하지 않는다. 고정된 마음을 갖지 않는다. "나는 틈바구니만 좋아한다."라고 말하지 않는다. 틈바구니만 좋아하겠다는 마음은 어리석다. 틈바구니에 대한 집착은 생각을 무조건 미워하겠다는 마음일 뿐이다. 그런 마음으로 지켜보면 틈바구니를 다시 체험하기 힘들다. 틈바구니의 체험은 당신이 생각에서 떨어져 있을 때만 일어난다. 그래서 틈바구니의 체험은 저절로 일어나는 것일 뿐 억지로 노력한다고 일어나지 않는다.

계속해서 지켜보아라. 생각이 왔다가 지나가도록 놔두라. 생각이 하고 싶어하는 대로 놔두라. 아무것도 잘못된 것이 없다! 생각을 강요하거나 인위적으로 조절하지 말아라! 생각에 전적인 자유를 부여해라! 그러면 틈바구니는 점점 커진다. 당신은 작은 사토리satori, 사마디를 언뜻 보는 일별_역주들로 축복받을 것이다. 그러다가 몇 분이 지나도록 생각이 지나가지 않는 완전한 침묵이 내려올 것이다.

틈바구니가 커지면 눈이 맑아진다. 세상을 보는 눈이 맑아질 뿐 아니라 내면을 보는 눈 또한 맑아진다. 그런 틈바구니에서 세상을 꿰뚫어 본다. 나무가 더욱 푸르게 보이며 무한한 천상의 음악이 들려온다. 그러다가 갑자기 신성의 현존 속에 잠긴다. 말로는 형용할 수 없는 신비 속에 잠긴다. 그 신성과 신비는 당신이 닿을 수 있는 거리에 있으면서 동시에 당신 너머에 있다. 그러므로 당신이 신비를 잡을 수는 없다. 틈바구니가 커짐에 따라 같은 현상이 내면에서도 일어난다. 당신은 갑작스러운 변화에 놀랄 것이다. 신은 당신 밖에도 있지만 동시에 당신 안에도 있다. 신은 보는 자 밖에도 있고 동시에 보는 자 안에도 있다.

하지만 그와 같은 변화를 집착하지 말아라! 집착은 마음의 생존 양식이다. 집착하지 않고 지켜보는 일이 마음을 멈추는 무위의 길이다. 더없는 행복의 순간들을 누리다 보면 보다 긴 시간 동안 틈바구니에 존재할 수 있는 능력이 생긴다. 그러다가 어느 날에는 당신이 주인이 되는 순간이 온다. 당신이 주인이 되면 생각하고 싶을 때 생각한다. 생각이 필요할 때 생각을 이용하고 생각이 필요 없을 때는 생각을 쉬게 한다. 마음이 완전히 사라진 것은 아니다. 마음은 아직 거기 있다. 하지만 이제는 당신이 주인이 되어 마음을 부릴 수 있다. 이것은 다리를 사용하는 것과 같다. 뛰고 싶을 때 다리를 사용하고 뛰고 싶지 않을 때는 다리를 쉬게 한다. 다리는 아직 그대로 거기 있다. 이처럼 마음도 그대로 존재한다.

내가 당신에게 이야기할 때는 마음을 사용한다. 당신에게 이야기할 수 있는 다른 방법은 존재하지 않는다. 당신의 질문에 답할 때도 마음을 사용한다. 마음을 사용하지 않고 답할 수 있는 길은 존재하지 않는다. 이렇듯 나의 의사소통에 마음은 훌륭한 도구가 되어준다. 내가 이야기하지 않고 혼자 있을 때 나는 마음을 떠나 있다. 홀로 있을 때는 마음이 필요하지 않기 때문이다.

그러나 사람들은 마음에 휴식을 주지 않는다. 그래서 사람들의 마음은 범용하다. 쉼 없이 쓰고 또 쓰기 때문에 사람들의 마음이 범용한다. 마음은 낮에도 일하고 밤에도 일한다. 낮에는 생각을 하고 밤에는 꿈을 꾼다. 밤낮 가릴 것 없이 마음은 끊임없이 일한다. 일평생 마음은 끊임없이 일하는 것이다. 그러므로 범용해질 수밖에 없다.

마음의 섬세함과 지구력을 보아라! 마음은 대단히 섬세하다. 그 작은 머리에 세상의 책들을 모두 담는다. 인류가 쓴 모든 문헌도 한 사람의 머리에 담을 수 있다. 작은 마음의 능력은 실로 엄청나다! 그렇게 일하면서도 소음 하나 내지 않는다. 미래의 과학자들이 마음과 비견될 만한 컴퓨터를 만들어낸다고 해보자. 컴퓨터는 기계일 뿐, 유기체가 될 수 없다. 의식이 있을 수도 없다. 하여튼 미래의 언젠가 과학자들이 인간의 마음에 비견될 만한 위대한 컴퓨터를 만들어냈을 때 '그 컴퓨터가 얼마나 많은 공간을 차지하고 얼마나 큰 소음을 낼지' 알게 될 것이다.

마음은 거의 소음을 내지 않는다. 소음 하나 없이 마음은 작업을 한다. 그것도 70, 80년 동안이나. 대단한 하인이 아닐 수 없다! 사람이 죽을 때 몸은 낡아 있다. 하지만 마음은 아직도 싱싱하다. 죽을 때까지 똑같은 싱싱함을 유지한다. 마음을 제대로 이용한다면 나이를 먹을수록 마음의 능력은 오히려 향상된다. 아는 것이 많아지면 이해가 깊어지기 때문이다. 경험과 연륜이 많아지면 마음의 능력은 더욱 발전한다. 사람이 죽을 때 몸에 있는 모든 것이 죽지만 마음은 죽지 않는다.

그래서 동양에서는 마음이 몸을 떠나 다른 자궁으로 들어간다고 말한다. 사람이 죽어도 마음은 죽지 않고 다시 태어나는 것이다. 그러나 무심의 경지를 체득한 사람은 다시 태어나지 않는다. 그가 죽으면 모든 것이 해체된다. 몸과 마음이 완전히 해체된다. 그리고 관조하는 혼魂만이 남는다. 그 자리는 시공을 넘어선 자리다. 그는 죽어서 존재계와 하나가 된다. 그때부터는 절대 존재계와 분리되지 않는다. 분리는 마음의 세계에 속한 것이기 때문이다.

마음을 억지로 멈출 수 있는 길은 없다. 그러므로 마음을 폭력적으로 대하지 말아라! 애정이 어린 마음, 존중하는 마음으로 대해라! 끊임없이 지켜본다면 마음은 저절로 멈출 것이다. 그러므로 서두르지 말아라!

현대인의 마음은 너무 성급하다. 현대인은 마음을 곧장 멈추게 할 수 있는 방법을 원한다. 마약이 성행하는 이유는 바로 그 때문이다. 물론 마약이나 기타 약물을 동원해서 마음을 강제로 멈추게 할 수는 있다. 하지만 이것은 충실한 도구를 폭압적으로 대하는 행위다. 그것은 절대 옳지 않다. 파괴적이다. 이런 식으로는 결코 깨달을 수 없다. 마약으로 마음을 멈추게 한다손 치더라도 그때 당신은 마약에 주인 자리를 내주고 말 것이다. 마약은 더 나쁜 상전이 되어 당신을 소유하고 부리려고 들 것이다. 마약 없이는 아무것도 하지 못하는 신세로 전락할 것이다.

명상은 마음에 반하는 노력이 아니다. 명상은 마음을 이해하는 길이요 사랑스럽게 관조하는 길이다. 그러면서 인내심을 요구하는 길이다. 마음의 나이는 어림잡아도 수천 년은 되었을 것이다. 당신의 작은 마음은 인간의 모든 경험을 담고 있다. 인간의 경험만이 아니다. 동물과 새, 식물, 바위 등의 경험을 담고 있다. 무생물에서 생물에 이르기까지 인간은 모든 단계를 지나온 것이다.

인간의 작은 두개골에 존재계의 모든 경험이 있다. 그것을 인간의 마음이라고 한다. 이 마음은 개별적이 아니라 집단적이다. 현대심리학은 집단적인 마음에 접근하고 있다. 특히 융Jung 학파가 인간의 집단적인 마음을 연구하여 집단 무의식 등을 밝혀내고 있다. 당신의 마음은 당신만의 것이 아니다. 우리 모두의 것이다. 우리의 몸은 나뉘어 있지만, 우리의 마음은 나뉘어 있지 않다. 우리의 몸은 분명히 나뉘어 있지만, 우리의 마음은 중첩되어 있다. 그래서 우리의 영혼은 하나이다.

몸은 나뉘어 있지만, 마음은 중첩되어 있다. 그래서 인간의 영혼은 하나다. 나의 영혼이 당신의 영혼과 다르지 않다. 존재계의 중심에서 만나 우리는 모두 하나가 된다. 모두가 만나는 지점이 신이다. 신과 세상(몸) 사이에는 마음이 있다. 마음은 다리다. 몸과 영혼을, 세상과 신을 이어주는 다리이다. 그러므로 마음을 죽이려고 들지 말아라!

많은 이들이 요가를 통해 마음을 죽이려고 했다. 이것은 요가를 그릇 수행하는 것이다. 많은 이들이 자세법과 호흡법으로 마음을 죽이려고 했다. 그들의 호흡법은 아주 미묘한 약물 효과를 낳는다. 예를 들어 물구나무 자세인 쉬르샤사나 shirshasana를 수련하면 마음을 아주 쉽게 죽일 수 있다. 물구나무를 서면 피는 자연스럽게 머리로 몰리게 된다. 인간의 두뇌는 대단히 민감하고 섬세하다. 많은 양의 피가 두뇌에 몰리면 뇌세포가 파괴된다. 그래서 세상에는 지성이 뛰어난 요기 yogi, 요가 수행자_역주를 찾아볼 수 없다. 요기들의 머리는 대개 좋지 않다. 그들의 몸은 강건하다. 하지만 마음은 죽어 있다. 요기에게서는 지성을 찾아볼 수 없다. 그들의 몸은 동물처럼 강건할지 모르지만 그들의 마음은 죽어 있다.

물구나무를 서는 행위는 많은 양의 피를 머리에 쏟아붓는 것이나 마찬가지다. 머리도 물론 피가 필요하다. 하지만 밀물처럼 밀려드는 양이 아니라 소량으로도 충분하다. 소량의 피가 중력을 거슬러 머리로 간다. 그런데 머리로 많은 양의 피가 한꺼번에 쏟아지면 많은 뇌세포가 파괴된다.

사람들은 마음을 죽이려고 요가를 수련했다. 호흡법도 마음을 죽이는 데 사용할 수 있다. 사람의 호흡에는 미묘한 리듬이나 진동이 있는데 이를 인위적으로 사용하면 섬세한 마음에 타격을 줄 수 있다. 잘못 사용하면 마음을 죽일 수도 있다. 이들은 마음을 죽이는 구식 방법이다. 현대과학은 최신식 방법을 제공한다. 'LSD'와 마리화나 등의 마약이 그것이다. 머지않아 보다 발전된 형태의 마약들이 나올 것이다.

나는 마음을 멈추는 방법에 동의하지 않는다. 대신에 나는 마음을 지켜보는 방법을 말한다. 마음을 지켜보면 마음은 저절로 멈추게 되어 있다. 그 길은 아름답다. 폭력이 없어야 아름다울 수 있는 법이다. 그 길은 자연스러운 흘러감이요 성장이다. 꽃을 억지로 피게 해보라. 봉오리를 억지로 벌려 봐라. 그러면 꽃의 아름다움은 파괴되고 말 것이다. 꽃은 폭력을 견디지 못한다. 봉오리를 폭력으로 열면 꽃이 핀다 해도 꽃잎들은 생기를 잃고 말 것이다. 봉오리는 자신의 힘으로 스스로 열려야 한다. 그래야 꽃잎이 생기를 띠고 빛을 발할 것이다.

마음도 하나의 봉오리이다. 그러므로 억지로 열려고 하지 말아라! 나는 모든 형태의 폭력에 반대한다. 특히 자신에게 가하는 폭력에 반대한다.

기도와 사랑, 존중심으로 지켜보아라. 무슨 일이 일어나는지 바라보기만 해라! 기적은 저절로 일어난다. 밀고 당기고 할 필요가 없다.

생각은 어떻게 멈추는가? 깨어서 지켜볼 때 멈춘다. 깨어서 지켜보는 것이 나의 길이다. 생각을 멈추겠다는 마음을 놓아라. 인위적으로 생각을 멈추려고 하면 마음은 변형되지 않는다. 그러므로 생각을 멈추겠다는 마음을 내려놓아라! 생각을 멈추려고 노력하는 당신은 누구인가?

그 대신에 즐겨라! 아무것도 잘못된 것은 없다. 마음속에서 부도덕한 생각이 지나가면 지나가게 놔두라. 아무것도 잘못된 것은 없다. 한발 뒤로 물러나 서 보아라. 아무것도 해가 될 것이 없다. 생각은 허구다. 당신은 내면에서 상영되는 영화를 본다. 생각에 생각의 흐름을 맡겨라. 그것이 무심으로 가는 길이다. 지켜봄은 무심에서 그 꽃을 피운다.

무심은 마음의 반대편에 있는 것이 아니라 마음 너머에 있다. 마음을 파괴하거나 죽인다고 해도 무심의 경지는 찾아오지 않는다. 마음을 송두리째 이해해서 생각이 더는 떠오르지 않을 때 무심은 찾아온다.

수레바퀴와 바퀴 자국

　인간은 현재에 사는 것처럼 보인다. 하지만 그것은 겉모습일 뿐이다. 사실 인간은 과거에 산다. 인간은 현재를 통과하고 있지만, 그의 뿌리는 과거에 박혀 있다. 보통 사람에게 현재는 진짜 시간이 아니다. 그에게 진짜 시간은 과거이다. 현재는 과거에서 미래로 가는 통로일 뿐이다. 그것도 일시적인 통로일 뿐이다. 보통 사람에게는 과거가 진짜고 미래가 진짜이다. 그에게 현재는 실재하지 않는다.

　미래는 과거의 연장선일 뿐이다. 과거가 투사된 것일 뿐이다. 현재는 존재하지 않는 것처럼 보인다. 현재를 찾아보아라. 당신은 현재를 발견하지 못할 것이다. 현재를 발견했다손 치더라도 발견하는 순간, 그 현재는 바로 과거가 된다.

붓다 의식의 소유자에게는, 깨어난 이에게는 현재만이 존재한다. 일상 의식의 소유자에게는, 몽유병자처럼 잠들어 있는 이에게는 과거와 미래만이 존재한다. 그에게 현재는 가짜 시제이다. 깨어난 이에게는 현재만이 실재하며 과거와 미래가 가짜 시제이다.

왜 그런가? 왜 인간은 과거에 사는가? 인간의 마음은 과거의 집합체이기 때문이다. 마음은 기억이다. 마음은 당신이 한 모든 것, 당신이 꿈꾼 모든 것, 당신이 바랬지만 할 수 없었던 모든 것, 과거에 상상한 모든 것이다. 마음은 죽은 존재이다. 마음으로 바라보면 현재는 결코 발견할 수 없다. 현재는 생명이요 생명은 결코 죽은 매개체를 통해 접근할 수 없기 때문이다. 마음은 죽어 있다.

마음은 거울에 쌓인 먼지와 같다. 먼지가 쌓일수록 거울은 원래의 거울에서 멀어진다. 지금의 당신처럼 먼지가 너무 쌓이면 거울은 아무것도 비추지 못한다.

사람들은 모두 먼지를 모은다. 당신은 먼지를 모을 뿐 아니라 집착한다. 먼지를 대단한 보물로 착각한다. 과거는 이미 지나갔다. 왜 지난 과거에 집착하는가? 과거에 대해 할 수 있는 일은 없다. 과거로 되돌아갈 수도 없고 과거를 되돌릴 수도 없다. 그런데 왜 과거에 집착하는가? 과거는 보물이 아니다. 과거를 보물이라 여기고 집착하면 마음은 그런 과거를 미래에 실현하고 싶어 한다. 그래서 미래는 여기저기 다듬고 수정하고 보탠 과거에 불과하다. 마음은 미지의 것을 알 수 없다. 그래서 미래는 과거의 재현에 지나지 않을 것이다. 즉 마음은 기지既知의 것을 미래에 투사할 뿐이다.

당신이 한 여인과 살다가 그 여인이 죽었다고 하자. 당신은 다른 짝을 어떻게 찾는가? 당신은 죽은 여인의 복사판 또는 교정판을 찾는다. 그것이 당신이 아는 유일한 길이다. 당신이 미래에 하는 것은 하나같이 과거의 연장일 뿐이다. 물론 당신은 약간의 변화를 준다. 여기를 고치고 저기를 보고, 하지만 중심부는 여전히 그대로이다.

물라 나스루딘의 임종이 가까워지고 있었다.
나스루딘의 임종을 지키던 누군가 물었다.
"다시 살 수 있다면 무엇을 하고 싶습니까? 다른 삶을 살고 싶으세요?"
질문을 받은 나스루딘은 눈을 감고 명상에 잠겼다.
잠시 후 나스루딘은 눈을 뜨고 말했다.
"내가 다시 살 수만 있다면 머리 가운데서 가르마를 타겠습니다. 나는 옛날부터 그렇게 하고 싶었어요. 그런데 아버님이 하지 못 하게 했거든요. 아버님이 돌아가셨을 때는 이미 머리 모양이 굳어져 가운데서 가르마를 탈 수 없게 되었거든요."

웃지 말아라! 당신도 같은 질문을 받으면 나스루딘하고 별반 다르지 않은 답을 할 것이다. 약간 코가 큰 남편, 약간 피부가 흰 아내, 약간 더 큰 집 등등. 하지만 그런 것들은 가르마 타는 것만큼이나 사소한 것들이다. 당신은 삶의 본질적인 부분을 고치는 데 관심이 없다. 그래서 수많은 일을 벌이지만 본질적인 부분은 항상 그대로이다. 당신은 수없이 많은 생을 살았다.

당신 영혼의 나이는 수천 살이다. 사실 당신의 나이는 지구보다도 많다. 당신은 지구에 오기 전에 이미 다른 행성에서도 살았기 때문이다. 당신의 나이는 존재계와 같다. 그럴 수밖에 없다. 당신은 존재계의 한 부분이기 때문이다. 당신은 참으로 오래된 존재이다. 하지만 매번 똑같은 삶을 반복한다. 그래서 힌두교에서는 이를 생사의 수레바퀴라 부른다. 수레바퀴처럼 매번 같은 삶을 반복하기 때문이다. 수레바퀴는 같은 일을 계속 반복한다. 같은 회전을 끊임없이 반복한다.

마음은 자신을 투사한다. 마음은 과거이다. 그러므로 당신의 미래는 과거의 재판이 될 수밖에 없다. 과거란 무엇인가? 당신은 과거에 무엇을 했는가? 당신에게는 좋은 것이든 나쁜 것이든 스스로 반복하는 성향이 있다. 이것이 카르마 이론이다. 당신이 그저께 화를 냈다고 하자. 그러면 그 사실은 또다시 화를 낼 수 있는 잠재성을 잉태한다. 그리고 반복하여 화를 낸다. 점점 분노에 더 많은 힘을 실어준다. 당신은 분노에 물을 주고 거름을 주어서 분노가 더 깊게 뿌리를 내리도록 도와준다. 그리고 오늘은 더 강하고 무섭게 화를 낸다. 그뿐 아니라 내일은 오늘의 희생이 될 것이다.

당신이 하는 행위-생각을 포함하여-는 내면에 통로를 만들어 에너지를 얻는다. 각각의 행위는 통로를 통해 당신에게서 에너지를 빨아들인다. 먼저 화가 난다. 그리고 서서히 화난 감정이 물러간다. 그러면 당신은 '내가 이제는 화를 내고 있지 않구나'라고 생각한다. 이것은 잘못된 생각이다. 화의 감정이 사라졌다고 해서 화가 완전히 당신을 떠난 것은 아니다. 위로 올라갔던 바퀴의 살이 아래로 내려왔을 뿐이다. 몇 분 전의 분노는 수면 위로 떠올랐다가 다시 무의식 속으로 잠수한 것이다. 분노는 자신의 때를 기다렸다가 다시 떠오를 것이다. 다시 분노의 감정에 따라 살면 분노의 힘은 더욱 강화될 것이다. 분노의 감정에 힘과 에너지를 실어주는 것은 다름 아닌 당신 자신이다. 분노는 흙 속에 묻힌 씨앗처럼 고동치고 있다. 씨앗은 적당한 때가 오면 땅 위로 싹을 틔운다.

행위는 모두 자력으로 존속한다. 생각은 모두 자력으로 존속한다. 행위나 생각에 관심을 보이는 것은 곧 에너지를 주는 것이다. 그러면 머지않아 습관처럼 반복될 것이다. 당신이 하나의 행위를 한다고 해도 그것은 당신이 하는 것이 아니다. 습관의 힘이 하는 것이다. '습관은 제2의 천성'이라는 말이 있다. 이것은 결코 과장된 말이 아니다. 과장된 말이라기보다는 오히려 과소 평가된 말이다! 현실을 보면 습관이 제1의 천성이 되어버렸다. 그리고 원래의 천성은 부차적인 것이 되어버렸다. 천성은 책의 부록이나 주석처럼 되었고, 습관이 책의 본문이 되어버린 것이다.

당신은 습관을 통해 산다. 그것은 곧 습관이 당신을 통해 산다는 말과 같다. 습관은 스스로 존속한다. 자신만의 에너지를 가지고 있다.

물론 에너지는 모두 당신에게서 가져온 것이다. 그런데도 당신은 과거에도 습관에 동조하고 현재에도 습관에 동조한다. 이런 식으로 나아가면 어느 날 습관이 주인이 되고 당신은 하인으로 전락하고 말 것이다. 습관이 명령을 내리면 당신은 고분고분 말을 잘 듣는 하인이 될 것이다.

힌두 신비가인 에크나트Eknath에게 이런 일이 있었다.
한번은 그가 순례하러 다니고 있었다. 전국 방방곡곡에 흩어져 있는 성지聖地를 모두 돌아보려면 1년은 족히 걸리는 순례 여행이었다. 당시에는 에크나트와 함께 순례하는 자체가 하나의 특권으로 여겨졌다. 그래서 많은 사람이 에크나트와 함께 순례했다.
하루는 마을의 도둑이 에크나트를 찾아와 말했다.
"저는 도둑입니다. 해서 제가 순례단의 일원이 될 수 없다는 것을 잘 압니다만 기회를 주신다면 감사하겠습니다. 저도 순례를 떠나고 싶습니다."
에크나트가 대답했다.
"그건 어렵겠소. 1년이란 긴 시간인데 또 남들의 물건을 훔칠 것이 아니오. 그러면 문제가 될 것 같으니 순례를 하려는 생각은 버리는 것이 낫겠소."
하지만 도둑은 계속 간청했다.
"1년 동안은 훔치는 일을 않겠습니다. 정말 가고 싶습니다. 1년 동안은 절대로 도둑질을 하지 않겠다고 맹세하겠습니다."

결국 에크나트는 도둑의 간청을 허락하고 말았다.

그런데 순례를 떠나고 일주일도 안 되어 문제가 터지기 시작했다. 사람들의 짐에서 물건이 없어지기 시작한 것이었다. 사실 물건이 완전히 없어진 것은 아니었다. 어떤 사람의 짐에서 없어진 물건이 며칠 후면 다른 사람의 짐에서 발견되곤 했다.

그런 일이 생기면 자신의 짐에서 다른 사람의 물건이 발견된 사람들은 한결같이 이렇게 말하는 것이었다.

"나는 아무 짓도 하지 않았어요. 이 물건이 어떻게 내 짐 속으로 들어왔는지 정말 몰라요."

에크나트는 짚이는 데가 있었다. 그래서 어느 날 밤 자는 척하면서 주위를 지켜보았다. 그런데 한밤중이 되자 순례를 간청했던 도둑이 일어나 사람들의 물건을 바꿔치기하는 것이었다. 에크나트는 현장에서 도둑을 붙잡았다.

"어찌 된 일인가? 도둑질하지 않는다고 맹세한 일을 잊어버렸는가?"

도둑이 대답했다.

"하지만 저는 제 식대로 약속을 지키고 있는 겁니다. 제가 훔친 물건은 없어요. 훔치는 일은 정말 오래된 습관이라서 한밤중이 되면 뭘 훔치지 않고는 배기지 못합니다. 잠이 오지 않아요. 1년 동안 잠을 자지 않을 수는 없는 노릇이고요. 부디 자비를 베풀어주세요. 제가 가지려고 훔친 것은 없어요. 물건을 훔쳐서 다른 사람의 짐 속에 넣었을 뿐이에요. 완전히 없어진 것은 아니잖아요."

 습관은 해오던 일을 계속하라고 강요한다. 당신은 사실 희생자다. 힌두교에서는 이를 카르마 이론이라 부른다. 당신이 되풀이하는 행위 혹은 생각-생각도 마음의 행위이다-은 계속 강해진다. 특정 행위가 아주 강해지면 당신은 그 행위에 지배당한다. 습관이란 감옥에 갇히는 것이다. 수감자의 생활, 노예의 생활을 하는 것이다. 그 감옥은 눈에 잘 띄지 않는다. 그 감옥은 당신이 해온 행위와 조건화, 습관으로 만들어져 있다. 당신은 감옥 안에서 허우적거리며 이 모두를 자신이 주체적으로 한다고 믿는다.

 화가 났을 때를 생각해보자. 당신은 자신이 화내고 있다고 생각한다. 그렇게 합리화한다. 상황이 요구하고 있다고 생각한다. '내가 지금 화내야 한다. 그렇지 않으면 아이가 길을 잃고 말 것이다. 화내지 않으면 일이 꼬일 것이다. 사무실이 엉망으로 돌아갈 것이다. 부하직원은 말을 듣지 않을 것이다. 그러니 일을 제대로 하기 위해서라도 화를 내야 한다. 아내에게 분수를 알게 하려면 화내야 한다.' 이것은 모두 합리화이다. 이런 식으로 당신은 자신이 상전이라고 계속 생각하지만, 당신은 상전이 아니다!

 분노는 오래된 습관에서 온다. 분노가 올라오면 당신은 화내는 구실을 찾는다. 현대의 심리학자들은 많은 연구 실험을 거쳐 동양의 비의秘儀 심리학과 같은 결론에 도달했다. "인간은 자신에게 주인이 아니다. 인간은 희생자이다." 심리학자들은 이런 실험을 했다. 일단의 사람들을 완전히 격리한 가운데 필요한 시설 모두를 제공했다. 그래서 그들은 외부와 철저히 차단되었으며, 아무런 고민도 해야 할 일도 없었다. 그런데도 인간의 습관과 감정이 지속되는 것으로 나타났다. 시설이 안락해서 아무런 걱정이 없는 사람에게 걱정의 감정이 올라오기도 했고 화를 낼 이유가 없는 사람에게 분노의 감정이 올라오기도 했다.

분노는 내면에 항상 잠재되어 있다. 어떨 때는 아무런 이유 없이 갑자기 슬퍼진다. 어떨 때는 갑자기 즐거워지고 어떨 때는 갑자기 행복해진다. 사회적 관계가 철저히 차단되고 아주 안락한 곳에서 사는 사람도 일반 사회 속에서 느끼는 감정을 모두 경험한다. 이것은 감정이나 습관이 사회적 자극과는 관계없이 내면에서 올라오는 것임을 뜻한다.

기분이 좋든 나쁘든, 모든 느낌은 무의식에서, 과거에서 온다. 거기에 대해 타인은 책임이 없다. 아무도 당신을 화나게 만들거나 행복하게 만들 수 없다. 당신은 스스로 행복해하고 스스로 화를 내고 스스로 슬퍼한다. 이를 깨닫지 못하는 사람은 노예의 생활을 면치 못한다.

자기 자신의 주인이 되는 사람은 이런 사람이다.

"내게 일어나는 모든 일은 절대적으로 내가 책임진다."

자신이 모든 책임을 지면 처음에는 슬프고 풀이 죽을 수도 있다. 물론 책임을 다른 사람에게 전가하면 편하다. '내게는 잘못이 없다'라고 위로할 수도 있다. 아내가 정말 짜증 나게 하면 어찌해야 하는가? 화를 낼 수밖에 없다. 그러나 이 점을 잘 알라. 아내는 아내 자신의 문제로 짜증을 낼 뿐이다. 아내가 당신을 짜증 나게 하는 것이 아니란 말이다. 당신이 없었더라도 누군가에게는 짜증 나게 하는 일을 했을 것이다. 다른 사람이 없었다면 접시에게 짜증을 내며 바닥에 집어 던졌을지도 모를 일이다. 라디오를 발로 찼을지도 모를 일이다. 무엇인가 사람을 피곤하게 만드는 일을 했을 것이다. 당신이 신문을 읽다가 아내에게 걸려든 것은 우연이었다. 당신의 일진이 나빴다.

당신이 화를 내는 것은 아내가 짜증 나게 했기 때문이 아니다. 아내가 한 일이라곤 상황을 제공한 것뿐이다. 화낼 구실을 제공한 것뿐이다. 화는 이미 당신의 내면에서 부글부글 끓고 있었다. 아내가 없었더라면 다른 대상에게 혹은 다른 식으로 화를 냈을 것이다. 분노는 당신 자신의 무의식에서 떠오른다.

자신의 존재와 행동은 모두 자신에게 책임이 있다. 내게 모든 책임이 있다는 사실을 깨달으면 처음에는 우울해질 것이다. 당신은 반문할 것이다. '나는 항상 행복해지고 싶어 했다. 그런데 불행에 대한 책임이 내게 있다고? 나는 항상 기뻐하고 싶어 했다. 그런데 화를 낸 책임이 내게 있다고?' 당신은 이렇게 모든 책임을 타인에게 전가한다.

책임을 타인에게 전가하는 사람은 계속해서 노예 생활을 할 것이다. 그 누구도 타인을 변화시킬 수 없기 때문이다. 이를 명심해라! 누가 어떻게 타인을 변화시킬 수 있단 말인가? 누가 타인을 변화시킨 적이 있었던가? 인간이 꿈꿔온 미완성의 희망 중의 하나가 바로 타인을 변화시키는 것이다. 그 누구도 타인을 변화시키지 못했다. 그것은 불가능한 일이다. 타인은 자신의 세계 속에서 산다. 고로 당신은 타인을 변화시킬 수 없다. 당신은 계속해서 타인에게 책임을 떠넘기지만, 타인을 변화시킬 수는 없다. 책임을 계속 타인에게 떠넘기기만 하면 '근본적인 책임은 나에게 있다'라는 진리를 영원히 깨닫지 못할 것이다. 그러므로 당신의 내면은 근본적인 혁명이 필요하다.

당신의 행동과 감정에 대한 책임이 자신에게 있다고 생각하면 처음에는 힘들 것이다. 처음의 힘든 과정을 통과하면 타인으로부터 해방되어 마음이 가벼워질 것이다. 이제 당신은 자유로울 수 있다. 스스로 행복할 수 있다. 온 세상이 불행하고 부자유해도 상관없다. 타인에게 책임을 떠넘기지 않고 스스로 책임을 질 때 당신은 최고의 자유를 누릴 수 있다. 그러면 곧바로 많은 일을 할 수 있다.

당신이 타인에게 책임을 떠넘기기만 하면 당신은 노예 생활을 면할 수 없다. 그 누구도 타인을 변화시킬 수 없기 때문이다. 어떻게 타인을 변화시킨단 말인가? 누가 타인을 변화시켜본 적이 있는가? 슬픔이 일어날 때는 눈을 감고 슬픔을 지켜보아라. 감정이 일어나면 감정이 가는 대로 따라가라. 좀 더 깊이 감정으로 들어가라. 그러면 머지않아 감정의 원인을 보게 될 것이다. 아마 많은 시간이 걸릴 것이다. 전 생애가 관련되어 있을지도 모르며 나아가서는 이생뿐 아니라 수많은 전생이 관련되어 있을지도 모른다. 그곳에서 많은 상처를 발견할 것이다. 이런 상처들 때문에 당신은 슬프다. 상처는 아직 치유되지 않은 채로 있다. 근원으로 돌아가면 상처는 치유된다. 결과를 더듬어 원인으로 돌아가면 상처는 치유된다. 치유는 어떻게 일어나는가? 왜 원인으로 돌아간다고 해서 치유가 일어나는가? 거기에 내재한 현상은 무엇인가?

원인으로 돌아가면 타인에게 책임을 전가하는 일을 놓게 된다. 타인에게 책임을 돌리는 일은 밖으로 향하는 일이다. 타인에게 책임을 돌리면 타인에게서 원인을 찾는다. '왜 아내는 성질이 고약한가?' 그 이유를 아내의 행동에서 발견한다. 그러면 첫 단추를 잘못 끼게 된다. 그리고 우리가 하는 일은 허사로 돌아간다.

'왜 나는 불행한가? 왜 나는 화를 내는가?' 그렇게 생각될 때는 눈을 감고 명상해라. 바닥에 누워 눈을 감고 몸을 이완하고 화가 나는 이유를 느껴보아라. 아내는 생각하지 말아라! 아내 생각은 구실이다. 구실 따위는 잊어라. 다만 자신의 내면으로 들어가라. 분노 속으로 들어가라. 분노를 강물처럼 생각해라! 분노를 따라 내면으로 들어가라. 그러면 내면에서 상처가 드러난다. 아내가 아픈 상처를 건드리는 바람에 아내가 나쁜 사람으로 보인다. 당신이 못생겼다고 하자. '나는 못생겼다'라는 생각이 상처가 된다. 아내가 기분 나빠서 당신의 생김새를 상기시킨다. "당신이 어떻게 생겼는지 거울이나 봐요!" 그러면 마음이 아프다. 다른 여자에게 관심을 보이면 아내는 당신의 생김새를 꺼내 든다. "왜 그 여자랑 함께 웃는 거예요? 왜 다정하게 앉아 있는 거예요?" 당신의 상처를 건드린다. 당신은 '잘못했구나' 생각하고 죄의식을 느낀다. 이렇게 상처는 살아 있다.

눈을 감고 분노의 감정을 느껴보아라. 분노의 감정을 있는 그대로 떠오르게 해라! 그리고 있는 그대로 바라보아라. 분노는 과거에서 온다. 그러므로 분노의 에너지를 타고 과거 속으로 들어가라. 분노의 감정은 결코 미래에서 오지 않는다. 미래는 아직 존재하지 않기 때문이다. 분노는 현재에서 오지도 않는다. 분노는 아직 있지도 않은 미래에서 올 수도 없고 당신이 아무것도 모르는 현재에서 올 수도 없다. 이것이 바로 카르마의 법칙이다. 현재는 깨어난 자에게만 보인다. 그런데 당신은 과거 속에서 산다. 그래서 분노의 감정은 과거에서 온다. 상처는 당신의 기억 속에 있다. 과거로 돌아가라. 상처는 하나일 수도 있고 여럿일 수도 있다. 작을 수도 있고 클 수도 있다. 과거 속으로 깊이 들어가서 상처를 찾아보아라. 모든 분노의 근원을 찾아보아라. 상처는 당신의 내면에 있다. 그래서 찾고자 하는 사람은 찾을 수 있다. 상처는 당신의 내면에 있다. 모든 과거가 고스란히 내면에 저장되어 있다. 감겨 있는 필름과 같이 내면에 잠자고 있다. 감겨 있는 필름을 풀어서 보아라. 이것이 감정의 원인을 캐들어가는 방법이다. 이 방법은 참으로 대단한 데가 있다. 깨어서 과거 속으로 들어가 상처를 볼 때 상처는 바로 치유된다.

상처는 왜 치유되는가? 상처는 무의식, 무각성으로 인해 생겼기 때문이다. 상처는 무지와 수면 상태의 부분이다. 깨어서 과거의 상처 속으로 들어가면 의식이 상처를 치유한다. 과거의 상처는 무의식 속에서 태어났다. 분노에 사로잡힌 나머지 화가 터져 나왔다. 사람을 죽이고 이 사실을 감추었다. 세상이나 경찰들의 눈에 띄지 않게 감출 수는 있다. 하지만 어떻게 자신의 눈에 띄지 않게 감출 수 있겠는가? 당신은 안다. 그래서 상처가 된다. 그래서 사람들이 기회만 만들어주면 화를 낸다. 다시 어떤 일이 벌어질지, 혹시 또 사람을 죽이지나 않을지 두려워한다. 과거 속으로 들어가 보아라. 분노에 사로잡혀 사람을 죽인 순간 속으로 들어가 보아라. 거기에 당신의 무의식이 있다. 상처는 언제나 무의식 속에 보존되어 있다. 이제는 깨어서 들어가 보아라!

과거 속으로 들어간다 함은 자신이 무의식 속에서 한 일을 깨어서 들어가 본다는 말이다. 과거로 돌아가라. 의식의 빛이 치유할 것이다. 의식의 빛에는 치유력이 있다. 깨어서 지켜보면 무엇이든 치유된다. 그리고 상처는 사라진다.

과거로 돌아가는 사람은 과거를 풀어낸다. 과거를 풀어내면 과거는 더는 영향을 주지 않는다. 과거는 더는 좌지우지 못 한다. 과거가 완전히 끝났기 때문이다. 이제 과거는 들어설 자리가 없다. 과거가 당신의 존재에 들어서지 못하면 당신은 현재를 바라볼 수 있다. 과거를 완전히 풀어내기 전까지 당신은 현재를 바라볼 수 없다.

당신의 내면에는 공간이 필요하다. 죽은 과거가, 죽은 고물상이 당신의 내면을 너무 많이 차지하고 있다. 고물상은 계속해서 미래를 꿈꾼다. 그래서 당신의 내면은 이미 지나간 것이 반을 차지하고 있고, 아직 오지 않은 것이 나머지 반을 차지하고 있다. 그렇다면 현재가 들어설 수 있는 자리는 어디에 있는가? 현재는 계속 문밖에서 기다리고 있을 뿐이다. 그러므로 현재는 과거가 미래로 가는 순간적인 통로의 역할밖에 하지 못하고 있다.

과거를 끝내라! 먼저 과거를 끝내지 않으면 삶은 헛것이 된다. 허깨비의 삶, 거기에는 진리도 존재도 없다. 과거의 죽은 것들이 계속 당신을 따라다니며 괴롭힌다. 과거로 돌아가라. 기회가 있을 때마다, 어떤 일이 생길 때마다 과거로 돌아가라. 행복이나 불행, 슬픔, 분노, 질투 등의 감정이 올라오면 눈을 감고 뒤로 돌아가라. 머지않아 상처들이 열릴 것이다. 과거의 상처가 열리면 다만 떨어져서 관찰해라! 지켜보아라. 상처는 거기 있다. 다만 지켜보아라. 상처에 관조의 에너지를 보내라. 판단하지 말고 바라보아라. '이것은 나쁘다. 저것은 옳지 않다'라고 판단하면 상처는 다시 닫힌다. 닫혀서 숨는다. 상처를 비난하면 마음은 상처를 숨기려고 든다. 그래서 의식과 무의식이 생긴다. 원래 마음은 하나였다. 분리하려고 들지 말아라! 당신이 비난하면 마음은 상처를 어둠 속에 감춘다. 그러면 상처를 볼 수 없게 된다. 그러니 상처를 비난하지 말아라!

비난하지도 말고 칭찬하지도 말아라! 떨어져서 관조하고 관찰해라! 부정하지도 말아라! "이건 나쁘다."라고 말하지 말아라! 그것은 상처를 부정하는 일이요 억누르는 일이다. 초연하게 떨어져서 지켜보아라. 자비의 마음으로 지켜보아라. 그러면 치유가 일어날 것이다.

어떻게 치유가 일어나느냐고 묻지 말아라! 치유는 자연스럽게 일어날 뿐이다. 물이 100도가 되면 끓는다. "왜 99도에 끓지 않느냐?"고 따지지 말아라! 그것은 무의미한 질문이다. 물은 100도가 되면 끓을 뿐이다. 거기에는 "왜?"라는 말이 있을 수 없다. 만약 99도에 끓는다면 "왜?"라고 물을 수 있다. 만약 98도에 끓는다면 "왜?"라고 물을 수 있다. 물이 100도가 되어 끓는 것은 자연스러운 흐름일 뿐이다.

내면의 본성 역시 마찬가지이다. 자비의 마음으로 떨어져서 상처를 지켜보면 상처는 증발해버린다. 거기에는 "왜?"가 있을 수 없다. 그것은 자연의 법칙이다. 나는 이를 체험으로 말한다. 당신도 해보아라. 당신도 똑같은 체험을 할 것이다. 이것이 참다운 길이다.

행위 속의 각성

깨어 있어라. 밝은 면과 어두운 면, 옳고 그름 전부를 지켜보아라. 그러면 당신은 깨달을 것이다. 나는 마음이 아니라는 사실과 결단력은 마음이 아니라 각성에서 나온다는 사실을.

잠들어 있는 인간은 그 어떤 행위도 전체적으로 하지 못한다.

밥을 먹을 때도 밥 먹는 행위에 전체적으로 빠지지 못한다. 수많은 생각을 하고, 수많은 꿈을 꾸는 것이다. 그러면서 기계적으로 음식을 밀어 넣는다. 이성과 사랑의 행위를 할 때도 전체적으로 몰입하지 못한다. 다른 여자를 생각하는 것이다. 아내와 행위를 할 때도 다른 여자를 생각한다. 혹은 가게를 생각하거나 구매한 물건의 값을 생각하거나 차나 집에 대해 생각한다. 수만 가지 생각을 하면서 기계적으로 행위를 한다.

자신이 하는 행위에 전체적으로 몰입해라! 전체적으로 몰입하려면 깨어 있어야 한다. 깨어 있지 않고서는 아무것에도 전체적으로 몰입할 수 없다. 전체적으로 몰입한다는 말은 다른 생각을 하지 않는다는 말이다.

밥을 먹을 때는 밥만 먹는다. 지금 여기에 전체적으로 존재한다. 먹는 행위가 전부가 된다. 음식을 기계적으로 구겨 넣지 않는다. 깨어서 즐긴다. 밥 먹는 행위 속에 몸과 마음과 영혼이 하나로 돌아간다. 깊은 조화와 리듬 속에 존재의 세 층이 하나로 어우러진다. 그럴 때는 먹는 것도 명상이 되고, 걷는 것도 명상이 되며, 물을 걷는 것도 명상이 되고, 요리하는 것도 명상이 된다. 작은 일들이 변형된다. 그리하여 빛을 발한다.

중심에서 시작하라

침묵은 마음의 한 부분이 아니다. 우리는 이 점을 먼저 이해해야 한다. '침묵의 마음'이라는 말은 있을 수 없다. 마음은 결코 침묵할 수 없다. 마음이라는 존재 자체가 시끄럽다. 마음은 소음이지 침묵이 아니다. 어떤 사람이 침묵을 안다면 그에게는 마음이 없는 것이다.

'침묵의 마음'이라는 말은 모순이다. 마음이 있는 자리에는 침묵이 있을 수 없다. 이처럼 침묵이 있는 자리에는 마음이 있을 수 없다. 선禪에서는 이를 무심無心이라고 한다. 침묵의 마음이라고 하지 않는다. 무심이 침묵이다. 마음이 없을 때는 몸을 느낄 수 없다. 마음은 의식과 몸을 이어주는 통로이기 때문이다. 그래서 마음이 없으면 의식의 세계에서 몸이 사라진다. 그 세계에서는 몸도 없고 마음도 없다.

거기에는 순수 존재만이 있다. 이 순수 존재를 우리는 말로 '침묵'이라 한다.

침묵에는 어떻게 도달하는가? 어떻게 침묵 속에 있을 수 있는가? 당신이 침묵에 도달하기 위해 노력을 하면 모든 노력은 허사로 돌아간다. 이것이 문제이다. 이것이 구도자가 느끼는 가장 큰 문제이다. 노력으로는 어디에도 도달하지 못한다. 여기에서 행위는 무의미하다. 특별한 자세로 앉아 수행하는 사람들이 있다. 이것 또한 행위이다. 붓다처럼 가부좌를 트는 것도 행위이다. 가부좌 때문에 붓다에게 침묵이 일어난 것이 아니다. 붓다는 하다 보니 가부좌를 했을 뿐이다. 가부좌는 붓다에게 부산물이었을 뿐이다.

마음이 없을 때, 존재가 완전히 침묵할 때 몸은 그림자처럼 존재를 따른다. 그때 몸은 가장 편안한 자세를 취한다. 특별하게 몸의 자세를 취하여 침묵이 따라오는 것이 아니다. 보통 우리는 붓다의 가부좌를 보고 저런 자세로 명상하면 침묵을 체험할 것으로 생각하기 쉽다. 명상은 이런 순서로 일어나지 않는다. 붓다에게는 먼저 내면의 침묵이 일어났다. 가부좌의 자세는 그 침묵을 따라온 것이다.

당신 자신의 체험으로 삶을 보아라. 화가 나면 몸은 거기에 상응하는 자세를 취한다. 눈이 벌게지고 표정이 달라진다. 안에서 화가 일어나면 몸은 거기에 상응하는 자세를 취한다. 몸은 겉으로뿐 아니라 안으로도 상응하는 반응을 보인다. 피의 흐름이 빨라지고 호흡이 거칠어지며 싸우거나 달아날 준비를 한다. 화가 일어나면 몸이 반응한다.

반응의 순서를 반대로 해보아라. 눈을 충혈되게 하고 호흡을 거칠게 하는 등 화가 났을 때 몸이 반응하는 것들을 해보아라. 그렇게 한다고 없던 화가 생기지 않는다. 배우들은 연기를 그런 식으로 한다. 사랑하는 역할을 할 때는 자신이 실제로 사랑할 때 보이는 몸의 반응을 연기한다. 그렇게 한다고 없는 사랑이 일어나지는 않는다. 배우가 아무리 뛰어난 연기를 한다 해도 진짜 사랑이 일어나지는 않는다. 배우가 실제보다 더 화난 표정을 짓는다고 해도 그것은 진짜가 아니다. 사실 그의 마음속에서는 아무것도 일어나지 않는다.

밖에서부터 시작하면 항상 그릇될 뿐이다. 진짜는 항상 중심에서 일어나 주변부로 퍼져나가는 법이다.

가장 깊은 곳에 있는 중심은 침묵 속에 있다. 거기에서 시작해라!

참다운 행동은 침묵 속에서만 나온다. 침묵 속에 있는 법을 모를 때, 깊은 명상 속에서 침묵할 줄 모를 때 당신이 하는 것은 무엇이나 '반동'이 된다. 주체적인 '행동'을 하지 못한다. 당신은 반동한다. 상대가 모욕을 주면, 상대가 버튼을 누르기만 하면 당신은 반동한다. 화를 내며 달려든다. 이것이 주체적인 행동이라고 생각하는가? 이것은 행동이 아니라 반동이다. 상대가 조종하면 당신은 조종당한다. 상대가 버튼을 누르기만 하면 당신은 기계처럼 움직인다. 스위치를 올리면 불이 들어오고 스위치를 내리면 불이 나가는 식이다. 사람들은 당신에게 달린 스위치를 올리거나 내린다.

누가 와서 당신을 칭찬하거나 에고를 한껏 띄워주면 당신은 우쭐해진다. 그러고 다른 누가 와서 에고를 건드리면 풀이 죽는다. 당신은 자신의 주인이 아니다. 아무나 당신을 모욕함으로써 슬프거나 화나거나 초조하거나 불안하거나 미치게 만들 수 있다. 아무나 당신을 칭찬함으로써 한껏 띄우거나 최고로 만들어줄 수 있다. 당신은 다른 사람들의 조종을 받고 행동한다. 이것은 참다운 행동이 아니다.

붓다가 어느 마을을 지나가고 있었다. 사람들이 몰려와서 붓다에게 온갖 욕을 퍼부었다. 상소리까지 거침없이 해댔다. 붓다는 잠자코 서서 주의 깊게 그들이 퍼붓는 욕을 들었다.

"나를 찾아줘서 고맙소이다. 하지만 나는 갈 길이 급하오. 건너편 마을에서 사람들이 나를 기다리고 있소. 하니 더는 시간을 내어드릴 수 없소이다. 내일 다시 이 마을을 지나갈 것이니 그때는 시간을 더 내어드리겠소. 그러니 할 말이 남았거든 내일 다시 모여서 하기로 합시다. 오늘은 이만 실례하겠소이다."

사람들은 자신들의 눈과 귀를 믿을 수 없었다. '그렇게 욕을 듣고도 동요하는 기색이 전혀 없다니!'

그들 중 하나가 물었다.

"우리 얘기를 듣지 못했소? 우리가 그토록 욕을 했는데 당신은 어째서 대꾸도 하지 않는 거요?"

붓다가 대답했다.

"내 대답을 원했다면 때가 너무 늦었소. 10년 전에만 왔더라면 내 대답을 들을 수 있었을 것이외다. 하지만 10년 전, 나는 타인의 조종에 반동하는 것을 멈추고 말았소이다. 나는 더는 노예가 아니오. 나는 나 자신의 주인이오. 나는 스스로 행동할 뿐이오. 다른 누구의 자극에도 반동하지 않소. 나는 내면의 필요에 따라 행동하오. 당신들 중 누구도 나에게 어떤 것을 하라고 강요할 수 없소. 내게 욕을 하고 싶다면 하시오. 방금 당신들은 내게 욕을 했고 나는 들었소. 당신들은 하고 싶은 대로 했소. 다 좋소. 하지만 나는 욕을 받아들이지 않소이다. 내가 욕을 받아들이지 않는다면 모든 것은 쓸데없는 일이 되오."

상대가 모욕할 때 당신이 반응을 보여야 상대의 뜻대로 된다. 하지만 당신이 초연하게 거리를 두고 반응을 보이지 않으면 상대는 어찌할 수 없다.

붓다는 이렇게 말했다.

"타오르는 횃불을 강물에 던져보시오. 횃불은 강물에 닿기 전까지는 활활 타오를 것이오. 하지만 강물에 닿는 순간 꺼지고 말 것이오. 나는 강물이 되었소. 나에게 아무리 많은 불(욕)을 던져도 나의 강물에 도달하는 순간 모두 꺼져버리오. 나는 아무런 상처를 받지 않소. 나에게 가시를 던진다 해도 그 가시가 나의 침묵에 닿는 순간, 꽃으로 변하오. 나는 본성으로 행동하오."

이것이 자연스러운 자발성自發性이다.

깨어 있는 사람은, 삶을 이해한 사람은 '행동'한다. 그러나 무의식 속에 잠들어 있는 사람은, 기계적으로 사는 사람은 '반동'한다.

깨어 있는 사람은 지켜보기만 하는 것이 아니다. 지켜봄은 그의 존재의 부분이다. 그는 무의식적으로 행동하지 않는다. 그러나 오해하지 말아라! 인도 전체는 붓다와 같은 사람을 오해했다. 그래서 나라 전체가 활력을 잃어버렸다. 생명력과 에너지를 잃어버렸다. 게으르고 우둔해졌다. 지성이란 행동할 때라야 발달한다.

깨어서 지켜보고 순간에서 순간으로 행동할 때 당신의 지성은 크게 발달한다. 빛이 나고 환해진다. 지켜봄에 행동이 뒤따를 때 당신은 빛이 나고 환해진다. 지켜봄에 행동이 뒤따르지 않으면 그 지켜봄은 자기 파괴적인 쪽으로 간다.

지켜봄은 행동으로 이어져야 한다. 새로운 형태의 행동으로 표현되어야 한다. 그러면 행동이 새로워진다. 고요히 침묵 속에서 지켜보아라. 상황을 전체적으로 바라보고 반응해라! 각성한 사람은 반응한다. 그는 민감하게 반응한다. 반동하지 않는다. 그의 행동은 자신의 각성에서 나오지, 타인의 조종에서 나오지 않는다. 여기에 차이가 있다. 그러므로 지켜봄과 자발성에는 모순이 없다. 지켜봄은 자발성의 시작이요 자발성은 지켜봄의 실현인 것이다.

삶을 참으로 이해하는 사람은 행동한다. 전체적으로 몰입한다. 그는 깨어서 순간순간 반응한다. 그는 거울과 같다. 보통의 무의식적인 사람은 거울과 같지 않다. 그는 필름과 같다. 거울과 필름은 어떻게 다른가? 필름은 일단 노출되면 쓸모없게 된다. 필름에 사진이 찍히면 그만이다. 그 필름에는 항상 같은 사진만 보인다. 하지만 사진은 실체가 아니다. 실체는 계속 성장한다. 정원에 나가서 장미 사진을 찍어보아라. 일단 필름에 장미 사진이 찍히면, 필름에 찍힌 사진은 변하지 않는다. 오늘도 내일도 똑같은 사진이다. 하지만 실재의 장미는 그렇지 않다. 정원에 나가 장미를 다시 보아라. 그 장미는 예전의 장미가 아니다. 장미는 나날이 성장하기 때문이다.

삶은 결코 정체되어 있지 않다. 삶은 끊임없이 변한다. 그런데 마음은 카메라처럼 움직인다. 계속 사진을 찍어서 앨범을 만든다. 그 사진들을 가지고 마음은 반동한다. 그렇게 해서는 삶이 진실해질 수 없다. 당신이 하는 것은 무엇이든 그릇될 수밖에 없다. 다시 한번 말한다. 카메라처럼 살면 당신이 하는 것은 모두 그릇될 수밖에 없다.

한 여인이 아들에게 가족 앨범을 보여주고 있었다. 앨범을 넘기다가 아주 잘생긴 남자 사진을 보았다. 머리와 수염이 멋들어져 보였으며 활력이 넘치는 젊은 남자였다.

아들이 물었다.

"엄마, 이 사람 누구예요?"

여인이 대답했다.

"아니 아빠도 몰라보니?"

그러자 아이가 영문을 알 수 없다는 표정으로 물었다.

"그럼 우리와 함께 사는 대머리 아빠는 누구예요?"

사진은 정적이다. 사진은 찍힌 대로 있을 뿐, 변화하지 않는다.

무의식적인 마음은 카메라나 필름처럼 움직인다. 깨어 있는 마음, 명상적인 마음은 거울처럼 작용한다. 어떤 상像도 남기지 않으며 완전히 비어 있다. 항상 비어 있다. 거울은 앞에 오는 것을 있는 그대로 비춘다. 당신이 거울 앞에 서면 당신을 비춘다. 당신이 거울 앞을 떠나면 거울 속에서 당신의 모습은 사라진다. 그렇다고 거울이 당신을 무시했다고 생각하지 말아라! 거울은 거울일 뿐이다. 당신이 떠나면 거울 속의 당신 모습은 사라진다. 거울이 당신의 모습을 계속 담고 있어야 할 이유는 없다. 다른 사람이 오면 거울은 그를 비춘다. 아무도 없으면 아무도 비추지 않는다. 거울은 항상 삶에 진실하다.

그러나 필름은 삶에 진실하지 않다. 카메라가 당신을 찍으면 카메라는 이 순간의 당신 모습을 담는다. 하지만 다음 순간 당신은 변한다. 강물은 쉼 없이 흐르는 법이다. 당신은 순간에서 순간으로 변화하고 성장한다. 1분이 지나고 당신은 죽을 수도 있다. 1분 전에 살아 있었다가 1분 후에 죽을 수도 있다. 그러나 당신의 사진은 죽지 않는다.

거울은 당신이 살아 있으면 산 모습을 비추고 죽으면 죽은 모습을 비춘다.

고요히 앉아 거울이 되는 법을 배우라. 침묵은 의식의 거울을 만든다. 당신이 의식의 거울이 되면 순간에서 순간으로 반응한다. 삶을 있는 그대로 비춘다. 머릿속에 앨범을 지니고 다니지 말아라! 그러면 눈이 순수하고 맑아질 것이다. 투명하고 명료해질 것이다. 거짓된 삶을 살지 않을 것이다.

   이것이 참된 삶이다.

자발적으로 살라

　당신의 행동은 항상 과거를 통해서 온다. 예전에 살았던 경험으로 행동하고 과거에 내린 결론으로 행동한다. 당신의 삶이 그런데 어떻게 자발적으로 살 수 있겠는가?
　과거가 당신을 지배한다. 그런 과거 때문에 현재를 보지 못한다. 당신의 눈은 과거로 가득하다. 과거의 연기가 너무 가득해서 현재를 보는 것은 불가능하다. 당신은 보아도 보지 못한다! 거의 눈먼 것이나 다름없다. 과거의 연기 때문에 눈멀었고 과거의 결론 때문에 눈멀었으며 과거의 지식 때문에 눈멀었다.
　지식으로 사는 사람은 더없이 눈먼 사람이다. 그는 지식으로 살기 때문에 사물을 있는 그대로 보지 못한다. 그는 단순히 기계적으로 산다. 그가 배운 지식은 그의 삶을 지배한다.

잘 알려진 이야기가 하나 있다.

일본의 어느 지방에 두 절이 있었다. 두 절은 대대로 앙숙 관계였다. 서로 간의 반목 관계가 너무 깊어 양쪽 승려들은 거리에서 마주치면 서로의 눈길을 피했다. 상대방에게 말을 거는 일은 생각할 수도 없었다. 그렇게 대대로 말을 하지 않고 살았다.

양쪽 절의 승려들에게는 어린 시자들이 있었다. 아이들은 언제나 아이들인 법, 그래서 승려들은 어린 시자들이 서로 가까워지는 것을 염려했다.

어느 날 한 승려가 시자에게 단단히 일렀다.

"저쪽 사람들은 상종해서는 안 될 사람들이다. 그러니 저쪽 절의 아이에게는 말도 걸지 마라. 위험한 사람들이다. 원수 대하듯 해라! 뱀을 대하듯 피해라! 알겠느냐!"

하지만 이 시자는 이웃 절의 아이들에 대한 호기심을 억제할 수 없었다. 시자는 허구한 날 듣는 설법에 물렸다. 알아들을 수도 없었다. 이상한 경전들, 이해할 수 없는 언어들, 심오한 철학 문제 등등……. 그에게는 알아들을 길이 없었다. 그렇다고 자기 절에 같이 놀 아이가 있었던 것도 아니었다. 말동무조차도 없었다. "저쪽 절 아이들하고는 말도 하지 마라."는 말을 들었을 때 시자는 달콤한 유혹처럼 밀려오는 호기심을 어찌할 수 없었다. 유혹이란 매번 그렇게 오는 법이다.

바로 그날 시자는 유혹에 넘어가고 말았다. 길에서 상대편 아이를 보자 대뜸 어디에 가느냐고 물었다.

상대편 아이는 다소 철학적으로 나왔다. 대단한 철학을 많이 주워들은 모양이었다.

그 아이가 말했다.

"어디 가느냐고? 가고 오는 사람은 없다! 바람이 이끄는 대로 갈 뿐이다."

그 아이는 스승이 붓다의 삶에 대해 말하는 것을 귀가 따갑도록 들은 것이다. "바람이 부는 대로 낙엽이 흩날리듯 붓다는 그렇게 간다." 이런 스승의 말을 주워들은 것이다. "나는 가지 않아. 가는 자가 없어. 가는 자가 없는데 내가 가긴 어딜 가! 말도 안 되는 소리는 하지도 마라. 나는 낙엽이야. 바람이 부는 대로 갈 뿐이라고!"

이 말에 이쪽 편 아이는 말문이 막히고 말았다. 변변한 대답도 하지 못하는 자신이 부끄러워졌다. '이 사람들하고는 말도 꺼내지 말라는 스승님의 말씀이 옳아. 정말 이상한 사람들이야. 시장에 채소 사러 가는 줄 뻔히 알면서도 물었더니만……. 어디 간다고 말하면 되잖아.'

이 시자는 절로 돌아가서 스승에게 사실을 말했다.

"죄송합니다. 이웃 아이와는 말도 하지 말라는 스승님의 말을 어겼습니다. 이번이 처음입니다. 제가 어디 가느냐고 물었더니 그 아이는 이렇게 말하는 거예요. '가고 옴은 없다. 누가 간단 말인가? 누가 온단 말인가? 가고 오는 자는 없다. 바람에 흩날리는 낙엽처럼 바람을 따라간다.'"

스승이 말했다.

"그래서 일렀지 않느냐. 내일 그 자리에서 녀석을 기다렸다가 만나면 다시 어디 가느냐고 물어라. 녀석이 어제와 같은 말을 하거든 이렇게 말해줘라. '맞다. 너도 낙엽이고 나도 낙엽이다. 하지만, 바람이 불지 않을 때는 어디로 가지?' 이렇게 물으면 녀석의 말문이 막힐 것이다. 그렇게 녀석을 혼내주어라. 네가 이길 수 있다. 대대로 우리는 앙숙이다. 그들은 토론에서 우리를 한 번도 이긴 적이 없다. 내일은 코를 납작하게 해주어라!"

다음 날 아침이 되어 시자는 스승이 알려준 대답을 외고 또 외웠다. 그리고 나서 어제 이웃 절 아이를 만났던 장소로 나가 기다렸다. 기다리면서 스승이 가르쳐준 대답을 속으로 되풀이했다. 한참 후, 이웃 아이가 오는 것이 보였다. 시자는 결의를 다졌다. '좋아, 이번에는!'

이웃 아이가 가까이 다가오자 시자가 물었다.

"어디 가느냐?"

그는 기회만 오길 기다렸다.

그런데 이웃 아이는 이렇게 대답하는 것이었다.

"내 발이 이끄는 곳으로."

이웃 아이는 바람에 대한 말도, 낙엽에 대한 말도, 가고 오는 자에 대한 말도 꺼내지 않았다. 이 일을 어찌한단 말인가! 시자는 자신이 준비한 대답이 쓸모없어졌음을 알았다. "내 발이 이끄는 곳으로."라는 대답에 바람 이야기를 꺼내는 것은 가당치 않았다. 기가 죽었다. 창피했다. '나는 왜 이렇게 멍청하지. 이 아이는 뭔가 대단한 것을 알고 있을 거야. 나는 바람과 낙엽을 단단히 준비하고 왔는데 느닷없이 "내 발이 이끄는 곳으로."라고 말하네.'

시자는 다시 스승에게 돌아가 사실을 알렸다.

스승은 다시 이렇게 일렀다.

"상종해서는 안 될 사람들 같으니! 여태껏 살아온 것을 보면 알 수 있어. 그들의 버릇을 고쳐주자. 내일 녀석이 '내 발이 이끄는 곳으로'라고 대답하면 '발이 없을 때는 어디로 가지?'라고 반격을 가해라! 그러면 대답하지 못할 것이야."

다음날 같은 장소, 시자가 이웃 아이에게 다시 물었다.

"어디로 가느냐?"

그러자 이웃 아이가 대답했다.

"응, 시장에 채소 사러 가."

삶은 끊임없이 변하는데 보통 인간은 과거로 산다. 하지만 삶은 과거와 상관없이 흘러간다. 그래서 지식으로 사는 사람에게 삶은 혼돈이다. 그는 바가바드 기타, 코란, 성경, 베다 등에서 취합한 기성품 대답으로 산다. 그의 머리는 온갖 지식으로 가득하다. 모든 대답을 알고 있다. 하지만 삶은 결코 같은 질문을 하는 법이 없다. 그래서 지식으로 사는 사람은 항상 헛다리만 짚는다.

결단하라

　마음은 항상 우유부단하다. 이것은 이 사람의 마음이나 저 사람의 마음의 문제가 아니다. 마음의 본성 자체가 우유부단이다. 마음은 양극을 오가며 어느 쪽이 옳은 길인지 알아보려고 애쓴다. 이것은 눈 감고 문을 찾는 격이다. 눈 감고 문을 찾는 사람은 당연히 이쪽으로 갈까 저쪽으로 갈까 엉거주춤한 상태에 있다. 그래서 이러지도 저러지도 못하고 항상 망설인다. 이것이 마음의 본성이다.

　덴마크의 위대한 철학자 쇠렌 키르케고르는 『이것이냐 저것이냐』라는 책을 저술했다. "이것이냐 저것이냐?"는 곧 그의 삶이기도 했다. 그는 이것이냐 저것이냐 따지기만 하다 아무것도 하지 못했다. 항상 이것을 택하면 저것이 옳아 보였다. 또한 저것을 택하면 이것이 옳아 보였다. 한 여인이 그를 사랑한 나머지 구혼했지만, 그는 머뭇거렸다. "결혼이란 대사이므로 깊이 생각해봐야겠습니다. 지금 당장은 답을 드리지 못하겠군요." 그는 무덤에 들어갈 때까지도 구혼 신청을 어떻게 해야 할지 생각했다.

키르케고르는 42년의 생애를 살면서 끊임없이 토론하고 논쟁했다. 하지만 더는 논의가 가능하지 않은 궁극적인 답을 찾을 수 없었다. 그는 교수직을 놓고도 고민했다. 교수직을 신청할 당시, 이미 그가 이룬 업적은 대단했다. 철학사에 길이 남을 만한 책들을 저술했다. 어떤 책들은 1세기 후에도 여전히 그 빛을 발했다. 그래서 교수임용 신청만 하면 되었을 것이다. 하지만 키르케고르는 신청서를 다 쓰고 서명만 하면 끝나는 순간에 '이것이냐 저것이냐?'를 놓고 고민했다. 교수가 될 것이냐 말 것이냐! 키르케고르 사후, 그가 살던 작은방에서 그가 직접 작성한 신청서가 발견되었다.

그는 항상 네거리에 이르면 이쪽으로 갈까 저쪽으로 갈까, 긴 시간을 고민했다. 당시 코펜하겐 사람이면 모두 키르케고르의 이상한 행동을 알고 있었다. 그래서 아이들은 그에게 '이것이냐 저것이냐?'라는 별명을 지어주었다. 개구쟁이들은 그의 뒤를 따라다니면서 "이것이냐 저것이냐." 하고 놀렸다. 키르케고르의 아버지는 죽기 전에 사업을 정리하여 모은 돈을 자식을 위해 은행에 예치했다. 그리고 매달 첫째 날에 자식이 넉넉한 돈을 받을 수 있도록 했다. 그래서 키르케고르는 평생 돈 걱정을 하지 않고 살 수 있었다. 그런데 놀라운 일이 벌어졌다. 은행에서 마지막 남은 돈을 찾아서 집으로 돌아가던 키르케고르는 길 위에 넘어져 죽었다. 마지막 남은 돈을 찾아서! 그럴 수밖에 없었을 것이다. '마지막 남은 돈이 떨어지면 어찌한단 말인가?' 그러면 죽을 수밖에 없었을 것이다.

그는 책을 써놓고도 출판을 할까 말까 결정하지 못했다. 그는 많은 유작들을 남기고 세상을 떠났다. 하나같이 위대한 책들이었다. 유작들은 하나같이 사물의 본질을 꿰뚫어 보는 대작들이었다. 그는 자신이 다룬 주제들에 대해서는 근원에까지 치밀하게 파고들었다. 그는 천재였다. 그는 천재적인 지성의 소유자였다.

마음, 이것이 문제이다. 마음이 많으면 문제가 많아진다. 마음이 적으면 문제가 줄어든다. 마음(지성)이 천재적으로 뛰어나면 그 마음은 양극 사이에 갇혀 어느 것도 선택하지 못한다. 연옥煉獄, 죽은 사람의 영혼이 천국에 들어가기 전에 남은 죄를 씻기 위하여 불로써 단련 받는 곳_역주에 갇혀 있는 것처럼 느낀다.

내가 말하고자 하는 바는 연옥과 같은 삶이 마음의 본질이라는 것이다. 양극의 중간에서 이러지도 못하고 저러지도 못하는 것이 마음의 본성이라는 말이다. 마음과 떨어져 마음이 하는 것을 지켜보지 않으면 이러지도 저러지도 못한다. 마음의 말을 듣지 않고 결단을 내린다 해도 후회할 뿐이다. 결단에 반대했던 다른 쪽의 마음이 당신을 쫓아다니기 때문이다. '어쩌면 다른 쪽을 선택해야 했을 거야. 내가 선택한 것은 잘못되었어.' 이제 둘 중 어느 것이 옳은 선택인지 알 길이 없다. 어쩌면 반대쪽을 선택하는 것이 나았을지도 모를 일이다. 그러나 반대쪽을 선택했다 할지라도 달라질 것은 없을 것이다.

본질적으로 마음은 광기의 시작이다. 마음속에 빠지면 마음은 당신을 미치게 만들기 때문이다.

내 고향 집 건너편에 한 금 세공인이 살고 있었다. 나는 그의 집 앞에 앉아 있곤 했다. 그러다가 그에게 이상한 습관이 있다는 사실을 알게 되었다. 그는 가게 문의 자물쇠를 잠근 다음, 자물쇠가 제대로 잠겼는지 확인하기 위해 항상 자물쇠를 두세 번 당겨보았다. 이것이 그의 이상한 습관이었다.

어느 날, 마침 그가 가게 문을 닫고 집으로 돌아가고 있었다.

내가 말했다.

"당겨서 확인하지 않았잖아요."

그가 놀란 목소리로 말했다.

"뭐라고?"

"내가 봤는데 확인하지 않았어요."

사실 그는 이미 확인했다. 나는 그가 자물쇠를 세 번 당겨 확인하는 장면을 목격했다. 하지만 그가 어떤 반응을 보이는지 실험해보고 싶었다.

"그래 맞아. 어쩌면 자물쇠 잠그는 것을 잊어버렸을지 몰라. 돌아가 봐야겠다."

그가 돌아가서 다시 확인하는 모습이 너무 재미있었다.

이후 이 일은 매일 벌어지는 행사가 되었다. 나는 그를 쫓아다니면서 자물쇠를 상기시켰다.

시장에서 채소 사는 그를 보고 "여기서 뭐 하세요? 자물쇠 채우는 것을 까먹었잖아요."라고 물어보면 그는 채소를 사다 말고 "맞아, 가서 확인해야겠다."라고 말하곤 했다.

그는 역에서 기차표를 사다가도 내가 다가가 "뭐 하세요? 자물쇠!"라고 외치면 그는 "아 그래, 자물쇠를 확인했나?" 하고 되물었다. 그러면 나는 "안 했어요."라고 대답했다. 내 대답을 듣자마자 그는 기차표 환불을 받고 자물쇠를 확인하러 갔다. 그가 다시 역으로 돌아왔을 때는 이미 기차가 떠나고 없었다. 내가 매일 그의 가게 앞에 있었기 때문에 그는 나를 철석같이 믿었다.

서서히 이 일이 사람들에게 퍼져나갔다. 사람들은 금 세공인을 보기만 하면 이렇게 묻는 거였다.

"어디 가는 길이오? 자물쇠는 채웠소?"

마침내 그가 내게 화를 내기 시작했다.

"네가 소문을 냈지? 왜 가는 곳마다 사람들이 자물쇠 얘기냐?"

"그 사람들 말 들을 필요 없어요. 듣지 마요."

"말을 듣지 말라니, 무슨 뜻이냐? 만에 하나 그들의 말이 맞으면 나는 내 전 재산을 다 잃어버려. 다시 찾을 수도 없고, 그들이 거짓말하고 있다는 것을 뻔히 알면서도 가게로 가서 자물쇠를 확인하지 않고는 배기지 못하겠어. 내가 자물쇠를 채웠다는 것을 알지만 그래도 혹시 누가 알아!"

마음은 아무것도 확신하지 못한다.
마음의 연옥에 갇혀 사는 사람은, 항상 이러지도 저러지도 못하는 사람은 조만간 미쳐버릴 것이다. 사실 마음은 미쳐 있다! 그러므로 마음 밖으로 빠져나와 마음을 보아라.
깨어 있어라. 밝은 면과 어두운 면, 옳고 그름의 전부를 지켜보아라. 깨어서 지켜볼 때 당신은 두 가지를 깨닫는다. '나는 마음이 아니라는 사실'과 '결단력은 마음이 아니라 각성에서 나온다'라는 사실을.
나는 평생 '다른 쪽을 선택했더라면 좋았을 텐데'라고 생각해본 적이 없다. 어떤 후회도 해본 적이 없다. 실수했다고 생각해본 적도 없다. 내게는 이런 말을 할 사람이 존재하지 않는다. 나는 각성으로 '행동'했다. 각성이 나의 전 존재이다. 내 주변에서는 일들이 저절로 일어난다. 사람들은 나에게 벌어지는 일이 옳으니 그르니 할 것이다. 그것은 그들의 일이다. 그래서 신경을 쓰지 않는다.
당신을 연옥에서 구원해줄 이는 각성이다. 각성의 길을 갈 때 당신은 마음의 양극 사이에서 이것이냐 저것이냐 따지지 않고 양극을 넘어간다. 양극은 마음 때문에 생겨난 것임을 깨닫는다. 마음 밖으로 나왔을 때 양극은 같은 동전의 양면이었음을 깨닫는다. 그래서 애초에 선택의 문제가 있을 수 없었음을 깨닫는다.

당신은 각성을 통해 밝은 눈과 무위와 전체성을 얻는다. 그러면 내면에서는 존재가 스스로 결정한다. 이제 옳고 그름을 따질 필요가 없다. 존재가 당신과 손잡고 간다. 당신은 더없이 편안하게 간다. 이것이 올바른 길이요. 이것이 유일한 길이다. 이것이 당신의 정신이 건강해지는 유일한 길이다. 그렇지 않으면 당신은 계속 이러지도 저러지도 못할 것이다.

쇠렌 키르케고르는 위대한 지성인이었다. 하지만 불행하게도 그는 기독교인으로 살았다. 그래서 각성이 뭔지 알 길이 전혀 없었다. 그의 사색은 대단히 깊었다. 하지만 지켜봄을 통해 침묵의 경지를 깨닫지 못했다. 안타깝게도 그는 각성과 관조에 대해 전혀 들어보지 못했다. 사색이 그가 할 수 있는 일의 전부였기 때문에 자신의 천재성을 사색하는 데 쏟아부었다. 그는 위대한 책들을 저술했지만 위대한 삶은 살지 못했다. 그의 삶은 불행한 것이었다.

매 순간을 완성하라

꿈은 왜 필요한가? 당신이 어떤 사람을 죽이고 싶었는데 현실에서 죽이지 못하면 꿈속에서 그를 죽인다. 그래야 마음은 긴장을 이완한다. 꿈속에서 긴장을 이완하면 다음 날 아침 활기차게 일어날 수 있다. 죽이고 싶은 사람을 죽였기 때문이다.

사람을 죽이고 싶을 때는 이렇게 해라! 방문을 잠그고 베개를 앞에 놓고 명상한다. 명상 속에서 베개를 죽인다. 허수아비를 만들어서 죽여도 좋다. 이렇게 각성으로 베개를 죽이는 명상을 하면 자신에 대한 깊은 통찰을 얻을 수 있다.

매 순간을 전체적으로 몰입해라! 이 점을 명심해라! 이 순간이 마지막 순간인 것처럼 살아라. 그러면 매 순간이 완성될 것이다. 죽음은 어느 순간이고 찾아온다. 그러므로 이 순간이 마지막 순간이 될 수도 있다. 그러니 이렇게 생각해라!

'무엇을 할 때는 지금 여기에서 전체적으로 몰입하자!'

그리스 장군에 관한 이야기이다.
그리스의 왕은 이 장군을 좋아하지 않았다.
장군이 생일을 맞이하여 친구들과 생일파티를 하던 어느 날, 궁중에서는 음모가 꾸며지고 있었다.
그날 오후, 장군은 친구들과 함께 먹고 마시고 음악에 맞추어 춤을 추고 있었다. 그런데 왕명을 받드는 관리가 갑자기 장군을 찾아와 이렇게 말하는 것이었다.
"이런 소식을 전하게 되어서 죄송합니다. 폐하께서는 6시까지 장군을 교수형에 처하라고 명하셨습니다. 6시 전까지 준비해주십시오."
날벼락 같은 소식에 좌중은 찬물을 끼얹은 듯 조용해졌다. 모든 사람이 슬퍼했다.
그러나 장군은 침착했다.
"슬퍼들 하지 마시오. 지금이 내 생애의 마지막 시간이 될 것이니, 마저 춤을 추고 파티를 즐깁시다. 지금, 이 순간이 지나고 나면 내게 미래는 없소이다. 그러니 나를 슬픔으로 보내지 마시오. 여러분이 슬픔으로 나를 보낸다면 내 마음은 무거울 것이오. 음악을 멈추고 파티를 멈추면 내 마음이 너무 아플 것이오. 마저 파티를 즐깁시다. 지금은 멈출 시간이 없소."

장군의 말에 사람들은 할 수 없이 춤을 추었지만, 분위기는 이미 가라앉았다. 그러나 장군은 전보다 더 열정적으로 춤을 추었다. 장군 혼자만이 더 즐거워했다. 좌중 모두는 침울해했다. 장군의 아내는 울고 있었다. 하지만 장군은 혼자서 열렬하게 춤을 추고 사람들과 환담했다.

왕의 관리는 돌아가서 이 사실을 왕에게 보고했다.

"장군은 보기 드문 사람입니다. 자신이 교수형을 당한다는 소식을 듣고도 슬퍼하지 않습니다. 보통 사람과는 완전히 다르게 자기 죽음을 받아들입니다. 웃고 춤추며 생일파티를 즐기고 있습니다. 이 순간이 마지막 순간이니 낭비해서는 안 된다고 합니다."

보고를 들은 왕은 믿을 수 없었다. 그래서 자신이 직접 가보기로 했다. 현장에 도착해보니 모두 침울하고 슬퍼했으며, 어떤 이는 울고 있었다. 그런데 유독 장군만이 춤추고 마시고 노래를 부르고 있었다.

왕이 그에게 물었다.

"어찌 된 일인가?"

장군이 대답했다.

"'죽음은 언제고 찾아올 수 있다. 그러니 항상 깨어 있자.' 이것이 저의 생활신조입니다. 그래서 매 순간 최선을 다해 살고 있습니다. 지금까지는 '언제든 죽음이 찾아올 수 있다.'라고 막연히 생각했지만, 오늘 폐하께서는 제게 진짜 죽음을 일깨워 주었습니다. 감사합니다.

마음 한구석에서는 '설마 다음 순간에 죽겠어.'라고 저도 모르게 생각한 것 같습니다. 그러니 알게 모르게 미래를 꿈꾸며 살았습니다. 그런데 오늘 폐하께서 미래가 없음을 확실히 알려주었습니다. 오늘 밤이 마지막 밤이 되겠군요. 시간이 얼마 남지 않았으니 이 시간도 귀하게 써야겠습니다."

이 말을 들은 왕은 기뻐했다. 그리고 장군의 제자가 되었다.

"당신의 가르침을 받고 싶다. 이것은 연금술이다. 삶은 그렇게 살아야 한다. 이것은 예술이다. 교수형은 없었던 일로 하고 내게 가르침을 달라. 현재의 순간에 사는 법을 가르쳐 달라."

우리는 매일 연기延期한다. 그래서 연기는 내면의 독백이 되어버렸다. 연기하지 말아라! 지금 여기에서 살아라. 현재에 살면 생각과 마음은 줄어든다. 연기하는 사람은 생각을 많이 한다. 우리는 사실 모든 것을 연기한다. 우리는 항상 내일을 산다. 그런 내일은 오지 않는다. 아니 올 수 없다. 그것은 불가능하다. 설령 내일이 온다 해도 그것은 '오늘'이라는 시제로 올 뿐이다. 우리는 어디에도 없는 내일을 위해 오늘을 희생한다. 그리고 마음은 그런 희생으로 얼룩진 과거에 대해 미련을 버리지 못한다. 마음은 계속 또 다른 내일을 위해 오늘을 희생할 것이다.

당신은 과거에 놓친 것들을 미래에 잡을 수 있을 것으로 생각한다. 과거와 미래 사이에서 일어나는 긴장, 끊임없이 이어지는 현재의 상실이 내면의 소음이다. 이 내면의 소음을 멈추지 않으면 침묵에 들 수 없다.

그러므로 먼저 현재의 순간에 전체적으로 몰입해라! 항상 타인에게 문제가 있다고 생각하기 때문에 당신의 마음은 계속 시끄럽다. 세상이 좋아지면, 즉 아내나 남편, 아이, 집 등이 좋아지면 문제가 사라지고 조용히 침묵할 수 있을 것으로 생각한다. 자신 주변에 있는 것들이 잘못되었기 때문에 침묵할 수 없다고 생각한다.

이런 식으로 생각해서는, 이런 식으로 논리를 펴서는 결코 침묵할 수 없다. 더 나은 세상은 절대 오지 않는다. 당신의 논리는 세상 사람 모두가 바뀌길 바라는 것과 다르지 않다. 천국이 어딘가에 있을 것이라고 꿈꾸면 세상 전체가 지옥으로 변한다. 이런 사람에게는 세상 자체가 지옥이다. 이렇게 생각하는 마음 자체가 지옥이다.

어느 날 물라 나스루딘은 아내와 함께 밤늦은 시각에 집으로 돌아왔다. 집 안으로 들어간 물라의 아내는 깜짝 놀라 비명을 질렀다. 도둑이 들어와 물건을 훔쳐 간 것이다.

그녀가 물라에게 따졌다.

"이건 다 당신 잘못이에요. 집을 나가기 전에 문 잠그는 것을 확인했어야죠."

물라와 아내 사이에 언성이 높아지자 이웃 사람들이 모여들었다. 물라의 집이 도둑맞았다는 사실은 중요 뉴스였다.

모든 사람이 한목소리로 말했다.

"내 그럴 줄 알았소. 당신은 그럴 줄 몰랐던 거요? 왜 그렇게 조심성이 없소?"

"창문이 열려 있던데 왜 닫고 나가지 않았소?"

"자물쇠에 문제가 있었던 것 같소. 왜 미리 교체하지 않았소?"

모든 사람이 물라의 탓으로 돌리고 있었다.

그러자 물라가 끼어들었다.

"잠깐만! 내 잘못이 아니에요."

이 말이 물라의 입에서 나오자마자 이웃 사람들은 또 한목소리로 말했다.

"당신 잘못이 아니라면 대체 누가 잘못이란 말이오?"

물라가 대답했다.

"도둑 잘못이지요!"

마음은 항상 다른 사람 탓을 한다. 물라의 아내는 물라 탓을 했고 이웃 사람들도 물라 책임이라고 했지만 불쌍한 물라는 도둑 탓을 했다. "도둑 잘못이지요!"

우리에게는 항상 책임을 타인에게 떠넘기는 버릇이 있다. 그래서 '내게는 잘못이 없다'라는 착각을 한다. 다른 누군가 이런 잘못을 했고 저런 잘못을 한 것이다. 마음은 문제를 이런 식으로 파악한다. 모든 것을 다른 사람 탓으로 돌린다. 그래서 희생양을 발견하면 더없이 좋아한다. 그에게 모든 책임을 떠넘길 수 있기 때문이다.

구도자에게 이런 마음은 좋지 않다. 이런 마음은 구도의 장애물이다. 어떤 일이 되었건, 어떤 상황이 되었건 책임은 바로 '나'에게 있음을 깨달아야 한다. 책임이 나에게 있음을 깨달을 때만 비로소 해결의 실마리를 찾을 수 있다. 다른 누군가에게 책임이 있는 거라면 결코 어떤 문제도 풀 수 없다.

이것은 종교적인 마음과 비종교적인 마음 사이에 일어나는 갈등이다. 비종교적인 마음은 항상 다른 사람에게 책임이 있다고 생각한다. 그래서 사회를 바꾸고 환경을 바꾸려 한다. 경제와 정치 환경을 바꾸고 이것저것을 바꾸려 한다. 그래야 일들이 제자리로 돌아간다고 생각한다. 그러나 우리가 모든 것들을 수없이 바꿔도 아직도 제대로 돌아가지 않는다. 종교적인 마음은 외면을 바꿔서는 고통을 면할 수 없음을 안다. 침묵에 이르지 못할 것임을 안다.

그러므로 당당하게 자신의 탓으로 돌리라. 당당히 책임을 져라. 그래야만 뭔가가 가능해질 여지가 생긴다. 당신은 세상 그 누구도 변화시킬 수 없다. 당신 자신만 변화시킬 수 있을 뿐이다. 이것이 우리에게 가능한 유일한 혁명이다. 유일한 변형이다.

착한 사람이 되려고 애쓰지 말라

유일한 죄가 있다면 그것은 무각성이요, 유일한 덕이 있다면 그것은 각성이다. 무각성으로 하는 일은 무엇이든 죄가 된다. 깨어 있는 사람이 살인한다는 것은 불가능하다. 그 어떤 폭력 행위도 불가능하다. 강간과 절도, 고문 등도 깨어 있는 사람에게는 불가능한 일이다. 이것은 무각성이 사람을 지배할 때 일어난다. 무각성의 어둠 속에 있을 때 일어난다.

붓다는 이렇게 말했다.

"집에 불이 켜져 있으면 도둑은 들어가지 않는다. 경비가 서 있으면 도둑은 달아난다. 집 안에서 사람들이 깨어서 활동하면 도둑은 들어갈 생각도 하지 않는다."

당신도 이와 같다. 당신은 불 꺼진 집이다. 보통의 인간은 기계적으로 산다. 그래서 인간은 호모 메카니쿠스 Homo Mechanicus다. 기계적인 인간이란 뜻이다. 당신은 말로만 인간이지 사실 따지고 보면 잘 교육받은 기계일 뿐이다. 그래서 당신이 하는 것은 '무엇이나' 틀릴 수밖에 없다. 당신이 하는 행위는 모두 틀릴 수밖에 없다. 선善을 행한다고 할지라도 깨어서 하지 않으면 참된 선이 아니다. 당신이 깨어 있지 못한데 어떻게 선을 행할 수 있단 말인가? 당신의 선행 이면에는 거대한 에고가 숨어 있을 것이다. 그럴 수밖에 없다.

당신이 각고의 노력과 수행으로 성자의 반열에 오른다고 할지라도 이는 모두 쓸모없는 일이다. 그런 수행 속에서는 소박함과 겸손함이 우러나오지 않기 때문이다. 에고가 완전히 사라졌을 때 일어나는 신성의 체험이 없기 때문이다. 겉으로는 성자로 무한한 존경을 받으며 살지 모르나 속으로는 세상 사람들처럼 불쌍하고 병들고 무의미한 삶을 산다. 그것은 인간의 삶이 아니다. 그것은 식물인간의 삶이다. 그런 상태에서는 당신의 덕도 죄가 되고 죄도 죄가 된다. 당신의 도덕도 부도덕이 되고 부도덕도 부도덕이 된다.

나는 덕성이나 도덕을 가르치지 않는다. 그 안에 각성이 없으면 모든 것은 위선이요 가장이기 때문이다. 위선은 삶을 가짜로 만든다. 위선은 당신을 해방하는 것이 아니라 구속한다.

각성 하나면 된다. 각성은 만능열쇠이다. 각성은 존재계의 모든 열쇠를 연다. 각성이란 깨어 있는 의식으로 사는 것을 뜻한다. 주변에서 일어나는 모든 것을 자각하며 순간순간 반응하는 것을 뜻한다. 각성의 상태에서 당신은 거울이 된다. 거울이 되어 모든 것을 비춘다. 당신은 모든 것을 전체적으로 비추기 때문에 그 비춤 속에서 나오는 행동은 모두 올바른 것이 된다. 그 행동은 현실과도 부합하고 존재계와도 부합한다. 그 행동은 당신에게서 나오는 것이 아니다. 그 행위는 당신과 전체가 어우러져 나온다. 그런 전체성 속에서 행동이 나오기 때문에 그 행동은 당신의 것이 아니다. 당신이 결정해서 나온 것도 아니다. 당신의 생각이나 성격에서 나온 것도 아니다. 당신이 한 것이 아니다. 단지 당신은 그 행위가 일어나도록 도와주는 역할을 했을 따름이다.

이것은 아직 해가 뜨지 않은 새벽에 산책하다가 뱀을 만났을 때의 상황과 같다. 이때 당신은 무엇을 어떻게 해야 할지 생각하지 않는다. 뱀을 보는 '즉시' 피할 뿐이다! 한순간도 생각하지 않는다. 뱀을 보는 즉시 그 자리를 피한다. 그리고 후에 나무 아래 앉아 자신이 무얼 어떻게 했는지 반추해본다. 그러면서 뱀을 밟지 않은 것이 천만다행이라고 생각할 것이다. 사실 이 모두는 당신이 알아서 행동한 것이 아니다. 저절로 일어난 것이다. 순간 전체적인 몰입 속에서 일어난 것이다. 당신, 뱀, 그리고 목숨이 왔다 갔다 하는 찰나, 이 모든 상황이 하나가 되어 뱀을 피한 것이다. 이 상황에서 당신이 '행위'를 한 것이 아니다. 당신은 행위가 저절로 일어나는 '통로'가 되었을 뿐이다.

이런 행위야말로 있는 그대로의 상황을 직시한 것이다. 당신은 결코 '행위자'가 아니다. 종교적으로 보면 신이 당신을 통로로 해서 행한 것이다. 이것은 종교적인 시각이다. 전체가 부분을 통해 행한 것이다.

이것이야말로 선이다. 당신은 그런 행위에 절대 후회하지 않는다. 이것이야말로 진짜 '자유로운' 행위이다. 뒤끝이 없다. 마음속에 좋지 않은 기억으로 남지 않는다. 그 어떤 상처도 남기지 않는다. 너무 자연스럽게 일어난 행위이기 때문에 아무런 흔적을 남기지 않는다. 이런 행위는 카르마로 남지 않는다. 카르마로 남는 행위는 깨어서 반응하지 않은 행위들이다. 과거나 기억, 생각으로 반응한 행위들이다. 그런 행위들 속에서는 당신이 행위자요 선택자이다. 각성이 아니라 무각성에서 나온 행위이다. 이렇게 무각성 속에서 나온 행위는 죄가 된다.

나의 메시지는 이것이다.

"당신은 인격이 아니라 깨어 있는 의식이 필요하다."

의식이 참된 것이요 인격은 가짜 실체이다. 인격은 의식이 깨어 있지 않은 이들에게 필요하다. 눈이 있는 자에게는 지팡이가 필요 없다. 사물을 밝게 볼 눈이 있는 사람은 타인에게 "문은 어느 쪽에 있습니까?"라고 묻지 않는다.

사람들은 의식이 잠들어 있으므로 인격이 필요하다. 인격은 윤활유 역할을 한다. 삶을 매끄럽게 영위하는 데 보조제 역할을 한다. 구제프는 "인격이란 완충기와 같다."라고 했다. 완충기는 열차의 객차를 연결하는 데 쓴다. 사고가 났을 때 완충기는 객차와 객차가 충돌하는 것을 막아준다. 그리고 인격은 자동차의 스프링과 같다. 자동차의 스프링은 주행을 매끄럽게 해주는 역할을 한다. 자동차가 주행할 때 충격을 흡수해주기 때문에 충격 흡수장치라고도 한다. 인격은 그와 같다. 인격은 충격흡수장치이다.

사람들은 겸손해야 한다고들 한다. 겸손도 충격흡수장치이다. 당신은 겸손함을 배워 타인의 에고로부터 자신을 보호한다. 겸손하면 타인은 당신에게 상처를 주지 않는다. 거만하면 타인은 당신에게 거듭해서 상처를 줄 것이다. 에고는 대단히 민감하다. 그래서 당신은 에고에 겸손이란 철갑을 입힌다. 그러면 상처를 입지 않아도 된다. 삶이 평탄해진다. 그러나 겸손은 변형을 가져오지 않는다.

내 가르침의 중심은 '변형'에 있다. 여기는 연금술 학교이다. 나는 당신이 무의식에서 의식으로, 어둠에서 빛으로 변형되기를 바란다. 나는 인격을 가르치지 않는다. 나는 통찰을 가르치고 각성을 가르친다. 나는 당신이 사회나, 교회, 국가가 가르쳐준 정해진 양식에 따라 사는 것이 아니라 순간에서 순간으로 살기를 바란다. 자신의 깨인 의식이 가리키는 대로, 각성의 빛이 인도하는 대로 살기를 바란다.

매 순간 깨어서 반응해라! 인격이란 삶의 흐름 속에서 떠오르는 문제에 대한 정해진 답을 뜻한다. 당신은 문제가 발생하면 정해진 답으로 '반동'한다. 그것은 참된 '반응'이 아니다. 인격으로 사는 사람은 반동하지만, 의식으로 사는 사람은 반응한다. 의식으로 사는 사람은 상황을 있는 그대로 비추어서 행동한다. 인격으로 사는 사람은 기계적으로 움직인다. 로봇처럼 산다. 그의 마음에는 수많은 정보로 가득한 컴퓨터가 있다. 그에게 무엇을 물어보면 준비된 답들이 줄줄 나온다.

의식으로 사는 사람은 순간순간 행동한다. 과거나 기억으로 행동하지 않는다. 그의 반응은 아름답고 자연스럽다. 각각의 상황에 진실한 반응을 보인다. 하지만 인격으로 사는 사람은 항상 정확한 반응에 미치지 못한다. 삶은 끊임없이 변하는데 당신은 항상 똑같은 답을 한다. 당신의 답은 고정되어있다. 그래서 죽어 있다.

어린 시절에 배운 것들이 남아 지금도 작동한다. 당신은 이미 많이 성장했고 많이 변했다. 하지만 어린 시절 부모나 선생, 사제에게 배운 답들이 아직도 작동하고 있다. 무슨 일이 벌어지면 당신은 몇십 년 전에 배운 답들에 따라 행동한다. 지난 몇십 년 동안 강산은 여러 차례 바뀌었다. 당신은 완전히 다른 사람이 되었다.

헤라클레이토스는 말한다.

"같은 강물에 두 번 발을 담글 수 없다."

나는 말한다.

"강물은 너무 빠르게 흐른다. 따라서 같은 강물에 한 번조차 발을 담글 수 없다."

인격은 정체된 것이다. 인격은 고여서 썩은 물이다. 하지만 의식은 흐르는 강물이다.

그래서 나는 사람들에게 이렇게 해라, 저렇게 해라 하지 않는다. 나는 볼 수 있는 눈을 주고 비춰볼 수 있는 의식을 주며 순간에 반응할 수 있는 존재를 준다. 나는 도덕이나 윤리를 가르치지 않는다. 그리고 십계명과 같은 계율도 가르치지 않는다. 인생이 고작 10개의 계율만 지키면 될 정도로 단순하다고 생각하는가? 그렇지 않다.

불경에는 승려가 지켜야 할 33,000계율이 나온다. 33,000계율이라! 그것은 삶 속에서 일어날 수 있는 모든 상황에 대한 정해진 답들이다. 대체 33,000개나 되는 계율을 어떻게 다 기억한단 말인가? 33,000계율을 모두 외울 만큼 머리가 좋은 사람은 빠져나갈 구멍도 잘 알 것이다. 이것을 하고 싶을 때 빠져나갈 수 있는 구멍을, 저것을 하고 싶을 때 빠져나갈 수 있는 구멍을 잘 알 것이다.

기독교 성자에 대해 들은 이야기이다.

어느 날 어떤 사람이 성자의 따귀를 때렸다. 왜 그런가 하니, 그날 아침 강론에서 성자가 이렇게 말했다.

"예수님은 '누가 오른편 뺨을 치거든 왼편도 돌려대라'라고 말씀하셨습니다."

그 말을 들은 남자가 진짜 그런지 실험을 하고 싶었다. 그래서 느닷없이 성자의 뺨을 갈긴 것이다. 그런데 놀랍게도 성자는 자신의 말을 실천했다. 다른 쪽 뺨도 돌린 것이다. 그 남자도 보통은 넘었다. 성자가 다른 쪽 뺨을 돌리자 그쪽은 전보다 더 세게 때렸다. 그러자 더 놀라운 일이 벌어졌다. 남자가 다른 편 뺨을 때리자마자 성자는 남자에게 달려들어 마구 때리기 시작했다.

남자가 놀라 말했다.

"왜 그러십니까? 오늘 아침 강론에서 '이쪽 뺨을 때리거든 다른 쪽 뺨을 내주라'고 말씀하시지 않았습니까?"

그러자 성자가 호통을 쳤다.

"맞다. 하지만 나는 뺨이 세 개가 아니다! 예수님은 두 뺨에 대해서만 말했다. 네가 이미 두 뺨을 때렸으니 이제는 내 마음대로 하겠다. 예수님은 두 뺨을 맞고서 어떻게 하라는 말은 하지 않았어!"

예수의 생애에서도 이와 똑같은 일이 벌어졌다.

한번은 예수가 어떤 제자에게 이렇게 말했다.

"일곱 번이라도 용서해라!"

제자가 말했다.

"알았습니다."

제자의 말이 믿음직스럽지 않자 예수는 다시 말했다.

"일흔일곱 번이라도 용서해라!"

말뜻을 이해하지 못한 제자가 이렇게 말했다.

"그럼 일흔여덟 번째는 제 마음대로 해도 되는 건가요?"

계율을 만든다면 끝이 없다. 이것은 모두 어리석고 무의미한 일이다. 종교적이라고 하는 사람들은 다 그렇다. 사실 그들은 참다운 종교인이 아니다. 그들은 계율을 빠져나갈 구멍을 다 알고 있다. 항상 뒷문으로 빠져나간다. 인격은 잘해봤자 얇은 가면을 씌워줄 뿐이다. 성자의 얼굴을 살짝만 긁어보아라. 그 안에서 동물적인 심성이 드러날 것이다. 겉만 훌륭하게 보일 뿐이다.

표피적인 사람이 되지 말아라! 진정으로 변화하는 사람이 되어라! 참다운 변화는 존재의 주변부에서 일어나지 않는다. 참다운 변화는 존재의 중심부에서만 일어난다. 인격이 주변부의 예쁜 치장이라면 의식은 중심부의 변형이다.

자신의 잘못을 제대로 보는 순간, 그 잘못은 낙엽처럼 떨어져 나간다. 그러면 다른 것은 할 필요가 없다. 잘못을 있는 그대로 보는 것만으로 충분하다. 자신의 잘못을 자각하기만 하면 된다. 그 자각 속에서 잘못은 완전히 사라진다.

실수는 깨어 있지 못할 때 계속 저지른다. 실수는 무의식 속에 있을 때 계속 반복한다. 실수하지 않으려고 노력해도 다른 형태, 다른 방식으로 계속된다. 물론 약간의 변화는 있을 것이다. 실수의 모양이 달라지고 색깔이 달라질지 모른다. 하지만 당신은 실수에서 벗어나지 못한다. 왜냐면 당신은 실수가 실수임을 알아보지 못하기 때문이다. 타인은 당신의 실수를 알아보고 지적한다.

이처럼 사람은 자신을 제대로 보지 못하기 때문에 자신이 아름답고 지성적이고 착하고 훌륭하다고 생각한다. 하지만 아무도 당신의 생각에 동의하지 않는다! 이유는 간단하다. 당신은 타인을 볼 때 그의 실재를 보지만 자신을 볼 때는 아름다운 허구, 즉 당신이 만든 허구를 보기 때문이다. 당신은 자신에 대해 무엇을 아는가? 당신이 자신에 대해 아는 것은 실재와는 아무런 상관없는 신화뿐이다.

자신의 잘못을 깨닫는 순간, 변형은 시작된다. 과거의 모든 붓다가 가르친 것은 오직 하나뿐이다. 그것은 바로 각성이다. 붓다들은 인격을 가르치지 않는다. 인격은 사제나 정치가들이 가르치는 것이지 붓다가 가르치는 것이 아니다. 붓다는 의식을 가르치지, 도덕을 가르치지 않는다.

도덕이란 사회가 구성원에게 요구하는 규범이다. 사회는 무엇이 옳고 그른가를 가르친다. 어릴 때부터 도덕을 주입하고 강요한다. 어릴 때는 누구나 순수해서 외부에서 가르치는 것을 그대로 받아들인다. 그래서 내면에 깊이 들어박힌다. 사회는 어릴 때부터 구성원을 조건화시킨다. 사회에서는 그런 조건화를 도덕이라 부르며 이 도덕은 사람들의 일생을 지배한다. 도덕은 사회가 구성원을 노예로 만들기 위한 전략이다.

그러나 붓다는 깨어 있는 의식을 가르친다. 깨어 있는 의식을 배운 사람은 무엇이 옳고 무엇이 그른가를 타인에게서 듣지 않는다. 타인에게서 들을 필요조차 느끼지 않는다. 그는 자신의 내면으로 들어가 판단한다. 내면으로 깊이 들어가면 의식은 서서히 깨어난다. 그래서 중심에 도달하면 빛이 충만하고 어둠은 모두 사라진다.

방 안에 빛이 가득하면 굳이 어둠을 몰아내려고 할 필요가 없다. 어둠은 빛의 부재일 뿐이다. 그러므로 빛의 현존만으로도 충분하다. 인간의 광기나 정신이상도 이와 같다.

히틀러 복장을 한 사람이 정신과를 찾았다.
"보다시피 나는 아무런 문제가 없습니다. 내게는 세상에서 가장 강력한 군이 있고 재력이 있습니다. 세상 사람들이 꿈꾸는 모든 것이 있어요."
"그럼 뭐가 문제입니까?"
의사가 물었다.
"아, 내 집사람이 문제입니다. 집사람은 자신이 농부의 아내라고 생각을 해요."

이 가엾은 사람을 보고 웃지 말아라! 그는 다름 아닌 당신이다.

한 손님이 양복점에 들어갔다.
그런데 어떤 사람이 천장 한가운데를 잡고 공중에 매달려 있는 것이었다.
손님이 양복점 재단사에게 물었다.
"이 사람 지금 뭐 하는 겁니까?"
"신경 쓸 필요 없어요. 글쎄 자기가 전구래요."
"그럼 그 사람이 전구가 아니라는 사실을 왜 말해주지 않는 겁니까?"

"뭐라고요? 그럼 나보고 전깃불도 없이 일하란 말입니까?"

자신이 미쳐 있음을 깨달으면 곧바로 미친 상태에서 빠져나온다. 이것이 정신이 온전하냐 미쳤느냐를 구별하는 유일한 기준이다. 당신이 무지하다는 사실을 자각하는 순간, 당신은 지혜로운 사람이 된다.

하루는 델피의 신탁이 소크라테스가 세상에서 가장 지혜로운 사람이라고 선포했다.

신탁의 선포를 들은 사람들이 소크라테스에게로 몰려가 말했다.

"기뻐하십시오! 델피의 신탁이 당신을 세상에서 가장 위대한 현자로 선포했습니다."

이 말은 들은 소크라테스가 말했다.

"말도 안 되는 소리! 난 내가 아무것도 모른다는 사실을 알 뿐이오."

사람들은 소크라테스의 말을 이해할 수 없었다.

그래서 다시 신전으로 돌아가 신탁에게 물어보았다.

"어떻게 된 일입니까? 소크라테스는 신탁의 선포를 말 한마디로 거부해 버렸습니다. 그는 아무것도 모른다는 것입니다. 그는 '나는 아무것도 모른다는 사실밖에 모른다.'라고 합니다."

신탁이 말했다.

"그래서 나는 소크라테스가 세상에서 가장 지혜롭다고 선포한 것이다. 그는 자신이 아무것도 모른다는 사실을 안다. 바로 그래서 그가 가장 지혜로운 사람인 것이다."

무지한 사람은 자신이 지혜롭다고 생각한다. 정신이 이상한 사람은 자신이 세상에서 가장 정신이 온전한 사람이라고 생각한다.

바깥세상을 보는 것이 마음의 본성이다. 우리는 다른 사람 모두를 보지만 자신은 보지 않는다. 그래서 우리는 자신보다 타인에 대해 더 많이 안다. 우리는 자신에 대해 아무것도 모른다. 우리는 자신의 마음 속에서 일어나는 일을 관조하지 않는다. 자신의 내면을 지켜보지 않는다.

당신은 180도 방향 전환을 해야 한다. 명상이란 바로 이것이다. 눈을 감고 내면을 들여다보아야 한다. 처음에는 어둠밖에 보이지 않을 것이다. 자신의 어둠을 본 많은 사람은 기겁하며 밖으로 뛰쳐나온다. 적어도 밖에는 빛이 있기 때문이다.

밖에 빛이 있는 것은 맞다. 하지만 그 빛은 내면을 밝혀주지 못한다. 아무런 도움도 되지 않는다. 당신에게는 존재의 근원을 밝혀줄 빛이 필요하다. 생사의 불을 꺼줄 수 있는 빛이 필요하다. 영원히 계속되는 빛이 필요한 것이다. 이 빛은 당신의 내면에 있다! 당신은 그 빛을 가지고 태어났다. 그 빛은 내면에 있지만, 당신이 찾아보지 않았기 때문에 드러나지 않은 것이다.

당신은 오랜 세월 수많은 생을 거듭하며 바깥세상만을 보았다. 그래서 그것이 기계적인 습관이 되었다. 당신은 잠잘 때도 바깥세상을 본다. 꿈이 그것이다. 꿈은 바깥세상을 투사한 것이다. 당신은 한낮에도 백일몽을 꾼다. 이것은 당신이 타인에게만 관심을 두고 있음을 뜻한다. 이것은 너무나 깊은 습관이 되어서 당신은 한순간도 자신의 참 존재를 들여다보지 않는다.

처음에는 내면을 들여다보는 일이 힘들 것이다. 힘들다고 해서 불가능한 것은 아니다. 결단을 내리고 내면으로의 여행을 시작하면 머지않아 내면에서 빛을 보기 시작할 것이다. 계속 파고들어야 한다. 스스로 어둠 속을 헤쳐나가야 한다. 그러면 머지않아 어둠을 지나 빛을 보게 될 것이다. 그 빛이야말로 참된 빛이다. 해나 달보다도 참된 빛이다. 바깥세상의 빛은 일시적이다. 한동안 머물다 사라지는 빛이다. 태양마저도 언젠가는 죽을 것이다. 기름이 떨어지면 사라지는 등불만이 아니라 엄청난 에너지가 있는 태양마저도 매 순간 죽어 가고 있다. 머지않아 태양은 모든 에너지를 소진하고 블랙홀이 될 것이다. 죽은 태양에서는 빛이 나오지 않는다. 물론 태양은 대단히 오래가겠지만 영원하지는 않다. 내면의 빛만이 영원하다. 내면의 빛에는 시작도 없고 끝도 없다.

나는 잘못을 시정한다거나 착한 사람이 된다거나 성격을 고치는 것에 대해 아무런 관심이 없다. 나는 인격에 아무런 관심이 없다. 나는 오직 의식에 관심을 둘 뿐이다.

좀 더 깨어 있어라. 좀 더 자각해라! 존재의 중심을 찾을 때까지 내면을 깊이 파고들어라. 당신은 주변부에서 살고 있다. 주변부는 항상 혼란의 연속이다. 내면을 깊이 들어가면 갈수록 침묵이 깊어진다. 그런 침묵과 빛, 기쁨의 체험 속에서 당신의 삶은 다른 차원으로 이동한다. 실수와 잘못 등은 저절로 사라질 것이다.

실수나 허물에 대해 걱정하지 말아라! 오직 하나에 관심을 두라. 하나의 목표에 모든 에너지를 쏟아부어라. 그러면 당신의 의식은 서서히 깨어날 것이다. 당신의 에너지를 전체적으로 쏟아부어라. 그러면 일어날 것이다. 일어날 수밖에 없다. 그것은 당신의 생득권生得權이기 때문이다.

인간의 도덕이란 선행이나 악행에 관한 것이다. 사회도덕의 눈으로 보면 착한 사람, 정직한 사람, 거짓말을 하지 않는 사람이 좋은 사람이다.

그런데 각성한 사람은 착한 사람일 뿐 아니라 그 이상이다. 착한 사람에게는 선이 모든 것이다. 하지만 각성한 사람에게 선은 하나의 부산물일 뿐이다. 자신의 존재를 깨달은 사람에게 선은 그림자처럼 따라온다. 그런 사람에게는 선한 사람이 되려는 노력이 필요 없다. 선은 그의 본성이 된다. 나무가 파랗듯 그는 선하다.

그러나 착한 사람이 반드시 깨어 있는 것은 아니다. 그의 선행은 부단한 노력의 결과이다. 선해지려고 그는 거짓말과 도둑질, 불성실, 부정직, 폭력적인 마음과 부단히 싸웠을 것이다. 그러나 사실 착한 사람의 내면을 들여다보면 아직도 거짓말이나 부정직이 그의 마음속에 남아있다. 단지 무의식에 억압되어 있을 뿐이다. 그래서 억압된 마음은 어느 순간에라도 터져 나올 수 있다.

착한 사람은 나쁜 마음을 무의식에 억압해둔다. 그래서 그는 언제든지 나쁜 사람이 될 수 있다. 계속 억압하는 노력을 하지 않으면 나쁜 마음은 현실로 뛰쳐나올 것이다. 그의 선행은 인위적으로 만든 것이지 자연스러운 것이 아니다. 착한 사람은 성실하고 정직하고 거짓말을 하지 않으려고 부단히 노력해야 한다. 그것은 참으로 피곤한 일이다.

착한 사람은 항상 심각하다. 무의식에 억압해둔 나쁜 마음을 두려워하기 때문이다. 착한 사람은 항상 심각하다. 마음 깊은 곳에서 자신의 선행에 대한 칭찬이나 보답을 원하기 때문이다. 그의 욕망은 사람들에게 존경을 받는다. 이른바 성자라고 하는 사람들도 대부분 '착한 사람'의 범주에 드는 사람들이다.

'착한 사람'을 초월하는 한 가지 방법이 있다. 그것은 자신의 존재를 각성하는 일이다. 각성은 닦아서 되는 것이 아니다. 각성은 이미 거기 있다. 그러므로 깨우기만 하면 된다. 깨어난 사람이 하는 일은 모두 선하다. 결코 악할 수 없다.

착한 사람은 악행을 피하고 선행을 하려고 피나는 노력을 한다. 하지만 악행은 끊임없이 그를 유혹한다. 선과 악의 갈림길에서 매번 악을 버리고 선을 선택해야 한다. 예를 들어 마하트마 간디 같은 사람을 보자. 그는 선한 사람이었다. 그래서 평생 선행을 실천하려고 엄청난 노력을 했다. 하지만 그는 일흔 살에도 성적인 꿈을 꾸었다. 간디는 이런 사실에 대해 고통스러워했다. "낮에는 성적인 생각을 하지 않으려고 자신을 관리할 수 있다. 하지만 낮에 억압했던 것들이 밤에 나타나면 어떻게 해볼 도리가 없다."

이것을 보면서 우리는 한 가지를 확실히 알 수 있다. "억압한 것들은 다른 데로 사라지지 않는다." 무의식에서 기다리고 있다. 잠잘 때는 모든 노력을 쉬어야 한다. 이렇게 긴장의 끈을 놓으면 억압했던 마음이 꿈으로 나타난다. '꿈은 인간이 억압한 욕망이다.'

착한 사람은 끊임없이 갈등한다. 그의 삶은 기쁨의 삶이 아니다. 그는 마음껏 웃지도 못하고 노래를 부르지도 못하며 춤을 추지도 못한다. 그는 보는 것마다 선택해야 한다. 그의 마음은 비난과 심판으로 가득하다. 자신이 선해지려고 부단히 노력하기 때문에 자신에게 적용하는 잣대로 타인을 심판하는 것이다. 그는 자신을 있는 그대로 받아들이지 못한다. 타인의 경우, 그의 잣대에 통과한 사람만을 받아들인다. 그는 타인을 있는 그대로 받아들이지 못한다. 이 때문에 타인을 비난한다. 성자라는 사람들은 타인을 비난하는 마음으로 가득하다. 그들의 눈으로 보면 세상 사람 모두 죄인이다.

이것은 참다운 종교인의 자세가 아니다. 참다운 종교인은 타인을 심판하지도 비난하지도 않는다. 행위는 선하지도 악하지도 않다. '각성만이 선하고 무각성만이 악할 뿐이다.' 참다운 종교인은 이렇게 안다. 세상 사람 모두에게 선하게 보이는 행위를 한다 해도 무각성 속에서 한다면 그것은 선하지 않다. 참다운 종교인은 이렇게 본다. 당신이 세상 사람들이 비난하는 행위를 했다 해도 참다운 종교인은 비난하지 않는다. 그는 비난하지 못한다. 무의식으로 한 일이기 때문에 당신에게는 비난이 아니라 자비가 필요하다. 지옥에 가야 할 사람은 정녕 존재하지 않는다.

완전히 각성한 사람에게는 선택의 문제가 존재하지 않는다. 하고 싶은 일을 하는 것마다 선한 행위가 된다. 그림자가 사람을 따르듯 선한 행위가 그를 따른다. 그림자에는 노력의 문제가 있을 수 없다.

각성의 사람과 착한 사람을 같은 사람으로 생각하지 말아라! 각성의 사람은 선하다. 하지만 완전히 다른 각도에서 선하다. 그가 선해지려고 노력하기 때문에 선한 것이 아니다. 그가 깨어 있으므로 선한 것이다. 빛 속에서 어둠이 사라지는 것처럼 각성 속에서 악은 사라진다.

여태껏 종교는 도덕의 역할밖에 하지 않았다. 도덕은 사회에게 유용할지 모르나 개인에게는 유용하지 않다. 도덕이란 사회의 필요성에 의해 태어난 방편이다. 물론 모든 사람이 도둑질하면 사회는 혼란에 빠질 것이다. 모든 사람이 거짓말을 해대면 사회가 존재하기 힘들 것이다. 그래서 사회는 가장 저차원의 수준에서 도덕이 필요하다. 도덕은 사회의 실용적 도구일 뿐, 종교적 혁명은 아니다.

착한 사람에 만족하지 말아라!

무엇이 선하고 무엇이 악한지를 생각할 필요가 없는 경지를 찾아라. 당신의 각성, 당신의 의식이 억압 없는 선행의 경지에 데려다줄 것이다. 나는 마하트마 간디가 각성의 사람이었다고 생각하지 않는다. 그가 선한 사람이었던 것은 분명하다. 그는 평생 선해지려고 무진 애를 썼다. 나는 선해지려고 했던 그의 마음을 의심하지는 않는다. 그러나 간디는 지나치게 선행에 집착했다.

각성한 사람은 어떤 것에도 집착하지 않는다. 그에게는 집착하는 마음이 없다. 그는 편하고 차분하며 고요하고 평화롭다. 그의 침묵에서 나오는 것은 무엇이든 선하다. 그는 선택 없는 각성 속에서 산다.

그러므로 착한 사람이라는 관념을 넘어가라. 선하고 악한 것에 신경 쓰지 말아라! 다만 깨어 있어라. 자각해라! 그러면 모든 것은 자연스레 선해질 것이다. 각성이 완전해지면 신성으로 들어간다. 그때 선은 신성의 작은 부산물이 될 것이다.

지금까지 종교는 선행을 가르쳤다. 선한 사람이 되면 언젠가 신성을 얻는다는 것이다. 그러나 그것은 가능하지 않은 이야기이다. 선한 사람은 신성을 발견하지 못한다. 나는 그 반대의 것을 가르친다. '먼저 신성을 발견해라! 그러면 선은 저절로 따라온다.' 저절로 따라오는 선에는 아름다움이 있고, 품위가 있으며, 소박함이 있고, 겸손함이 있다. 각성한 사람은 현생이든 내생이든 아무런 보답도 요구하지 않는다. 각성이 곧 그의 보답이다.

일상 속의 지켜봄

자연스럽게 깨어 있어라. 강물이 흘러가는 것을 지켜보듯 자신 내면의 불꽃으로 지켜보아라. 그러면 당신은 깨달을 것이다. 이 세상은 환영에 불과하고 관조하는 자신만이 실재한다는 것을.

사람들은 타인만을 지켜보지 결코 자신을 지켜보지 않는다. 모두가 다른 사람이 어떻게 생겼는지, 무엇을 입었는지, 무얼 하는지 지켜본다. 이것은 참으로 피상적인 지켜봄이다. 모두가 지켜보기는 한다. 이런 지켜봄은 삶에 아무런 의미를 주지 않는다. 타인으로 향하는 지켜봄의 방향을 돌려 자신에게 향해야 한다. 마음속에 일어나는 느낌과 생각, 기분을 지켜보고 드디어는 지켜보는 자 자체를 지켜보아야 한다.

어느 유대인이 기차 여행을 하고 있었다.
그는 맞은편 좌석에 앉아 있는 가톨릭 신부에게 물었다.
"왜 신부님의 깃은 뒤집혀 있습니까?"

"우리 신부father는 이렇게 입습니다."

"저도 애들 아버지father이지만 그렇게 입지 않습니다."

"나는 수많은 사람을 아들로 둔 신부입니다."

그러자 유대인이 이렇게 말했다.

"뒤집어 입어야 하는 것은 깃이 아니라 신부님의 바지 아닐까요?"

사람들은 타인을 매우 세심히 지켜본다.

두 남자가 산책하러 밖으로 나갔다. 그런데 산책을 하다가 별안간 비가 내리기 시작했다.

한 남자가 말했다.

"빨리 우산을 펴!"

그의 친구가 말했다.

"펴도 소용없어. 구멍이 숭숭 나 있거든."

"그럼 왜 가지고 왔어?"

"비가 올 줄 몰랐잖아."

당신은 다른 사람들의 어처구니없는 행동을 보면 쉽게 웃는다. 그러나 당신은 자신을 보고 웃어본 적이 있는가? 어처구니없는 짓을 하는 자신을 알아차린 적이 있는가? 없다. 당신은 자신의 행위를 전혀 알아차리지 못한다. 당신의 지켜봄은 전적으로 타인을 향해 있을 뿐이다. 그런 지켜봄은 당신에게 아무런 도움을 주지 못한다.

영원에 시간을 맞추어라

당신 앞에 시계를 놓고 초침을 바라보아라. 당신은 아마 1분도 초침을 따라가지 못할 것이다. 10초, 20초, 30초가 흐르면 중간에 당신은 초침 보는 일을 망각하고 다른 생각 속으로 빠져든다. 그리고 아마도 중간에 초침 생각이 들면 다시 초침을 바라보려고 노력할 것이다. 당신에게는 1분간의 각성마저도 힘들어 보인다. 당신이 다른 작은 일에 깨어 있으려고 노력한다고 하자. 그 와중에도 당신은 수없이 각성 상태를 잊는다. 자신도 모르는 사이에 각성 상태를 잊고 다른 생각 속으로 빨려든다. 그리고 다시 정신이 들 때는 죄의식을 느낀다.

죄의식을 느끼면 당신이 명상하고 있는 각성의 상태로 돌아올 수 없다. 그러므로 죄의식을 느끼지 말아라! 각성을 놓치는 것 또한 자연스러운 과정이다. 후회하지도 말아라! 이것은 모든 구도자에게 일어나는 일이다. 자연스러운 과정의 하나로 받아들이라. 그렇지 않으면 자신을 가책함으로써 한순간도 깨어 있을 수 없게 된다.

자이나교의 스승인 마하비라는 인간이 48분간 중단 없이 깨어 있을 수 있으면 깨닫는다는 사실을 역사상 최초로 밝혀냈다. 48분이라! 당신에게는 수없이 떠오르는 잡념들 때문에 48초조차도 쉽지 않으리라!

가책할 필요도 없고 후회할 필요도 없다. 자신이 깨어 있음을 놓친다 해도 이것을 알아차리는 순간 돌아오라. 돌아와서 다시 지켜보기만 해라! 엎어진 물을 놓고 울고불고하는 일은 어리석을 뿐이다.

시간이 걸린다. 그리고 서서히 깨어 있는 시간이 길어진다. 1분 동안 깨어 있을 수도 있고 나아가서는 2분도 하지 못하란 법이 없다. 2분 동안이나 깨어 있을 수 있으면 대단한 기쁨이 될 것이다. 그렇다고 해도 기쁨에 사로잡히지 말아라! 대단한 일을 해냈다고도 생각하지 말아라! 그것도 장애가 될 수 있다. 이런 식으로 사람들은 도중에 길을 잃어버리기도 한다. 무엇인가를 해냈다는 도취감에 빠져 존재의 집에 돌아왔다고 생각해 버린다.

참을성 있게, 그리고 차분하게 계속 깨어 있어라. 서두르지 말아라! 시간은 많다. 성급하게 굴지 말아라! 성급함은 장애가 될 뿐이다. 각성은 잠깐 피었다 지는 꽃이 아니다. 각성은 수백 년 동안 40m, 50m씩 자라서 수천 년 동안 사는 레바논의 삼나무와 같다. 각성은 서서히 자란다. 한 치 오차 없이 자란다. 그러므로 인내심을 가지고 기다릴 일이다.

각성이 깊어지면 새로운 것들을 체험하기 시작한다. 예를 들어 이전에 자각할 수 없었던 신체의 경직된 부위들을 느끼기 시작한다. 각성이 깊어짐에 따라 전에는 느낄 수 없었던 신체의 긴장을 느낄 수 있다. 경직된 부위가 느껴질 때마다 그 부위를 이완해라! 경직된 부위들은 당신 모르게 명상을 방해하고 있었다. 그래서 몸이 이완되면 각성은 더욱 빠른 속도로 깊어진다.

각성이 깊어지면 자면서 꿈을 꾸지 않게 된다. 사실 당신의 내면 보이지 않는 곳에서는 낮에도 꿈이 흘러간다. 생각이 날 때마다 하늘에 흘러가는 구름을 지켜보듯 꿈들을 지켜보아라. 각성이 깊어질 때라야 일상의 깨어 있는 상태가 진정한 깨어 있음이 아님을 알게 된다. 당신의 내면에서는 수시로 꿈이 흘러가고 있다. 사람들은 이를 백일몽이라 부른다. 안락의자에 편히 앉아 눈을 감아보아라. 즉시 꿈들이 나타나 당신을 이끌고 갈 것이다. 꿈속에서는 위대한 사람이 되며 나라의 대통령도 되고 별의별 것들을 다 할 수 있다. 물론 꿈에서 깨어나면 모두 헛된 망상이었음을 안다. 하지만 꿈은 당신의 의지와는 상관없이 당신을 이리저리 이끌고 다닌다. 각성이 깊어지면 낮에도 꿈이 흘러가는 층을 자각할 수 있다. 각성이 깊어지면 꿈들은 사라진다. 어두운 방에 불을 켜면 어둠이 사라지듯이.

보이지 않는 터치

　무엇을 하든지 당신이 지켜보는 자임을 잊지 말아라! 앉고 걷고 먹을 때, 아무것도 하지 않을 때, 휴식하며 숨 쉴 때도 당신이 지켜보는 자임을 잊지 말아라!
　물론 당신은 거듭해서 잊을 것이다. 지켜봄을 흐트러지게 하는 생각이나 느낌, 감정 등에 빠져들 것이다. 지켜봄을 놓칠 때마다 다시 지켜봄으로 돌아오라.
　지켜봄이 내면에 지속해서 흐르게 해라! 그러면 삶의 질이 완전하게 변할 것이다. 우리는 지켜보지 않는 상태에서 손을 움직일 수도 있고, 온전히 지켜보는 상태에서 손을 움직일 수도 있다. 둘의 움직임은 완전히 다르다. 첫 번째 움직임은 기계적인 움직임이요 두 번째 움직임은 깨어난 움직임이다. 깨어 있지 않을 때는 외부에서 손의 움직임을 느끼며 깨어 있을 때는 내면에서 손의 움직임을 느낀다.

당신은 거울에 비친 자신의 모습, 외부에서 본 모습만을 안다. 당신은 지켜보는 자가 아니기 때문이다. 지켜보는 사람은 자신의 모습을 내면에서 본다. 내면에서 자신을 바라보는 것은 대단한 체험이다. 내면에서 바라보면 이상한 일들이 벌어진다. 생각이 사라지고 느낌이 사라지고 감정이 사라지며 침묵이 당신을 감싸고돌기 시작한다. 자신이 침묵의 바다에 떠 있는 섬처럼 느껴진다. 지켜보는 자로 말이다. 빛의 불꽃이 당신의 존재 중심에서 환한 빛을 발한다.

처음에는 이런 현상을 내면에서만 체험한다. 그러다가 서서히 그 빛이 몸 밖으로 나와 다른 사람들에게까지 미친다. 조금이라도 민감한 사람들은 보이지 않는 무언가가 자신에게 오고 있음을 알아차린다. 예를 들어 당신이 거리를 걸으며 자신을 지켜보면 갑자기 앞에 가는 사람이 아무런 이유 없이 뒤를 돌아보기도 한다. 자신을 지켜보면 그 지켜봄은 주위로 퍼져나간다. 그래서 당신을 앞서가던 사람에게 지켜봄의 에너지가 닿았을 것이다. 어쩌면 보이지 않는 무엇인가가 닿으면 앞서가던 사람은 뒤를 돌아보고 "무슨 일이죠?"라고 물어볼지도 모를 일이다. 그러나 당신은 그를 터치하기엔 너무 멀리 떨어져 있다.

다음과 같은 실험을 해보아라. 자는 사람 옆에 조용히 앉아 자신을 지켜보아라. 그러면 자고 있던 사람은 누가 그를 건드리기라도 한 것처럼 벌떡 일어나 눈을 뜨고 주위를 둘러볼 것이다.

당신은 빛을 통해 전달되는 터치를 점점 강하게 느낄 수 있다. 이것이 바로 파장이다. 그것은 실제로 존재한다. 당신의 파장이 퍼지면 타인은 그것을 느낀다. 당신도 자신의 파장이 타인에게 닿았음을 느낀다.

영어의 '터치touch'라는 말은 매우 의미심장하다. 당신은 "어떤 사람에게서 터치를 받았다."라는 말의 의미를 이해하지 못한 채 무심코 사용한다. 말을 한마디도 하지 않고 옆을 스쳐 지나가기만 해도, 서로 눈길이 마주치기만 해도 그 사람에게서 터치를 받을 수 있다. 말없이도 서로 통하는 것이다. 거기에는 보이지 않는 빛이 있다. 이 빛은 계속해서 사람에게도, 동물에게도, 나무와 바위에도 번져간다. 그리고 어느 날 알게 될 것이다. 당신의 빛이 내면에서 흘러나와 온 우주에 퍼져나가고 있음을 말이다.

비파사나

붓다의 길은 비파사나vipassana이다. 비파사나란 말은 관조를 뜻한다. 붓다는 호흡을 지켜보는, 더없이 위대한 방편을 발견했다. 비파사나는 자신의 호흡을 지켜보는 방편이다. 호흡은 자연스럽고도 단순한 현상이다. 호흡은 하루 24시간 동안 쉬지 않고 계속된다. 호흡하기 위해서는 특별한 노력을 하지 않아도 된다. 그런데 만약 당신이 만트라mantra, 주문 혹은 진언(眞言)_역주를 하려면 각별한 노력을 기울여야 한다. "람Ram, 인도의 대표적인 만트라의 하나_역주, 람, 람……." 이렇게 계속 외우려면 끊임없이 자신을 몰아붙여야 한다. 게다가 '람'이라는 말은 마음에서 나온 것이다. 마음에서 나온 것은 당신을 마음 너머로 인도할 수 없다.

붓다는 완전히 다른 방편을 발견했다. 호흡이 들어오고 나가는 모습을 지켜보는 것이다. 비파사나를 할 때는 호흡의 네 가지 부분을 지켜보아라. 먼저 고요히 앉아 호흡 지켜보기를 시작한다. 호흡을 느낀다. 들어오는 숨이 호흡 관조의 첫째 부분이다. 숨이 다 들어왔다가 아주 잠시 멈추는 순간이 있다. 들어온 숨은 딱 한 찰나 멈춘다. 바로 이때가 호흡 관조의 둘째 부분이다. 그런 다음 들어온 숨이 나가기 시작한다. 이때가 호흡 관조의 셋째 부분이다. 숨이 완전히 나갔을 때 역시 한 찰나 동안 멈춘다. 이때가 호흡 관조의 넷째 부분이다. 그러고 나서 호흡은 다시 들어오기 시작한다. 이렇게 해서 호흡은 하나의 원을 그린다. 이들 네 부분을 모두 지켜볼 수 있을 때 단순한 비파사나 방편이 가져오는 기적을 체험할 것이다.

지켜봄은 마음에 속한 일이 아니라 의식에 속한 일이다. 지켜봄은 정신적인 과정이 전혀 아니다. 지켜보면 마음은 그 존재를 멈춘다. 처음에는 자주 호흡을 잊거나 생각이 들어오거나 마음이 예전에 하던 대로 장난을 칠 것이다. 자신이 호흡을 잊어버렸음을 알아차렸을 때는 후회하거나 가책할 필요가 없다. 다시 지켜봄으로 돌아오라. 다시 호흡을 지켜보는 상태로 돌아오라. 서서히 장난을 치는 마음이 물러갈 것이다.

빈틈없이 48분 동안 자신의 호흡을 지켜볼 수만 있다면 당신은 지금, 이 순간에도 깨달을 수 있다. 당신은 믿지 못할 것이다. 아니, 겨우 48분 동안 지켜보면 깨닫는다고? 별로 어렵지 않아 보일 것이다. 그러나 사실은 대단히 어렵다. 겨우 48초 동안에도 당신은 수없이 많은 생각들을 한다. 당장 해보아라! 처음에는 60초 동안 깨어 있는 것도 힘들다. 겨우 60초 동안에도 당신의 의식은 계속 잠든 상태로 빠져들 것이다. 계속해서 지켜보는 자와 지켜봄을 잊어버릴 것이다. 한 생각이 떠오르면 당신은 그 생각을 따라 한없이 간다. 그러다가 자신이 생각에 빠져 있음을 갑자기 깨닫는다. 10초 동안 지켜보다가 다음 10초 동안 생각을 하다가, 이런 식이다.

시간이 흐름에 따라 감을 잡아나갈 것이다. 이것은 감이지 수행이 아니다. 서서히 당신은 감을 터득해 나갈 것이다. 깨어 있는 순간이 너무도 아름다워서, 더없는 기쁨이기 때문에 비록 짧은 순간일지라도 다시 체험하고 싶어진다. 다른 목적을 위해서가 아니라 그 순간에 존재하는 기쁨, 호흡에 현존하는 기쁨을 위해서 다시 지켜보고 싶어진다.

이것은 요가에서 하는 과정과 다르다. 이 점을 유의해라! 요가에서는 프라나야마 pranayama를 한다. 이것은 완전히 다른 방편이다. 아니 다른 것이 아니라 정반대이다. 프라나야마에서는 호흡을 깊게 하여 산소를 많이 마시고 이산화탄소를 내보낸다. 이것은 육체적인 수련이다. 육체에는 좋을지 모르지만, 명상과는 아무런 관련이 없다.

비파사나에서는 인위적으로 호흡을 변화시키지 않는다. 호흡을 평상시보다 특별히 깊거나 길게 하지 않으며 날숨을 들숨보다 오래 하지도 않는다. 자연스럽고 편하게 할 뿐이다. 모든 의식을 모아 일념으로 지켜보는 일을 할 뿐이다.

　호흡을 지켜볼 수 있다면 다른 일들도 지켜볼 수 있게 된다. 걸을 때 걷는 것을 지켜보고, 먹을 때는 먹는 것을 지켜볼 수 있게 된다. 지켜봄이 궁극에 이르면 잠자는 것도 지켜볼 수 있게 된다. 당신이 잠자는 것을 지켜보는 날, 당신은 다른 차원으로 이동할 것이다. 몸은 비록 잘지라도 내면에서 빛이 활활 타오른다. 그 어느 것도 당신의 깨어 있음을 어지럽히지 못한다. 하루 24시간 지켜봄이 저류로 흐른다. 당신은 바깥세상에서 일을 계속한다. 바깥세상은 하나도 변한 것이 없지만 당신에게는 모든 것이 변해 있다.

　한 선사가 우물에서 물을 긷고 있었다. 어떤 신도가 선사의 명성을 듣고 먼 길을 마다하지 않고 찾아왔다.

　신도는 선사가 누구인지 몰랐다. 그래서 물을 긷고 있던 선사에게 물었다.

　"이 절에 선사가 계시다고 들었는데, 어디 계시는지 아십니까?"

　신도는 선사가 허드렛일이나 하는 스님이라고 생각할 수 없었다. 물 긷는 붓다, 청소하는 붓다를 생각할 수 없었다.

　선사가 웃으며 말했다.

　"나요."

　신도는 그 말을 믿을 수 없었다.

　"선사님의 명성을 들었습니다. 하지만 물 긷는 선사님은 잘 생각되지 않습니다."

선사가 말했다.

"깨닫기 전에 이런 일을 했소. 물을 긷고 장작을 패고, 그게 내가 하던 일이었으니 깨닫고 난 후에도 그 일을 계속하는 거요. 나는 물 긷고 장작 패는 일을 아주 능숙하게 하지요. 갑시다! 내 장작 패는 일을 보여주리다."

"깨닫기 전에 그런 일을 하고 깨달은 후에도 똑같은 일을 하고……. 둘 사이에는 어떤 차이가 있습니까?"

선사가 웃었다.

"차이는 내면에 있어요. 나는 전에 모든 일을 잠든 상태에서 했소. 이제는 깨어 있는 상태에서 하오. 그게 차이요. 생활은 비록 같지만, 나에게는 전혀 다르오. 세상은 여전히 변함없는 세상이나 나에게는 전적으로 다른 세상이오. 내가 더는 같은 사람이 아니기 때문이오. 그래서 내게는 세상이 더는 같은 세상이 아니라오."

변형은 내면에서 일어난다. 이런 변형이야말로 참된 출가이다. 옛 존재가 지나간 고로 옛 세상도 지나갔다.

밤에 깨어 있으라

꿈의 상태와 각성의 상태는 완전히 다르다. 이렇게 해보아라. 매일 밤 잠들기 전에, 반은 깨어 있고 반은 잠든 상태에서 이렇게 자신에게 되뇐다.

"나는 꿈을 지켜볼 수 있다."

완전히 잠들 때까지 되뇌어라. 수일이 지나면 놀라운 일이 벌어질 것이다. 이런 되뇜이 무의식으로 깊이 들어가면 꿈을 꿈으로 지켜볼 수 있는 때가 온다. 그때 당신은 더는 꿈이 이끄는 대로 끌려가지 않아도 된다. 지켜봄이 깊어짐에 따라 꿈이 사라지기 시작한다. 꿈은 부끄럼이 대단히 많은 존재이다. 그래서 누군가 자기를 지켜보면 저절로 사라진다. 꿈은 무의식의 어둠 속에서만 존재한다. 지켜봄이 존재의 불을 밝히면 어둠 속의 꿈들은 자연히 사라진다.

그러므로 계속해서 이 방법을 명상해라! 당신은 분명 꿈을 없앨 수 있다. 꿈을 없앤다는 말은 여러 가지 뜻을 담고 있다. 첫째, 꿈이 없어지면 낮에 마음이 떠드는 소리가 잦아든다. 둘째, 좀 더 순간에 현존하게 된다. 마음이 과거나 미래로 도망가지 않는 것이다. 셋째, 행위 속으로의 몰입이 더 강렬해진다.

꿈은 일종의 병이다. 아픈 사람에게 필요한 것이다. 꿈을 완전히 떨쳐낸 사람은 새로운 형태의 건강, 새로운 형태의 비전을 얻는다. 무의식이 깨어남으로써 당신의 개인성은 더 강해진다. 무엇을 해도 후회하지 않는다. 완전히 깨인 의식으로 행동하기 때문에 후회가 들어올 틈이 존재하지 않는다.

지켜봄은 우리가 배울 수 있는 것 중에 가장 위대한 마법이다. 지켜봄은 당신의 존재를 송두리째 바꿔놓기 때문이다.

꿈을 지켜보면 꿈에는 다섯 가지가 있음을 알 수 있다. 첫째 유형은 잡동사니 꿈이다. 정신분석가들은 이 잡동사니 꿈을 분석하려고 애쓴다. 이것은 쓸데없는 짓이다. 사람은 온종일 일하면서 수많은 잡동사니를 끌어모은다. 몸에 때가 끼면 목욕을 하는 것처럼 마음에 잡동사니 때가 끼면 목욕을 해야 한다. 그러나 마음을 목욕하는 방법은 없다. 그래서 마음에는 잡동사니 때를 씻어낼 수 있는 자동 메커니즘이 들어 있다. 잠잘 때 꾸는 꿈이 바로 자동 메커니즘이다. 이 잡동사니 꿈이 전체 꿈의 90%를 차지한다. 90%의 꿈은 잡동사니이다. 그러므로 이런 꿈에 신경을 쓸 필요가 없다. 각성이 깊어지면 잡동사니가 무엇인지를 서서히 알게 될 것이다.

둘째 유형은 욕구 충족의 꿈이다. 인간에게는 자연스러운 욕구들이 많이 있다. 그러나 사제나 종교지도자는 사람들이 기본적인 욕구를 충족시키는 일을 하지 못하도록 마음을 오염시킨다. 그들은 욕구를 충족하려는 사람들을 비난한다. 이런 비난은 사람들의 마음에 죄의식을 심는다. 당신에게는 여러 가지 욕구가 있다. 그리고 그 욕구들을 충족하고 싶어 한다. 둘째 유형의 꿈은 바로 욕구 충족의 꿈이다. 사제나 종교지도자들로 인해 당신의 존재가 요구하는 욕구를 아무리 부정한다 해도 당신의 마음은 욕구를 꿈속에서 실현한다.

사람들은 욕구를 따라간다. 욕구 이면에 있는 삶의 의미를 추구하지 않는다. 의미가 의식의 마음이라면 욕구는 무의식의 마음이다. 둘째 유형의 꿈은 이런 식으로 나타난다. 당신은 끊임없이 요구를 잘라내지만, 마음은 끊임없이 꿈속에서 욕구를 충족한다. 당신은 대단한 책들을 읽고 위대한 사상가들에게 오염된다. 그들의 사상은 당신의 세계관을 결정한다. 그러면 당신의 문은 존재계에 닫힌다. 철학도 당신의 눈을 멀게 한다. 눈을 멀게 하여 욕구들을 잘라낸다. 그러나 무의식은 사상이나 철학 따위를 모른다. 그래서 억압된 욕구들은 꿈속에서 자유분방하게 나타난다. 무의식은 의미도 목적도 모른다. '자신의 존재를 위해서 욕구는 충족되어야 한다.' 무의식은 이 한 가지밖에 모른다. 그래서 무의식은 억압된 욕구를 꿈속에서 충족하려 한다. 이것이 둘째 유형의 꿈이다. 이 꿈의 의미는 깊다. 따라서 이 꿈을 명상하고 이해해라! 무의식은 이렇게 말한다. "바보처럼 굴지 마라! 욕구는 당신 존재를 위한 것이다. 이를 충족하지 않으면 당신 존재가 굶어 죽는다. 자살행위를 하지 마라. 욕구를 죽이는 일은 자살행위에 불과하다."

희망은 의식의 마음이지만 욕구는 무의식의 마음이다. 이를 잘 알라. 둘의 차이는 참으로 의미심장하다. 희망은 의식의 마음에서 나온다. 무의식은 희망이 무엇인지 모른다. 무의식은 희망 따위에 신경 쓰지 않는다. 희망이란 무엇인가? 희망은 생각과 교육, 조건화 등에서 나온다. 당신이 대통령이 되고 싶은 희망을 무의식은 모른다. 무의식은 대통령이 되는 것에 아무런 관심이 없다. 무의식은 어떻게 하면 욕구를 충족해서 유기적인 통일체가 되느냐에 관심을 둔다. 하지만 의식의 마음은 이렇게 말한다. "대통령이 되자. 대통령이 되는 데 사랑을 희생할 필요가 있다면 희생하자. 몸을 희생할 필요가 있다면 희생하자. 휴식을 희생할 필요가 있다면 희생하자. 무슨 일이 있어도 대통령이 되자." 혹은 갑부가 되자. 이것은 의식의 마음이다. 하지만 무의식은 갑부가 무엇인지 모른다. 무의식은 자연스러움을 알 뿐이다. 무의식은 사회의 영향을 받지 않는다. 무의식은 동물이나 식물, 새나 나무 등과 같다. 무의식은 사회나 정치가가 조건화시킬 수 없는 대상이다. 무의식은 언제나 순수한 상태로 존재한다.

둘째 유형의 꿈에 귀를 기울이고 명상해라! 이 꿈은 당신에게 참으로 무엇이 필요한지를 알려준다. 욕구를 충족해라! 희망 따위에는 신경 쓰지 말아라! 당신이 참으로 더없는 행복을 원한다면 욕구를 실천하고 희망에는 신경 쓰지 말아라! 불행해지고 싶다면 욕구를 억누르고 희망을 좇아라.

당신은 욕구를 억누르고 희망을 좇음으로써 불행해진다. 이것은 단순한 현상이다. 당신이 불행하건 행복하건 이것은 매우 단순한 현상이다. 강물이 바다로 흘러드는 것처럼 욕구에 귀를 기울이고 욕구를 충족해라! 강물은 동으로 갈까 서로 갈까 생각하지 않는다. 흐름에 자신을 맡긴다. 동쪽이냐 서쪽이냐는 무의미하다. 바다로 흘러드는 강물은 희망 사항을 모른다. 그저 욕구만을 알 뿐이다. 그래서 동물은 행복해 보인다. 가진 것이 아무것도 없지만 정말 행복하다! 당신은 많은 것을 소유했지만 정말 불행하다. 동물조차도 아름다움이란 면에서 당신보다 낫다. 행복이란 면에서 당신보다 낫다. 어떻게 된 일인가? 동물에게는 무의식의 마음을 통제하려는 의식의 마음이 없기 때문이다. 동물의 마음은 분리되어 있지 않은 것이다.

둘째 유형의 꿈이 시사하는 바는 크다. 둘째 유형의 꿈을 통해 자신의 의식을 변화시키고, 행동을 변화시키며, 생활을 변화시킬 수 있다. 무의식의 마음이 무엇을 말하든 그 욕구에 귀 기울여라.

무의식에는 세상의 모든 지혜가 담겨 있다. 그러므로 무의식은 언제나 옳다. 이 점을 명심해라! 당신은 이미 무수한 생과 사를 거듭했다. 의식은 현생에서만 작용한다. 의식은 학교나 가정, 사회에서 교육을 받아 형성된다. 그러나 무의식은 전생의 모든 체험을 담고 있다. 당신이 바위였을 때의 체험도, 나무였을 때의 체험도, 동물이었을 때의 체험도 모두 담고 있다.

무의식은 당신의 모든 과거를 담고 있다. 그래서 무의식은 더할 나위 없이 지혜롭다. 의식은 더할 나위 없이 어리석다. 의식은 그럴 수밖에 없다. 의식은 현생의 체험만을 알며 무의식에 비하면 그 체험이 짧기 때문이다. 의식은 유치하다. 무의식은 언제나 지혜롭다. 그러므로 당신의 무의식에 귀를 기울이라.

현재 서양의 정신분석은 둘째 유형의 꿈을 듣고 분석하고 그에 따라 생활을 변화시키는 것이다. 이것이 정신분석의 전부이다. 정신분석이 많은 이들에게 도움을 주고 있는 것은 사실이다. 둘째 유형의 꿈을 듣고 분석하기 때문에 삶이 좀 더 이완되는 것이다. 하지만 정신분석에는 분명 한계가 있다.

다음으로 셋째 유형의 꿈이 있다. 셋째 유형의 꿈은 초의식에서 오는 메시지이다. 둘째 유형의 꿈은 무의식에서 오는 메시다. 셋째 유형의 꿈은 드물다. 우리는 초의식과 접촉할 수 있는 길을 모두 상실했기 때문이다. 하지만 가끔 초의식이 나타날 경우도 있다. 그 초의식은 당신의 것이다. 당신의 초의식은 증발해서 구름이 되었을 수도, 하늘 저편으로 숨었을 수도, 지구 저편에 있을 수도 있다. 그렇지만 아직도 초의식은 나타난다.

초의식에서 오는 메시지는 드물다. 아주 깊이 깨어 있을 때라야 초의식을 느낄 수 있다. 깊이 깨어 있지 않으면, 마음이 지어내는 뿌연 꿈의 먼지 속에 묻혀버린다. 마음이 끊임없이 꿈꾸는 욕망 속에 묻혀버린다. 하지만 당신이 깊이 깨어 있으면 초의식은 다이아몬드처럼 빛을 발할 것이다.

초의식에서 오는 꿈을 알아차리려면 이를 지켜보아라. 이 꿈을 명상하라! 그 꿈이 당신을 인도할 것이다. 당신의 스승으로 인도할 것이다. 당신에게 맞는 생활로, 당신에게 맞는 수행으로 인도할 것이다. 이 꿈은 내면의 인도자가 되어줄 것이다. 표면 의식으로 스승을 찾으면 기껏해야 선생을 찾게 된다. 무의식으로 스승을 찾으면 구미에 맞는 사람을 찾을 뿐이다. 자신이 좋아하는 타입이나 성격의 소유자를 만날 것이다. 하지만 초의식으로 스승을 찾는다면 진정한 스승을 만날 것이다. 그는 평범한 선생이 아니다. 당신은 그의 말, 그의 존재에 싫증 내지도 않을 것이다. 그는 당신의 의식이 성장할 가능성을 열어주며 당신이 성장할 수 있는 토양이 되어줄 것이다.

다음으로 넷째 유형의 꿈이 있다. 이것은 전생에서 오는 꿈이다. 이런 꿈은 드물지 않다. 가끔 나타난다. 그러나 당신의 내면이 혼란스러워 제대로 식별하지 못한다. 이런 유형의 꿈을 식별할 수 있는 '당신'이 내면에 존재하지 않는다.

동양에서는 넷째 유형의 꿈을 다룬다. 이런 유형의 꿈 덕분에 우리는 어쩌다 가끔 전생이란 현상과 우연히 만난다. 그리하여 당신은 과거 생으로 시간을 거슬러 올라간다. 그러면 삶에 많은 변화가 일어나기 시작한다. 꿈속에서라도 자신의 전생을 보면 많은 것들이 무의미해지고 많은 것들이 새로운 의미를 띠게 된다. 생활이 송두리째 바뀐다. 인생이 송두리째 바뀐다.

당신은 전생에 엄청난 재산을 모았다. 그리고 이생에서도 똑같은 일을 계속하고 있다. 그러다가 어느 순간 전생의 모습들을 본다. 과거에 자신이 무엇을 하고 어떻게 끝났는지, 여러 전생에 왜 같은 일을 수없이 반복했는지, 왜 악순환을 거듭해야 했는지, 왜 같은 시작과 끝을 거듭했는지를 알면 자신의 생에 새로운 것이 하나도 없음을 깨달을 것이다. 당신은 생을 거듭하며 재산을 축적하고, 생을 거듭하며 권력을 좇으며 지식인이 되고자 한다. 생에 생을 거듭하며 사랑에 빠지고 사랑 뒤에 오는 불행에 허덕인다. 이렇게 수없이 되풀이되는 자신의 전생들을 보면 당신에게 변화가 일어나지 않을 수 없다. 별안간 삶에 변형이 일어난다. 당신은 더는 똑같은 일상을 반복할 수 없다.

그래서 동양에서는 수천 년 동안 자신에게 이런 질문을 던졌다. "어떻게 하면 생사의 수레바퀴에서 빠져나올 수 있는가?" 똑같은 이야기, 똑같은 수레바퀴가 끊임없이 반복되고 굴러간다. 이런 사실을 깨닫지 못하는 사람은 지금 완전히 새로운 일들을 하고 있다고 믿는다. 하지만 나는 당신이 수없이 같은 일을 반복했었고 지금도 반복하고 있음을 볼 수 있다.

삶에는 아무것도 새로운 것이 없다. 인생은 수레바퀴와 같다. 같은 길을 끊임없이 굴러간다. 인간은 생이 바뀌면 전생을 완전히 망각한다. 그래서 새로운 삶을 주면 그 신선함으로 마음이 설렌다. 그러나 자신의 전생을 기억하면 설레는 감정은 사라진다. 바로 그럴 때 산야스는 시작된다.

산야스란 수레바퀴에서 빠져나오려는 노력이다. "자 이만하면 됐다! 나는 똑같은 일상의 반복에 더는 참여하지 않겠다. 이제 빠져나오고 싶다." 자신에게 이렇게 다짐한다. 산야스는 수레바퀴에서 빠져나오는 일이다. 사회를 빠져나오는 것이 아니라 생사의 수레바퀴를 빠져나오는 일이다.

이것이 넷째 유형의 꿈이다.

다음은 마지막으로 다섯째 유형의 꿈이다. 넷째 유형이 전생으로 돌아가는 꿈이었다면 다섯째 유형은 미래로 나아가는 꿈이다. 이와 같은 꿈은 참으로 드물다. 당신이 자신도 모르게 완전히 열렸을 때 정말로 가끔 일어난다. 과거도 예시를 보여주고 미래도 예시를 보여준다. 그리고 그 예시는 당신의 내면에 비친다. 꿈을 지켜볼 수 있는 사람은 미래의 모습 또한 지켜볼 수 있다. 사실 미래가 당신을 들여다본다. 문득 문이 열리고 미래가 당신에게 이야기한다.

이들이 꿈의 다섯 유형이다. 현대 심리학은 둘째 유형의 꿈밖에 알지 못하며 이를 종종 첫째 유형과 혼동하기도 한다. 나머지 셋은 거의 알려지지 않았다.

당신의 명상이 깊어지고 꿈속에서도 자신의 존재를 자각할 수 있으면 많은 일이 벌어진다. 밤에 꿈을 지켜보는 일이 깊어지면 낮의 현실도 서서히 꿈으로 보이기 시작한다. 그래서 힌두교도들은 세상이 꿈과 같다고 말한다.

현재는 상황이 정반대이다. 당신은 낮의 현실 세계가 실재한다고 강하게 믿기 때문에 밤의 꿈조차도 현실로 받아들인다. 어떤 사람도 꿈을 꾸면서 '이것은 실재가 아니야'라고 생각하지 않는다. 꿈속으로 들어가면 꿈은 너무나 현실적이고 너무나 완벽한 실재로 보인다. 다음 날 아침이 되면 '내가 꿈을 꾸었구나'라고 생각할 것이다. 다음 날 아침이면 이미 때가 늦는다. '내가 꿈을 꾸었구나'라고 생각하는 것도 마음이다. 이 마음은 관조자가 아니다. 이 마음은 소문으로 들었을 뿐이다. 다음 날 아침에 깨어서 "모든 것이 꿈이었구나."라고 말하는 마음은 지켜보는 자가 아니다. 그렇다면 마음은 어떻게 해서 "모든 것이 꿈이었구나."라고 말할 수 있는가? 그것은 단지 마음이 들은 소문일 뿐이다.

이것은 당신이 자고 있는데 다른 두 사람이 떠드는 상황에 비유될 수 있다. 당신은 잠결에 언뜻 두 사람이 떠드는 소리를 듣는다. 이렇게 잠결에 들은 떠드는 소리는 어느 정도 기억에 남는다. 즉 무의식이 거창한 꿈을 지어내고, 잠든 의식이 남이 떠드는 소리를 듣고는 다음 날 아침 "이건 모두 현실이 아니라 꿈이다."라고 말하는 것과 같다.

지금 당신이 꿈을 꾼다면 전혀 의심하지 않는다. 완벽한 현실로 받아들인다. 말도 안 되는 일도 현실로 보이고 앞뒤가 맞지 않는 일도 실재로 보인다. 무의식은 논리를 모른다. 꿈속에서 당신은 길을 걷다가 저만치서 말이 오는 것을 본다. 그러다가 갑자기 말이 아내로 변신한다. 이런 황당한 모습을 보아도 당신의 마음은 의심하지 않는다. '어떻게 이런 일이? 대체 말이 어떻게 아내가 될 수 있단 말인가?' 아무런 의심도 문제도 떠오르지 않는다. 무의식은 의심을 모른다. 무의식은 그렇게 황당한 일도 현실로 믿어 버린다.

그러나 당신이 꿈을 지켜보면 정반대의 현상이 일어난다. 꿈을 지켜보면 꿈을 꿈으로 인식하게 된다. 실재가 아니라 마음이 지어내는 드라마로 인식한다. 당신이 무대이고 배우이며 작가이다. 당신이 연출자이고 제작자이며 동시에 관객이다. 그 드라마에 당신 말고는 다른 사람이 존재하지 않는다. 드라마의 모든 것을 마음이 지어낸다. 이런 자신의 드라마를 지켜보고 거기에 깨어 있으면 온 세상의 모습이 달라 보이기 시작한다. 지금 여기에서 벌어지는 모습 또한 마찬가지이다. 무대가 조금 넓기는 하지만 이 또한 꿈인 것은 마찬가지이다.

힌두인들은 이 세상을 마야maya라고 부른다. 마음이 지어낸 꿈 같은 환영이라는 뜻이다. 무슨 의미인가? 세상이 실재하지 않는다는 말인가? 아니다. 세상은 실재한다. 그런데 세상을 제대로 인식하지 못하고 혼란을 일으키면 마음은 스스로 실재하지 않는 세상을 지어내는 것이다. 우리는 같은 세상에서 살지 않는다. 모두가 자신만의 세상에서 산다. 세상은 인간의 수만큼 존재한다. 힌두인들이 세상을 마야로 부를 때의 마야는 '실재 더하기 마음'의 세상을 뜻한다. 우리는 있는 그대로의 실재를 모른다. '실재 더하기 마음'의 세상이 곧 마야요 환영이다.

의식이 깨어난 붓다는 '실재 빼기 마음'의 세계를 안다. 그 세계가 곧 진리요 브라만brahman, 형상으로 나타나지 않은 우주의 궁극적인 근원 혹은 지고의식(至高意識)_역주요 궁극의 세계다. 마음은 꿈을 지어내는 재료이다. 그래서 실재에 마음을 더하면 모든 것은 꿈이 된다. 실재에서 마음을 빼면 실재만이 남고 꿈은 사라진다.

마음은 거울과도 같다. 거울 속에 세상이 비친다. 거울 속에 비친 세상은 진짜가 아니다. 거울 속에 비친 모습일 뿐이다. 거울이 사라지면 비친 세상도 사라진다. 그리고 실재만이 보인다. 보름밤 고요한 호수에 달이 비친다. 당신은 달이 너무 아름답게 보여 호수에 비친 달을 잡으려고 한다. 이것이 바로 모든 인간이 세세생생世世生生 하는 일이다. 물론 당신은 호수 위에 비친 달을 잡을 수 없다. 그것은 불가능하다. 우리는 호수가 아니라 호수 반대 방향을 바라보아야 한다. 거기에 달이 있기 때문이다. 마음은 호수다. 마음은 호수 위에서 환영의 세상을 비춘다. 눈을 감고 꿈꾸건 눈을 뜨고 꿈꾸건 매한가지이다. 마음이 거기 있으면 일어나는 모든 일은 꿈이 된다. 꿈에 대해 명상하면 맨 먼저 깨닫는 것은 바로 이것이다.

다음으로 깨닫는 것은 '나는 관조자'라는 사실이다. 꿈은 당신 밖에서 계속 진행되지만 당신은 더는 꿈의 한 부분이 아니다. 마음의 한 부분도 아니다. 당신은 꿈도 마음도 초월해 있다. 당신은 마음을 사용하지만, 마음 자체는 아니다. 당신은 마음을 통해 사물을 보지만 마음 자체는 아니다. 당신은 마음을 떠나 관조자가 되는 것이다.

이 관조는 마지막 관조요, 궁극의 관조며, 깨달음의 관조이다. 잠잘 때 꿈이 나타나건 낮에 꿈이 나타나건 당신은 모든 것을 관조할 뿐이다. 당신은 세상 속에 머물지만, 세상은 더는 당신을 침범하지 못한다. 사물은 계속 존재하지만, 마음은 사물 속에 있지 않고 사물 또한 마음속에 있지 않다. 갑자기 관조자가 나타나고 모든 것이 변한다.

일단 감을 터득하면 어려운 일이 아니다. 보통 사람들에게 이것은 매우 어렵게 보인다. 거의 불가능하게 보일 수도 있다. 어떻게 꿈을 꾸면서 깨어 있는단 말인가? 거의 불가능해 보이지만 그렇지 않다. 매일 밤 잠들기 전에 깨어서 지켜보려고 노력한다면 약 3개월에서 9개월 정도가 걸릴 것이다.

단, '활동적인' 의미에서 깨어 있으려고 하지 말아라! 활동적인 의미에서 깨어 있으려고 노력하면 잠드는 것이 어려워질 것이다. '수동적으로' 깨어 있어라. 몸을 이완하고 마음을 푹 쉬고 자연스럽게 깨어 있어라. 깨어 있는 데에 지나치게 신경 쓰지 말라는 뜻이다. 수동적인 각성 상태면 좋다. 강가에 앉아 강물이 흘러가는 것을 지켜보듯이 해라! 그러면 3개월에서 9개월 정도가 소요될 것이다. 그러면 어느 날 어두운 스크린이나 장막처럼 잠이 내려온 상태에서도 내면의 불꽃은 활활 타오를 것이다. 당신은 내면의 불꽃으로 지켜본다. 그리고 꿈의 세계가 시작된다. 여러 드라마나 연극이 펼쳐진다. 당신은 계속 지켜본다. 그러면 자신이 지금 어떤 꿈을 꾸고 있는지 점점 식별할 수 있게 된다. 그러다가 어느 날 '잘 때 꾸는 꿈은 낮에 보는 것과 다르지 않다'라는 사실을 깨닫는다. 둘은 질적으로 다르지 않다. 온 세상이 환영이 된다. 즉 세상은 환영이고 관조자만이 실재이다.

실에 매달린 검

인도의 옛날이야기이다.

어느 위대한 현자에게 젊은 제자가 한 명 있었다. 현자는 이 젊은 제자를 자나크Janak 왕실로 보내어 왕의 가르침을 배우게 했다.

젊은 제자가 현자에게 따졌다.

"스승께서 저를 가르칠 수 없다면 자나크왕이라고 해서 뾰족한 수가 있겠습니까? 스승님은 세상이 다 아는 현자이지만 자나크는 왕일 뿐입니다. 왕이 명상과 각성에 대해 알면 얼마나 알겠습니까?"

스승이 이렇게 타일렀다.

"가서 내가 시키는 대로만 하거라. 먼저 왕에게 가서 정중하게 인사를 드려라. 네가 산야신이나 구도자라는 사실 따위는 잠시 잊어라. 왕은 평범한 세속인일 뿐이라는 생각도 버려라. 먼저 자세를 낮추어라. 왕에게 배우라고 보내는 것이다. 그러니 지금부터는 왕이 네 스승이다. 내가 너의 부족한 점을 가르치려고 이리저리 애써보았지만 여기서는 안 되겠다. 네게는 다른 환경이 필요한 거다. 자나크의 왕실과 궁전이 네게는 좋은 환경이 되어줄 것이다. 그러니 가서 정중히 인사를 드리고 며칠 배우도록 해라! 너는 지금 나를 대표해서 가는 것이다."

제자는 마지못해 떠났다. 그는 가장 높은 승려계급인 브라만이었다. '자나크가 나를 가르친다고? 부유한 왕이라고 감히 브라만을 가르칠 수 있단 말인가?' 브라만은 자신들이 사람들을 가르치는 위치에 있다고 생각한다. 하지만 자나크는 브라만이 아니라 무사 계급인 크샤트리아였다. 브라만이 최고 승려계급이요 크샤트리아는 그 다음 급이었다. '그런데 이 사람에게 정중히 인사를 하라고? 이런 일은 있을 수 없어!' 브라만이 크샤트리아에게 절을 하는 것도 인도 문화에 어긋나는 것이었다.

하지만 스승이 그렇게 하라고 일렀으니 어떻게 하랴! 그래서 제자는 왕궁으로 들어가 마지못해 왕에게 고개를 숙였다. 그는 크샤트리아에게 고개를 숙여야 한다는 사실에서부터 스승에게 화가 나기 시작했다. 그는 자나크에게 고개를 숙이는 일을 치욕으로 생각했다. 그때 아름다운 여인이 춤을 추고 있었으며 사람들은 술을 마시고 자나크는 그 좌중 가운데 앉아 있었다. 제자는 속으로 비웃으면서 고개를 숙였다.

자나크가 웃으며 말했다.

"그렇게 마음속으로 비웃을 거라면 차라리 인사를 하지 마시오. 그리고 나를 안다고 생각하지 마시오. 당신의 스승은 나를 잘 알기 때문에 당신을 이리로 보낸 것이오. 뭔가를 배우라고 보냈소. 하지만 당신의 그런 태도는 배우는 자세가 아니오."

제자가 말했다.

"나는 그런 것은 상관하지 않습니다. 스승이 보내서 온 것일 뿐입니다. 내일 아침에는 돌아갈 겁니다. 여기서는 배울 수 있는 것이 없는 것 같습니다. 내가 왕에게서 배우면 내 수행은 엉망이 될 것입니다. 나는 아리따운 여인을 보면서 술 마시는 법을 배우러 오지 않았습니다. 이 모두는 타락한 세속인의 생활입니다."

자나크는 여전히 미소를 지으며 말했다.

"내일 아침에 떠나도 좋소. 여기까지 오느라고 피곤했을 터, 오늘 밤은 여기서 쉬도록 하시오. 혹시 오늘 밤이 당신에게 뭔가를 알려줄지도 모를 일이오."

'밤이 뭔가를 가르쳐 주다니, 모를 일이다. 하여튼 오늘 밤은 여기서 묵기로 했으니 조용히 있다가 가자.'

왕은 젊은 제자를 위해 궁전에서 가장 아름답고 호화로운 방을 내주었다. 그리고 친히 젊은 제자를 따라가 음식과 잠자리를 마련해 주었다. 제자가 잠들자 왕은 자리를 떴다.

하지만 제자는 다음 날 아침까지 한숨도 잘 수가 없었다. 바로 자신의 머리 위에 서슬이 시퍼런 검이 가느다란 실에 묶인 채 매달려 있었기 때문이다. 검을 매달고 있는 실이 끊어지기만 하면 그의 목숨은 그것으로 끝이었다. 제자는 검이 언제 떨어질지 몰랐기 때문에 밤새도록 깨어서 지켜봐야만 했다.

다음 날 아침이 되어 왕이 찾아왔다.

"방은 편안했습니까? 침대도 괜찮았습니까?"

제자가 대답했다.

"편안했습니다! 다 편안했어요. 그런데 대체 이 검은 무엇입니까? 왜 이런 장난을 하는 겁니까? 이건 못된 것입니다. 나는 먼 길을 걸어오느라 녹초가 되었습니다. 그런데 이런 장난을 치다니요! 대체 이게 뭡니까? 서슬 퍼런 검을 실에 묶어 놓다니요? 그것도 제 머리 위에. 아마 바람만 불었어도 제 목숨은 날아갔을 겁니다. 내가 여기에 목숨을 끊으러 온 것은 아니잖습니까?"

왕이 말했다.

"딱 하나만 묻겠습니다. 몸이 지쳐 있었기 때문에 빨리 잠이 들 수도 있었지만 그러지 못했습니다. 왜 그랬습니까? 한순간만 졸아도 목숨을 잃을 수 있었기 때문이었습니다. 그래서 당신은 번쩍 깨어 있었습니다. 그것이 내가 주는 가르침입니다. 이제 가도 좋습니다. 좀 더 머무르고 싶다면 그렇게 해도 좋습니다. 나는 조정에서 일을 보거나 아름다운 여인이 춤을 추어도 내 머리 위에 있는 서슬 퍼런 검을 생각하며 깨어 있습니다. 그 검은 보이지 않습니다. 그 검의 이름은 '죽음'

이라고 합니다. 여인이 춤을 추어도 나는 여인을 보지 않습니다. 당신이 호화로운 방을 누릴 수 없었듯이 나는 술을 마시지 않습니다. 나는 어느 순간에 찾아올지 모를 죽음에 늘 깨어 있습니다. 그러므로 나는 궁전에 살아도 산속의 은자입니다. 당신의 스승은 나를 잘 압니다. 그분은 내가 무엇을 깨달았는지를 압니다. 그래서 당신을 내게로 보낸 겁니다. 여기서 며칠을 더 머무르면 자신도 지켜볼 수 있을 겁니다."

좀 더 깨어 있고 싶은가? 그렇다면 삶의 불확실성에 좀 더 깨어 있어라. 죽음은 어느 순간에도 찾아올 수 있다. 다음 순간 당신의 문을 두드릴 수도 있다. 당신이 영원히 살 것 같으면 굳이 깨어 있으려고 노력할 필요가 없다. 그렇지만 죽음이 한발 한발 다가오는 것을 알아차렸다면 깨어 있지 않을 수 없다. 삶은 바늘로 콕 찌르면 터지는 비누 거품과 같다. 그런데 어떻게 깨어 있지 않을 수 있겠는가?

행동 하나하나에 당신의 각성을 불러오라.

당신에게는 두 가지 차원이 존재한다. 하나는 마음의 차원이요 다른 하나는 무심의 차원이다. 혹은 이런 식으로 말할 수도 있다. "하나는 존재의 주변부에서 사는 차원이요, 다른 하나는 존재의 중심부에서 사는 차원이다."

원에는 중심이 있다. 당신은 이에 대해 알 수도 있고 모를 수도 있다. 어쩌면 당신은 이 중심에 대해 생각조차 하지 않았는지도 모른다.

하지만, 원에는 중심이 있어야 한다. 그런데 당신은 원의 주변부에서 산다. 당신이라는 원에도 중심이 있다. 중심이 없으면 당신은 존재할 수 없다. 이 중심은 당신이라는 존재의 핵을 말한다.

그 중심 속에서 당신은 이미 붓다다. 이미 존재의 집에 도달한 자다. 존재의 주변에서 당신은 세상을 산다. 마음과 꿈, 욕망, 걱정 등등 수만 가지 게임을 한다. 당신은 중심이면서 동시에 주변이다.

붓다와 같은 아름다움과 각성, 침묵, 그리고 더없는 행복과 축복의 세계를 언뜻 보는 순간이 있다. 자신의 중심을 흘긋 보는 일별의 순간이 있다. 그 일별은 절대 오래가지 않는다. 다시 주변으로 떨어진다. 당신은 삶의 의미를 상실한 채 슬퍼하는 모습, 어리석은 모습, 좌절하는 자신의 모습 등을 보아야 할 것이다. 당신은 주변의 차원과 중심의 차원에 동시에 존재하기 때문이다.

지켜봄을 놓지 않는 사람은 주변에서 중심으로 들어갈 수 있다. 또한 중심에서 주변으로 부드럽게 나올 수도 있다. 원하는 대로 집 안으로 들어가기도 하고 집 밖으로 나오기도 하는 것처럼 말이다. 그는 이분법적으로 보지 않는다. "내가 집 밖에 있는데 어떻게 안으로 들어갈 수 있다는 겁니까?"라고 반문하지도 않고, "내가 집 안에 있는데 어떻게 밖으로 나갈 수 있다는 겁니까?"라고 반문하지도 않는다. 날씨가 참 따뜻하고 화창해서 정원에 나가 쉰다. 그러다가 더워져 땀을 흘리면 일어나 집 안으로 들어간다. 집 안은 시원하고 안락하다. 이렇게 자유자재로 자기 뜻에 따라 들어오고 나간다.

이처럼 깨어난 사람은 자유자재로 주변에서 중심으로 들어가고, 중심에서 주변으로 나온다. 그는 어느 곳에도 눌러앉지 않는다. 중심과 주변은 그의 양 날개이다. 그래서 그는 시장터에서 수도원으로, 외향에서 내향으로 쉼 없이 이동한다. 그의 중심과 주변은 싸우지 않는다. 서로 반대편에 있지만, 균형을 유지한다. 새의 양 날개가 균형을 유지하지 못하면 새는 날 수 없다. 양 날개의 방향은 서로 다르지만, 균형을 잡아야 한다. 그래야 새는 자유롭게 창공을 날아오를 수 있다. 이처럼 내면과 외면은 당신의 양 날개이다.

이를 깊이 명심해야 한다. 마음은 한 곳에만 눌러앉으려는 경향이 있다. 세상에는 시장터에만 눌러앉는 사람이 있다. 그는 먹고살려면 시장터 밖으로 나갈 수 없다고 말한다. 그래서 명상할 시간이 없다고 한다. 시간이 있다 해도 명상하는 법을 모르며 자신은 명상할 수 없을 거라고 말한다. "나는 세속적인 사람인데 어떻게 명상할 수 있느냐?"라고 반문한다. "나는 물질적인 사람인데 어떻게 명상을 할 수 있느냐?"라고 묻는다. 자신은 외면만을 아는 사람인데 어떻게 안으로 들어갈 수 있겠느냐고 말한다. 그는 한쪽의 날개만을 선택한 사람이다. 당연히 그런 선택에서는 좌절이 나온다. 한쪽 날개만을 택하면 좌절이 따라올 수밖에 없다.

그리고 세상에 지친 나머지 세상을 버리고 수도원으로 들어가는 사람이 있다. 히말라야로 들어가 산야신이 되고 승려가 되어 홀로 살면서 자신에게 내향적인 삶을 강요한다. 그는 두 눈을 감고 문을 모두 걸어 잠근다. 그리고 라이프니츠(Leibniz, Gottfried Wilhelm von, 1646-1716), 독일의 철학자이자 수학자. 대표 저서로 『단자론(Monadologia)』 등이 있음_역주 의 창문 없는 단자單子처럼 된다. 이것은 대단히 권태로운 삶이다.

그는 시장터의 생활에 좌절하고 지친다. 계속 시장이 정신병원처럼 생각된다. 시장 어디에서도 쉴 곳이 없다. 휴일도 없는 삶, 너무나 많은 관계 속에서 자신을 위한 공간을 찾지 못한다. 그는 자신의 존재를 잃고 사물 속으로 매몰된다. 점점 깊이 물질 속으로 빠져든다. 그리고 영성靈性으로부터 멀어진다. 자신의 방향을 잃고 있다. 자신의 각성을 잃고 있다. 그래서 지치고 피폐해진 나머지 도피한다. 혼자 산다. 내면의 삶을 산다. 하지만 머지않아 그런 생활에도 지칠 것이다. 그는 이쪽 날개를 완전히 버리고 저쪽 날개를 선택한 것이다. 이것은 한쪽으로 기운 삶이다. 그래서 이제는 반대편에서 똑같은 오류 속으로 빠져든다.

나는 이쪽을 주장하지도 저쪽을 주장하지도 않는다. 나는 당신이 시장터에서 명상할 수 있는 역량을 갖추기를 바란다. 많은 사람과 관계를 하면서 사랑하기를 바란다. 이것은 당신의 삶을 풍요롭게 하는 길이다. 그러면서도 때로 모든 관계를 떠나 문을 닫고 자기 존재와 관계를 갖는 길이다.

타인과도 관계를 갖고 자신과도 관계를 갖는다. 타인을 사랑하고 자신도 사랑한다. 나가라! 세상은 아름답다. 모험으로 가득하다. 도전할 만한 대상이다. 도전은 당신의 삶을 풍요롭게 한다. 이런 기회를 놓치지 말아라! 세상이 당신의 문을 두드릴 때, 세상이 당신을 부를 때는 나가라. 두려움 없이 나가라. 아무것도 잃을 것이 없다. 모든 것을 얻을 수 있을 뿐이다. 하지만 길을 잃지는 말아라! 끊임없이 헤매지는 말아라! 가끔은 존재의 집으로 돌아오라. 가끔은 세상을 잊어라. 이 순간은 명상을 위한 시간이다. 조화로운 삶을 원한다면 내면과 외면의 균형을 맞추라. 내면과 외면에 같은 무게를 두라. 그래야 한쪽으로 기울지 않는다.

"강물을 걸어라. 하지만 강물에 발을 젖게 하지는 마라." 이것은 선의 골수이다. 이처럼 세상 속에 살면서 세상에 물들지 말아라! 세상일을 하다가 집으로 돌아올 때는 존재의 집으로 돌아오라. 온 세상을 밖에 두고 존재의 집으로 돌아오라.

호테이 선사가 어느 마을을 지나가고 있었다. 그는 인류 역사상 더없이 아름다운 사람이었다. 사람들은 그를 '웃는 붓다'라고 했다. 그는 언제나 웃고 다녔다. 그런데 호테이는 때때로 웃지 않고 나무 아래 앉아 눈을 감고 완전한 침묵에 들기도 했다. 이 마을에서도 그랬다.

이 모습을 보고 누군가 물었다.

"왜 웃지 않는 겁니까?"

호테이가 눈을 뜨고 대답했다.

"준비를 하는 거요."

그 사람은 이해가 가지 않았다.

"아니, 준비를 하다니 무슨 말씀입니까?"

호테이가 대답했다.

"웃으려면 준비를 해야 하오. 그러기 위해서 세상을 다 잊고 내면으로 들어가 휴식을 취하는 거요. 그러면 다시 활력이 솟고 다시 웃을 수 있지요."

진정으로 웃고 싶은 사람은 우는 법을 먼저 배워야 한다. 울지 못하는 사람은, 눈물을 흘리지 못하는 사람은 제대로 웃지도 못한다. 웃을 줄 아는 사람은 동시에 울 줄도 아는 사람이다. 그는 조화로운 사람이다. 더없는 행복을 누릴 줄 아는 사람은 침묵할 줄 아는 사람이다. 무아경을 아는 사람은 존재의 중심에 들어간 사람이다. 양쪽은 항상 함께 간다. 양쪽이 항상 함께할 때 조화로운 존재가 태어난다. 그것이 구도의 길이다.

저자에 대해

오쇼는 자신의 삶과 가르침으로 남녀노소와 직업을 초월하여 수많은 사람에게 진리의 빛을 던져준 현대 신비가이다. 런던의 〈선데이 타임즈 Sunday Times〉는 오쇼를 '20세기를 빛낸 위인 1,000명' 중 한 명으로 꼽았고, 인도의 〈선데이 미드데이 Sunday Mid-Day〉는 인도의 운명을 바꿔놓은 10인 중 한 명으로 선정했다.

오쇼의 자평에 의하면, 오쇼의 일은 신인간이 탄생할 수 있는 터전을 마련하는 것이다. 그는 종종 신인간을 '조르바 붓다 Zorba the Buddha'라고 했다. 조르바 붓다는 '그리스인 조르바'처럼 세속의 기쁨을 누릴 줄 알며 동시에 붓다가 된 고타마처럼 침묵의 평화를 누릴 줄 아는 사람이다. 오쇼의 모든 가르침에 면면히 흐르는 정신은 동양의 영원한 지혜와 서양의 위대한 과학을 통합하는 것이다.

또한 오쇼는 점점 빨라지기만 하는 현대생활에 명상을 도입하여 인간 내면을 변형시키는 과학에 혁명적인 공헌을 했다. 특히 오쇼는 심신에 쌓인 스트레스를 발산하여 이완 상태를 만들고 결국 사념이 사라진 명상 상태를 체험케 하는 '연동 명상Active Meditation'을 개발했다.

그가 개발해낸 독특한 동적 명상법들은 몸과 마음에 축적된 스트레스를 제거하도록 특별히 고안되었다. 그리하여 사념이 없는 상태, 전적인 이완만이 남아있는 명상 상태를 체험하기가 수월해진다.

오쇼의 생애에 대해서는 『오쇼 라즈니쉬 자서전 - 길은 내 안에 있다Autobiography of a Spiritually Incorrect Mystic』와 『황금빛 추억Glimpses of a Golden Childhood』에서 더 많은 정보를 얻을 수 있다.

오쇼 국제 명상 휴양지

오쇼 명상 휴양지는 휴식과 놀이가 어우러지는 분위기 속에서 좀 더 깨어 있는 의식으로 새로운 삶의 방식을 체험해 볼 수 있는 명상 센터이다. 오쇼 명상 휴양지는 인도 뭄바이Mumbai에서 남동쪽으로 160km 떨어진 푸네Pune에 있으며, 해마다 전 세계 100여 개 이상의 나라에서 찾아오는 수많은 방문객에게 다양한 프로그램을 제공하고 있다. 본래 인도의 귀족층과 영국 식민시대의 고위층들을 위해 여름 휴양지로 개발된 푸네는 현재 유수의 대학들과 첨단 기술산업의 중심 도시로 눈부시게 성장하고 있으며, 명상 휴양지는 코레곤 파크 Koregaon Park로 알려진 곳에 약 5만 평의 규모로 자리 잡고 있다.

휴양지 내에 최신 설비를 갖춘 게스트하우스가 들어서 있으나 수

용인원의 한계로 제한된 숫자의 방문객들만이 이용할 수 있으며, 그 주변에도 방문객들의 숙박을 위한 수많은 호텔이 있다. 또한 가까운 곳의 개인 아파트를 임대하여 짧게는 며칠, 길게는 몇 달까지도 머무를 수 있다.

오쇼가 말하는 '신인류'란 일상의 삶에 적극적으로 참여하는 동시에 명상과 침묵 속으로 이완할 수 있는 사람이며, 휴양지에서 제공하는 모든 명상 프로그램은 이런 오쇼의 비전에 바탕을 두고 있다. 각종 프로그램은 냉방장치가 완비된 현대적인 시설 속에서 진행되고 있으며, 다양한 종류의 개인 강좌와 수련 코스, 그룹 워크숍이 행해지는데, 여기에는 창조적인 예술 활동과 육체적·정신적 치료 요법, 테라피, 주술, 선禪을 도입한 스포츠와 레크리에이션, 인간관계의 개선 등 삶의 변화를 모색하는 다양한 방법들이 망라되어 있다. 개인 강좌와 그룹 워크숍은 일 년 내내 개설되어 매일 다양한 명상 프로그램에 참여할 수 있다.

휴양지 내의 노천카페와 레스토랑에서는 전통적인 인도 음식과 다양한 국가별 음식들을 선보이고 있다. 모든 채소는 휴양지가 자체 소유한 농장에서 유기농법에 따라 재배되며, 휴양지 내에서는 자체 살균된 식수를 제공하고 있다. 좀 더 상세한 정보를 원할 경우 www.osho.com/resor를 방문하면 된다.

WWW.OSHO.COM을 클릭하면 더 자세한 정보를 얻을 수 있다. 이 웹 사이트는 여러 나라의 언어로 번역되어 있으며, 잡지, 도서, 오디오, 비디오, 영어와 힌두어로 된 사이버 도서관, 그리고 오쇼의 명상법에 대해 다양한 정보를 제공한다. 또한 오쇼 멀티버시티Osho Multiversity에서 행해지는 명상 프로그램 일정과 오쇼 국제 명상 휴양지에 대한 다양한 정보를 얻을 수 있다.